正像末和讃会座

竹原智明

海鳥社

まえがき

「正像末和讃」が、親鸞聖人の著作『三帖和讃』中、「第三帖」の呼称であることは周知のことですが、前二帖と大いに異なっている特色は、ある特別な動機が存在することを窺《うかが》わせる「夢告和讃」によって始まっているという点です。

前二帖は、聖人が大乗佛教、ことに浄土の法門に値遇され、弥陀一佛の大慈大悲の功徳をこうむるに至った、その始終が詠い上げられています。

それは伝承された佛道への感謝ですが、「正像末和讃」における夢告として示された和讃は、心の内奥《ないおう》から自然に発せられてくる志願が込められており、また、如来本願の根元に直結せしめる、計り知れない活力となっているということです。

無論、『三帖和讃』の全ては皆、門弟門徒に対して、和語をもって真宗の教義を讃嘆し、導かれているという特色からいえば、単なる深遠な佛道の探究や疑問解決のためではなく、現実の僧伽《さんが》を抜きにしては考えられません。

この前提において、「正像末和讃」は、百尺竿頭《ひゃくしゃくかんとう》一歩を進めて、聖人ご自身が生身の教団の只中に身を置かれ、一刻の猶予もなく、順逆の業縁を巻き起こす門弟に対処しつつ、佛の密意《みつい》に真実の解決を見出していかれた歩みと見ることができます。

本書の題名は『正像末和讃会座』と名づけました。会座とは、蓮如上人時代からの伝統で、真宗門徒が寄り集まって、聞法の歩みを確かめ、信心を深めるための寄り合い・讃嘆の法座のことで、このたびは「正像末和讃」を学ぶに当たって、私ども福岡周辺のお同行三十人余が中心となって集まり、八年の間、ほぼ毎週、研修してきた軌跡が、本著の形となりました。

佛滅後の「正・像・末」三時の佛教史観は、そのはじめにおいて、五濁と劫滅《ごうめつ》の思想が結びつき、中国の隋末唐初においては、時宜を得て末法到来の自覚を促し、佛教の新展開をもたらす機縁となりました。

諸先哲の講本によって、聖人が「正像末和讃」で明かされている内容を概括すれば、釈迦・弥陀の二尊の慈悲によって、末世の衆生をして、無上の信心を発起せしむることにあると説かれています。

本讃を著された動機を、その当時の背景に照らして見ると、末法の世にいかに佛法が用《はたら》くのかという喫緊《きつきん》の課題が、一貫して底流しています。

聖人が言語に絶する深い内観世界と共に切に望まれたのは、佛法僧の三宝中、特に真実の僧宝の顕現でありましょう。聖人が二十年間修行された比叡山には、真の僧宝はありませんでした。吉水の法然上人の下に参じられ、初めて僧宝が成就している証をご覧になり、四海平等一味なる現実を見聞されました。

聖人はこの三宝値遇の感動の本質を「正像末和讃」として、過去・現在・未来三世にわたって、道俗門弟と共に唱和できる佛徳鑽仰の言葉として御製作なさいました。

聖人は三十五歳から配流の地へ赴かれ、ご赦免の翌年には師上人と、今生の訣別をするという悲運を経験され、六十余歳まで、二十年間京の都を離れておられました。

「正像末和讃」一帖に一貫して底流しているのは、真の知識と仰がれた法然上人亡き後、上人が遺《のこ》された『選《せん》択集《じゃくしゅう》』をはじめとして、その他諸著作に凝縮されている恩師の真言《しんごん》、それと共に無二の法友である隆寛《りゅうかん》・聖覚《せいかく》の両師が、清浄真実の信心をもって、いかに善知識上人を鑽仰されていたかを表す著述を何度も繙《ひもと》き、味読し、末々の門弟に取り次いでおられるということです。

聖人は帰洛後、七十五歳ごろよりにわかに多くの和讃を作り始められました。それは、吉水居住当時、真実の僧伽の中で、師弟法友が互いに共感しあい、唱和した声明の調べが耳底に再び甦《よみがえ》ってくることがあったからでありましょう。

「正像末和讃」が如来の直説となって現実の私どもの中に蘇り、用きかけてくることに深い感動を憶えます。浄土正依の聖典『大無量寿経』には、師佛・世自在王佛と弟子・法蔵菩薩との根源的出遇い、すなわち如来の「誓い」が「智慧の念佛」となって凡夫へと直接廻向され、一声の念佛となってくることが明かされています。

さらに聖人は『大経』所説の真髄を『首楞厳経《しゅりょうごんきょう》』に拠《よ》って、法然上人の本地である勢至菩薩の念佛円通を頂戴され、恩師上人を久遠劫来の如来の影向《ようごう》として仰がれました。

従来の三時史観では、「正・像・末」は「教行証」が具備している正法時代、「教行」が存在する像法時代、「教」のみ残る末法時代と定型的に示されますが、私どもはこの「正像末和讃」会座において、正法時代の「証」に一定の形はなく、末法の「教」にも本来的形は存しない。しかしながら佛法を求める衆生が形を追い「像」を造作することに余念なき習性を持ち合わせていることに対し、それらを総て「自力」と見透かしておられていることを知り、聖人の慧眼《けいがん》に、大いなる驚きを感じたことであります。

私どもの「会座」では、「御左訓《さくん》」を重視することによって、聖人が全く新しい信境を開かれる過程を身近に頂ける喜びを感じることができました。御左訓はいかなる解説、手引きよりも表現が明瞭で、文字通り目からウロコが落ちる体験を再三にわたってさせていただきました。

爾来、御左訓の指し示すところを中心にいただきつつ、和讃から御左訓へ、御左訓から和讃へと味わっていく醍醐味に導かれながら、会座は不思議にも確かな進展をしていきました。

たとえば「正像末和讃」第三十四首「智慧の念佛」の御左訓には「みだのちかひをもて、ほとけになるゆへにちゑのねんぶちとまふすなり」とありますが、この御左訓によって、師より「選択《せんじやく》」された「いのち」、つまり、師佛・弟子一如のすがたが感得されます。末法五濁の住人である我々のもとに真実から衆生に向かっての直説、無碍《むげ》自在に用く感覚が獲られ、「智慧の念佛」「信心の智慧」という最重要なキーワードが、真実の法に遇い得た恩徳の鮮明な用きとなって迫ってくるようになりました。

「正像末和讃」は、聖人が八十五歳からほぼ八十八歳にかけて、それまでの聖人の全生涯の聞法功徳が凝縮されたご身証の相であり、聖人のご信心の最高最深のご告白を、同行相集って拝読する機をたまわったことは、まさに冥加に尽きる喜びでありました。

私ども同行の輪読会では講本として、香月院深励《こうがついんじんれい》師の『正像末和讃講義』を用いました。

江戸末期、浄土真宗教学の最高峰の講師であった香月院師は、文化十二（一八一五）年乙亥《きのとい》夏のこの講義を最後に、二年後に、六十九歳で往生していますので、「正像末和讃」が文字通り最後の講義です。高齢の聖人が最晩年に生命をかけて「正像末和讃」を著されたその気迫に共感する香月院師の講義は終始一貫、滋味深い充実した内容をもって講述しています。なお、その他聖人の「御左訓」、経・論・釈等の口語訳文については、多く石田瑞麿《みずまろ》師著『親鸞全集』を参照しました。

八年間にわたって、蔭になり日向になって、会座を運営してくださった、福岡お同行をはじめ、その他多くの皆様のお支えに対し、衷心より感謝申し上げます。

合掌

平成二十四年十一月十一日

親鸞聖人七百五十回御遠忌奉修に当たって

正行寺　**竹原智明**

正像末和讃会座◉目次

第三節　信心の勝益 203

第二門　佛の本懐を明かす……261

第一章　久遠本佛の化導……262

一　久遠佛化　262

（31）無碍光佛のみことには　未来の有情利せんとて
大勢至菩薩に　智慧の念佛さづけしむ

二　勢至流通　262

（32）濁世の有情をあはれみて　勢至念佛すゝめしむ
信心のひとを摂取して　浄土に帰入せしめけり

二尊一致の「佛の本懐」　263／法然上人のご本地　266／『首楞厳経』への眼差し　267
大勢至菩薩銘文　269／「三明」　272

第二章　二尊一致の慈悲……276

第一節　二尊の慈悲　276

一　二尊慈悲　276

（33）釈迦弥陀の慈悲よりぞ　願作佛心はえしめたる
信心の智慧にいりてこそ　佛恩報ずる身とはなれ

円通 277／智慧の念佛 279／『楞厳経』について 280

第二節　弥陀の悲愍 282

一　法蔵願力 282

(34)智慧の念佛うることは　法蔵願力のなせるなり
信心の智慧なかりせば　いかでか涅槃をさとらまし

二　灯炬船筏 283

(35)無明長夜の灯炬なり　智眼くらしとかなしむな
生死大海の船筏なり　罪障おもしとなげかざれ

釈迦は慈父、弥陀は悲母 284／「智慧の念佛」「信心の智慧」286／弥陀の誓い 290
「夏の御文」294／清浄行の感得 297／灯炬なり　船筏なり 298

三　大悲摂取 299

(36)願力無窮にましませば　罪業深重もおもからず
佛智無辺にましませば　散乱放逸もすてられず

四　廻向成就 302

(37)如来の作願をたづぬれば　苦悩の有情をすてずして
廻向を首としたまひて　大悲心をば成就せり

五　廻向大行　303
(38)真実信心の称名は　弥陀廻向の法なれば
不廻向となづけてぞ　自力の称念きらはるゝ
不廻向　304
六　廻向大信　306
(39)弥陀智願の広海に　凡夫善悪の心水も
帰入しぬればすなはちに　大悲心とぞ転ずなる
大悲心とぞ転ずなる　307
第三節　釈尊の慈誡　310
一　蓮華面経　310
(40)造悪このむわが弟子の　邪見放逸さかりにて
末世にわが法破すべしと　蓮華面経にときたまふ
二　誹謗苦報　311
(41)念佛誹謗の有情は　阿鼻地獄に堕在して
八万劫中大苦悩　ひまなくうくとぞときたまふ
『蓮華面経』にときたまふ　311／師子身中の虫　315／浄土門下の念佛の異義　317

門下の邪見放逸　319
第四節　二尊の遺喚　326
一　二尊教益　326
(42)真実報土の正因を　二尊のみことにたまはりて
正定聚に住すれば　かならず滅度をさとるなり
諸佛の証誠護念　327
第三章　十方諸佛の証護……329
一　諸佛証護　329
(43)十方無量の諸佛の　証誠護念のみことにて
自力の大菩提心の　かなはぬほどはしりぬべし
二　濁世難信　329
(44)真実信心うることは　末法濁世にまれなりと
恒沙の諸佛の証誠に　ゑがたきほどをあらはせり
時機にかなう「みこと」　330

第三門　弘法の恩徳を喜ぶ……337

第一章　如来廻向の恩徳……338

第一節　廻向に遇う恩　338

一　廻向値遇　338

(45)往相還相の廻向に　まうあはぬ身となりにせば
流転輪廻もきはもなし　苦海の沈淪いかゞせん

「往相還相の廻向に」 339／上求菩提　下化衆生 341
いかに愛し、不便と思ふとも 343／向上的往相　向下的還相 345

第二節　正因を得る恩　348

一　信心勝益　348

(46)佛智不思議を信ずれば　正定聚にこそ住しけれ
化生のひとは智慧すぐれ　無上覚をぞさとりける

佛智不思議 349／「来迎」とは「むかえる」誓い 351

二　信因難得 354

序講

第一章　一帖の来意と大意

はじめに

平成二十三年は親鸞聖人七百五十回御遠忌の年に当たり、真宗各派のご本山においては、五十年に一度の大法要が盛大に勤められました。

一方、この年は三月十一日に、東日本大震災に見舞われた年でもあり、第二次世界大戦の終戦以降、太平の世を貪ってきた日本国民にとって、少なからず精神的変革を求められる機運も醸成され、宗教心の重要性も再確認されるようになってきました。

さて、聖人ご晩年八十五歳の折に筆を起こされた「正像末和讃」を、ここ数年にわたり、福岡在住のお同行を中心に勉強してまいりました。

福岡会座のお同行は、それより以前、足かけ五年間にわたって「正信偈」を輪読してきました。

「正信偈」は、佛の教えである「経」と、それを伝承した三国七高僧の「論・釈」の結晶を、聖人が六十行・百二十句の偈頌《げじゅ》として凝縮された漢語の讃偈《さんげ》でありますから、この「正像末和讃」に先行する『三帖和讃』、第一部の「浄土和讃」と第二部の「高僧和讃」ご製作の趣旨と合致します。

それゆえ、この「正像末和讃」の勉強は、『三帖和讃』の次第を追わず、いきなり『三帖和讃』の第三部に入ることになりました。少し異例ではありますが、それは浄土の「教え」の「伝承」に対して、「機」の側面から鑽仰されている「和讃」を学ぶことに他なりません。教相に対して「安心」（信心）を明らかにすることであり、まさに聖人のお意《こころ》である機教《ききょういっち》一致に相応するものであります。

まず、私どもが「正像末和讃」を学ぶ意義について、その要点を示します。

一、平易であること。

聖人のご信仰の真髄は、主著『教行信証』の中で、明解かつ詳細に表されていますが、それらは全て漢文であり、専門知識に疎《うと》い一般人には、難解であります。しかし、「和讃」は、仮名で綴られ、一首一首がわずか四行の讃歌となっていますから、聖人のお意が、端的に私どもの心に訴えかけてくださいます。和讃は、理解するというより、五官に入ってくる音韻によって、直感的に親しみを感ずるべきご教化です。

二、聖人の信心の内証が吐露されていること。

聖人、八十五歳から八十六歳までの間に、ある差し迫った動機の下に書かれたものですから、非常に真摯《しんし》な求道者であられる聖人の、身命を投げうっての訴え、真剣なご心底が遺憾なく発露されています。したがって思想的にも最も深い内容となっています。

三、ご門弟との質疑応答が基底にあること。

かつて聖人自らが、親しく教導された関東のご門弟に対して、語りかけられるお意が底流していますので、「正像末和讃」と同じ時期に、集中的にご門弟に与えられた御消息《しょうそく》とも合わせて拝読しますと、門弟の方々の不審と、これに対してお答えになる聖人の慈愛の心が身近に伝わってきます。

四、蓮如上人のご化導の源泉であること。

第八代蓮如上人は、今日の真宗僧伽を大成された恩人です。多くの門徒の心を汲み上げ、未曾有の大教団を建立されました。

蓮如上人ご一流の教学がよって立つ源泉となっているものこそ、この「正像末和讃」をはじめとした、聖人ご晩年の仮名聖教です。

「正像末和讃」は、浄土真宗の僧伽の内実を深く発掘できる、この上ない聖教ということができます。教法の深みと共に、真宗再興の鍵がここに秘められています。

「正信偈」「和讃」「御文」をもって朝夕の勤行としてたしなみ、そのこころを日々たずねることが、真宗念佛者の生活の基底であります。

これら四点を念頭に置きつつ、読み進めてまいりましょう。

親鸞聖人は、三十五歳の折、承元《じょうげん》の法難に遭遇し、京の都から、北陸の辺境の地・越後へと配流《はいる》の身となられました。

越後の国分《こくぶ》で、七年の流人生活を経験された後、さらに約二十年の星霜を、常陸《ひたち》国・稲田の草庵を中心に、奥州、上野《こうづけ》、武蔵、上総《かずさ》など、東国の諸国において教化のために費やされました。文字通り「田舎のひとびと」に対して、他力念佛を弘通《ぐづう》され、そのために心血を注《そそ》がれました。

おそらくは六十一、二歳のころ、京都へ帰洛されたと推察されますが、都での生活が始まったご晩年には、信心の肝要を問う真剣な門弟が、東国からはるばる京の都まで相次いで上ってきましたので、その門弟方の一人ひとりへの応対、指導に余念がなかったことと想像されます。親しく教化を受けた関東の門弟方の、その後の信心の動向を案じつつ、たびたび多くの消息も送られました。

聖人は二十九歳の折、往生の善知識・法然上人にお遇いになり、生死出離の本懐を遂げられました。その内実は、すでに主著『教行信証』「後序」と、ご内室である恵信尼《えしんに》公様の文書にあらわされています。

真宗門徒に『本書《ほんじょ》』と呼び慣わされている『教行信証』は、一部六軸で構成され、すべて漢文で記されている、大部のご聖教です。

それに対して、ご晩年に製作された『三帖和讃』は、仮名で書かれたご聖教であり、『教行信証』の肝要を承《う》けて、情感をこめて平易にあらわされた讃歌です。

釈尊が佛法を説かれ、それが経典となってインド・中国・日本と伝承され、聖人のお手元まで届いた恩徳を、学問に無縁の田舎の人にも理解できるようにと、一首四句の、七五調の懐かしいリズムをもった和讃をお作りになられました。

『三帖和讃』は周知のごとく「浄土和讃」「高僧和讃」「正像末和讃」の三帖からなっており、総数は三百五十一首です。

蓮如上人開板の「文明本」で申しますと、今回拝読します「正像末和讃」は、「浄土和讃」「高僧和讃」に続く、第三帖目の和讃一帖の総名《そうみょう》です。

その中で、はじめより五十八首目までは、正しく第三帖全体の主題となる部分であり、特に「正像末浄土和讃」（あるいは「三時讃」）と総即別名で呼ばれます。

次の「疑惑罪過和讃《ぎわくざいかわさん》」二十三首、「聖徳奉讃」十一首、「愚禿《ぐとく》悲歎述懐讃」十六首、「善光寺如来和讃」五首、最後に「獲得《ぎゃくとく》名号」「自然法爾《じねんほうに》」章と次第し、これらすべてを包摂《ほうせつ》した総名として「正像末和讃」と呼びます。

来意

「来意」とはまず、「正像末和讃」ご製作の興由、もしくは意図のことで、換言すれば聖人がこの一帖をご製作になった動機ということです。

先の「浄土和讃」では、佛教の根本である「経」を讃嘆し、「高僧和讃」では、三国の高僧の論釈を「七祖の相承《そうじょう》」として鑽仰されました。

釈尊の説かれた教えが、浄土の教えとして、聖人のお手元に受け取られるまでの千五百年間の伝承が、ここに尽くされています。

香月院師は、「正像末和讃」一帖が発起された動機は、ひとえに「夢告讃」にあると指摘しています。「夢告讃」については、後に詳しく見ることにしますが、私どもにとって比較的馴染み深い、次の一首の和讃のことです。

弥陀の本願信ずべし　本願信ずるひとはみな
摂取不捨《せっしゅふしゃ》の利益にて　無上覚をばさとるなり

この和讃を、聖人は八十五歳の康元二（一二五七）年二月九日の明方四時ごろ、夢で感得されました。聖人が「浄土和讃」「高僧和讃」を書き終えて、深い達成感を覚えられたころのことと思われます。「浄土和讃」「高僧和讃」がいつごろから書き始められていたかは明らかではありませんが、宝治二（一二四八）年一月二十一日、すなわち聖人七十六歳の時に、二帖の和讃の草稿本（専修寺蔵）が清書されていることがわかっています。それ以後、八十三歳の春までに、幾度か手直しをされました。

年表を見ると、「夢告讃」と密接に関係してくると推測される、長子・善鸞大徳《ぜんらんだいとく》の関東下向のころと重なっていることに留意しておくべきかと思います。

また、聖人が「浄土」「高僧」の二帖の和讃の完成による達成感を得られてほどない八十三歳の建長七年、聖人の肖像画である「安静《あんじょう》の御影」が描かれています。

お弟子の安城の城主・圓善の要請（願主は専信坊専海）によって、画師・朝圓法眼《ちょうえんほうげん》が図画した聖人の壽像で、聖人が前二帖の再治《さいじ》清書を終えられ、ご満足のご相好を描いた「御満悦の御影」といわれます。

今日、西本願寺に伝わる御影（蓮如上人が文明十一年の修理の際に二幅の模写本をご製作）を拝見しますと、聖人は首に帽子《もうす》（頭巾の一種）を巻かれ、墨染めの法衣・お袈裟を着して、白地に紋縁《もんべり》の畳上《じょうじょう》の敷皮にお坐りになっています。

聖人の御座の前には、火桶《ひおけ》、草履、鹿杖《かせづえ》というご愛用の品が置かれています。

表情は、あたかも高らかに念佛をしておられるようで、これが「嘯《うそぶ》きの御影」といわれる所以《ゆえん》であります。確かに聖人の生き生きした、前向きなお姿がうかがえます。

このお悦びのご心底は、覚如上人の表現をお借りすれば、

これ皆経釈の明文・如来の金言なり。而るに今、唯有浄土の真説に就いて、忝《かたじけ》なくも彼の三国の祖師、おの〱この一宗を興行す。所以《このゆえ》に愚禿勧むるところ更に私なし。（『御伝鈔』下巻五段　聖典七四六頁）

（意訳）これらの経釈は、全て、如来直伝の金言である。それというのも現在、有り難いことに、ただ浄

土往生を説かれた真実の経説を受け、それをインド・中国・日本の三国の祖師方が、各々一宗を開かれたのである。したがって、それを説く私に決して功績があるわけではない。

となりましょう。蓮如上人によれば、

更に親鸞珍らしき法をも弘めず、如来の教法を、われも信じ、人にも教へ聞かしむるばかりなり。

（『御文』一の一　聖典七八五頁）

（意訳）私、親鸞が説いた釈文は決して賛美されるべきものではない。私はただ、如来の教えたまう法を信じ、それを人に伝えるだけである。

によくあらわされています。

二帖の和讃のご製作が終わって、思い残すことはないご満悦のご心境の証拠は、聖人ご自身の「高僧和讃」の最後に置かれた次の一首の和讃によって肯《うなず》けます。

南无阿弥陀佛をとけるには　　衆善海水のごとくなり
かの清浄の善身にえたり　　ひとしく衆生に廻向せん

この和讃のもとは、第一祖・龍樹菩薩が阿弥陀如来を礼讃された『十二礼』の結願廻向からの引用であります。その原文を次に挙げます。

我説彼尊功徳事　我れ彼の尊の功徳の事を説くに、
衆善無辺如海水　衆善は無辺にして海水の如し。
所獲善根清浄者　獲《う》る所の善根清浄なる者、
廻施衆生生彼国　衆生に廻施《えせ》して彼の国に生ぜん。
（『真宗聖教全書』一　二六八頁）

『十二礼』には、各偈文に、「願共諸衆生　往生安楽国（願はくは諸の衆生と共に、安楽国に往生せん）」の句を添えて結んであります。

「廻向文」とはこのように、法要や勤行の終わりに必ず唱える偈文のことで、佛事を行った時、一切衆生にその功徳を施さんと願うのが法式となっております。

佛教、ことに龍樹菩薩の信念である大乗佛教では、我れ独りの救済を求めるのではなく、他者と共に救われることを究極の目的としています。

佛教に求めて得られた結果である功徳を、一人で楽しむのではなく、必ず他者に伝えていくという信念です。佛道は、その精神をもって本来とします。その自然な発露が「廻向文」として表現されます。

さて、聖人が、大乗の願いを成就された喜びから、さらなる一歩をどうお進めになったかを謹んで拝読してまいります。

大意

香月院師の所論にしたがって、「大意」という題目を置きましたが、「大意」とは『三帖和讃』一帖を貫く大略の意味、大筋、もしくは骨組みです。

しかし、聖人は和讃を著されるに際して、あらかじめ佛教法要という前提を設けて、それに沿ってお作りになった鑽仰ではないと思われます。和讃は、詠唱する私どもが、その音声の中に何を聞いていくかが大切でありましょう。

そうすることで『三帖和讃』、もしくは「正像末和讃」を製作なさった聖人のご心底にある願い、もしくは生命《いのち》そのものに触れさせていただくことができると思います。

そのことを私どもが推し量るというのは、はなはだおこがましいことですが、『三帖和讃』全体の願いから、謹んで伺っていかねばならないと思います。

『三帖和讃』をご製作なさった根本は、
一、信心を勧めること（勧信）
二、疑いを誡《いまし》めること（誡疑《かいぎ》）
に収まると香月院師は述べています。

これは「浄土和讃」の冒頭に置かれた二首の「巻頭和讃」によっても知ることができます。
一、「勧信」については、

弥陀の名号となへつゝ　信心まことにうるひとは
憶念の心つねにして　佛恩報ずるおもひあり

であり、二、「誡疑」については、次の、

誓願不思議をうたがひて　御名を称ずる衆生は
宮殿のうちに五百歳　むなしくすぐとぞときたまふ

の和讃が象徴しています。

つまり和讃の響きとは、その根底に、自他の出会いと、有情である私どもの動向を照覧される如来の大悲があります。そこに、耳根《じこん》を深く傾けることがキーポイントでありましょう。

「正像末和讃」には、特別の意図が込められているとされます。

聖人は、「浄土和讃」「高僧和讃」をもって、浄土真宗の教えの伝承を明かしたという感懐をお持ちになっていたでしょう。

その上で稿を改めて筆を起こされたとなれば、前二帖とは異なった新しい動機が発《おこ》されたからに違いありません。

ここは非常に重要なことであると思われます。もう一つの新たな動機とは、前二帖からの必然的発展というより、さらに深く掘り当てられた願いから発動したというべきかもしれません。

「来意」が、一つの動機を明かす由来であるとすれば、ここに示される「大意」は決して概説ではなく、地殻変動的に現れた、感恩の大地との共鳴があると感じられます。

改めて「正像末和讃」においてのみ示される願い、すなわち「大意」とは何か。

香月院師はその証拠として巻首の「夢告讃」のさらに前に置かれている、『般舟讃《はんじゆさん》』の引用文（顕智《けんち》書写の一本に聖人が手を加えられた再治の「正嘉本《しようかぼん》」にのみあり。聖人八十六歳、正嘉二年九月二十四日）を示されます。

そこには、「『般舟三昧行道往生讃』に曰く。敬ひて一切往生の知識等に白《もう》さく。大きに須《すべか》らく慚愧《ざんき》すべし。

釈迦如来は実に是れ慈悲の父母《ぶも》なり。種々の方便をして、我等が無上の信心を発起《ほっき》せしめたまふ」（原文漢文）
とあります。

まず「般舟」とは辞書に「現前」とか「切迫」とか「接近」の意とあります。

『般舟三昧経』は、善導大師より約二百年前に白蓮社を開いた浄土教の祖・廬山《ろざん》の慧遠《えおん》（三三四－四一六）によって用いられた経典といわれます。

善導大師にとっても最も大切な浄土門実践の経説であり、主流の浄土門において『観経』が取り上げられるようになる以前から多く用いられたお経です。善導大師はこの『般舟三昧経』等をもとに『般舟讃』を著されました。

その『般舟讃』の前序には、「般舟三昧楽」とは何の義かと問い、「梵語には般舟と名く。此には翻じて常行道と名く。或は七日、九十日、身行無間なる総名なり」とあります。

慈覚大師圓仁のご功績によって、比叡山に「常行三昧堂」が遺されていますが、この堂内では、七日、もしくは九十日間休むことなく、右繞三匝《うにょうさんぞう》して行道《ぎょうどう》する厳しい「常行三昧」の修行が今日もなされています。口にはつねにお念佛を称えながら、堂内の壁にそって、お堂の中をぐるぐると回ります。お堂の傍まで行って耳を澄ますと、微かにお念佛が聞こえてくるそうです。

いずれにしても、大変過酷な修行で、寝る時も、桟《さん》のようなところに臀《しり》をかけ、転《うた》た寝をするだけで、だんだん足に血が下りてくる。そうならないように足を紐《ひも》で縛ったりするそうです。

こうして身・口・意の三業が、ついに一体無分別となって用《はたら》き出す局限まで歩き続けて身心を追いつめることにより、佛様の境界が開け、ついに諸佛が「現前」するのです。

この時は、同時に身心の内奥からの悦びを感じるので、行道しながら浄土鑽仰の七言の句ごとに、「願往生」、「無量楽」と口ずさみます。

しかし聖人が「正像末和讃」の冒頭に『般舟讃』の一句を掲げられたのは、このような行道を行うことを勧められたのではありません。

聖人の引用文に関して、大切な点は、「大きに須らく慚愧すべし」であり、また「種々の方便をして、我等が無上の信心を発起せしめたまふ」の二カ所でありましょう。

「浄土」「高僧」の二帖では、「法の真実」が示してあるのに対し、「正像末和讃」は、「機にこうむる恩徳」がその核心となっています。

したがって「慚愧すべし」という一句は、自ら発願することが中心ではなく、無方角からの呼びかけとして現れてくるものです。それであるがゆえに、同じ「信心」という言葉でも、何ものにも代えがたい「信」という意味で、「無上」の二字が冠されています。

「無上の信心」とは、驚きをもってたまわった「信」ですから、当然、私の発起したものではありえません。むしろ「信」の用きを目の当たりに頂戴した感動というべきものであります。

我が身の上には、この上ない大悲が親しく注がれています。したがって「慈悲の父母」と示されているのです。

『般舟讃』には、「釈迦如来」とありますが、聖人はすでに「高僧和讃」ご製作の段階で「釈迦如来」ではなく、「釈迦弥陀は慈悲の父母」（善導讃）と「弥陀」を入れて領受しておられました。

「正像末和讃」でも、もちろん「釈迦弥陀」の慈悲として鑽仰されます。

釈迦弥陀の慈悲よりぞ　願《がん》作《さ》佛心《ぶつしん》はえしめたる
信心の智慧にいりてこそ　佛恩報ずる身とはなれ

（「正像末和讃」第三十三首）

釈迦弥陀の大慈悲によって、佛そのものに作《な》らせていただく。末世の佛弟子にとっては、願っても得られるものではない破格の菩提心によってであります。
それは如来の智慧によって、佛恩を報謝する身とさせていただいた、という意の佛への鑽仰です。

真実報土の正因を　二尊のみことにたまはりて
正　定聚《しょうじょうじゅ》に住すれば　かならず滅度《めつど》をさとるなり
（「正像末和讃」第四十二首）

正しくお浄土に生まれるための因となるものは、釈迦弥陀の二尊から絶えることなくたまわるお導きである。それは浄土往生を願う信心にこころが定まれば、必ず、佛の証《さと》りそのものとならせていただくということです。ここには、お釈迦様のみ教えと私との間に一毛の断絶もなく、これまで抱き続けてきた苦しみから解き放たれた大安心の世界があります。
釈尊の遺教《ゆいきょう》に迫らんと試行錯誤しつつ、自らに破れて、頭が下りはてることです。このように自己の来し方を懺悔する時、私の因縁となった方々は、ことごく諸佛善知識となり、世々《せぜ》生々《しょうじょう》の父母となる。翻ってこの身は、不思議にも慈悲海に浴する身とならせていただくのです。

第二章　夢告讃

康元二歳丁巳《ひのとみ》二月九日夜　寅時《とらのとき》夢に告げていはく

弥陀の本願信ずべし
本願信ずる人はみな
摂取不捨の利益にて
無上覚をばさとるなり

意訳　弥陀の本願を信ぜよ。本願を信ずる人は、取り落されることのなく、すべて如来の慈悲に摂取される利益をこうむって、無上の佛の覚りをうることができる。

「夢告讃」の背景

「弥陀の本願」といえば、真宗においては、まず第十八「念佛往生の願」を指します。弥陀の本願を総じて四十八願、別して第十八願といいますが、ここでは四十八願の帰結として仰せられるところですから、総名として「弥陀の本願」が掲げられます。

本願には、願が発《おこ》された「因」と、結果としての「果」、すなわち「用き」の両面があります。ここでは本願の「因」を示しています。

本願を梵語で、プールバ・プラニダーナ（pûrva-pranidhâna）といいます。梵語辞典には「勤勉・深奥な瞑想・熱望・所願・作願」などと列記してありますが、「プールバ」には、「昔の、往時の、宿世の、過去の、始めの」などの意味があります。この「本願」が「因」の意でありますが、それをもっともよく表す漢訳の「宿願」を念頭に置いて、「本願」の内容を「用き」として見るとよくわかります。

これまで佛教の歴史においては、佛道とはひたすら佛果へ向かうための修行とみなされてきましたが、「正像末和讃」においては、それが根本から問い直されてまいります。

このような動機が生まれたのは、佛によって建立された本願を仰ぐというより、末法に生まれあわせた衆生は、自らの身にその本願の根本である因を引き当て、佛法を聞き直す姿勢が問い直されているからです。

その上で、宿世よりかけられた佛の願いの深さを、改めて思いなおしてみたいと思います。

香月院師は、本願を別名と総名とに分別して、提示しています。別名は「果」、総名は「因」に軸を置いた視点です。

次に「弥陀の本願信ずべし」の「信ずべし」が、肝要な言葉であるとされます。釈迦一代の教法である八万四千の法門の中から、聖人は「弥陀の本願」のみを選び取って、ただこの法を信ずべし、とお勧めくださいました。聖人の「信心」を根本としたご生涯のご教化は、全てこの「信」へと凝縮された姿勢が出発点となります。

この「べし」は、「予定」「推量」「当然」などを意味する「べし」ではなく、如来の「命令」であり、絶対的な「受容」を伴う「下知」の言葉というべきものです。

第三句以後の「摂取不捨の利益にて　無上覚をばさとるなり」は、本願の「因」に対して、本願の「果」としての覚り、つまり必然する証果です。それは如来の「用き」の受得です。

「摂取不捨」は、私どもが現実に救われた実感を端的に表した言葉です。「現益《げんやく》」すなわち現在にたまわる功徳利益を、全面的に受けとることができた体認《たいにん》です。

善導大師が「摂取不捨の故に、阿弥陀と名づく」（『往生礼讃』日没偈）と述べられているように、「摂取不捨」は、我々にとっての根本的救いの表現です。

如来のお心から申せば、衆生と同体になられた大悲満足の証果であり、その覚体を阿弥陀といいます。「無上覚」とは、阿弥陀の本願に約束された、究極的な未来のお徳、すなわち佛そのものということです。

釈尊が二千五百年前にあらわされた真理の教えが、今や末法の世となって、衰退の一途を辿《たど》り、本来の生き生きした活力は失われ、そしてまさに隠れようとしています。

しかし弥陀の本願は、今、末法・法滅に直面している衆生の上に、いよいよ萌え出し、盛んとなる。聖人最晩年におけるこの一連のご和讃は、「ただ弥陀の本願を信ぜよ」という一句の、確信的直感から始まっています。

「夢告讃」が動機となって「正像末和讃」が生まれたことは、「来意」のところで申しました。

ところで、私どもが朝夕の勤行に用いている声明本のご和讃は「文明本」（文明五年開板の蓮如上人木版本の刊記に「聖人八十八歳御筆」の識語あり）といいます。

「正嘉本」（正嘉二年、聖人八十六歳再治、顕智《けんち》の識語あり）と「文明本」には、巻頭に「夢告讃」が挙げられていますが、「正嘉本」の前年にお書きになった「草稿本」（国宝本）には、「正像末和讃」三十五首（覚然書写）の後、夢告の記と「夢告讃」一首が続き、次に「正像末和讃」一首と「別和讃」四首が連なる計四十一首の未完の形になっていて、「夢告讃」は、この一連の和讃の冒頭に掲げられてはいません。

「草稿本」には「夢告讃」の後、「この和讃をゆめにおほせをかふりて、うれしさにかきつけまいらせたるなり　正嘉元年丁巳《ひのとのみ》閏《うるう》三月一日　愚禿親鸞八十五歳書之」と記されています。

「草稿本」、「正嘉本」、そして八十八歳の御筆と識語がある「文明本」と、概ね三回にわたって聖人によって改訂が加えられ、変化していったと思われます。その他にも、何首かの断章が残されていますが、今は、この三本に限ってお尋ねし、「夢告讃」の重要性を推求《すいぐ》していきたいと思います。

前記のように「草稿本」では、「夢告讃」が未完の「正像末和讃」の後尾に置かれていますが、聖人滅後二十八年（正応三年九月二十五日）に書写された「正嘉本」では、「正像末和讃」本讃の冒頭におかれています。

この点に関して、「夢告讃」が「正像末和讃」ご製作の動機になっているということに疑問を呈する向きもありますが、高弟である顕智が、正嘉二年に上洛して、聖人に面接して書写したと伝えられるものですから、直接、原本を拝見しながら書写したものと考えて差し支えないと思われます。

したがって「夢告讃」が巻頭におかれていることについては、顕智書写の時点で、聖人直々の御意であったろうと推測されます。

夢告の告げ主

夢告の告げ主については、まず聖徳太子という説があります。

聖人は、生涯において幾度かの夢告を、聖徳太子からたまわられました。

一、建久二年、聖人十九歳の折、磯長《しなが》での夢告は、聖徳太子の告命《ごうみょう》。

二、正治二年、聖人二十八歳、比叡山無動寺大乗院における夢告は、如意輪観音（六観音の一相）からの告命。

三、建仁三年、聖人三十一歳の夢告は、六角堂において救世菩薩（観音菩薩の異名）からこうむられたもの。

いずれも聖徳太子か、もしくは太子様の本地とみられる観音菩薩からのお告げでした。しかし「正像末和讃」ご製作の動機となった、康元二年二月九日（聖人八十五歳）の夢告については、お告げ主は明記されていません。

そして不思議なことに丸一年前の同日、すなわち聖人八十四歳の建長八年二月九日には、常随昵近《じょうずいじっきん》の弟子である蓮位《れんに》が、聖徳太子と親鸞聖人の夢を見ています。それは、聖徳太子が親鸞聖人を、阿弥陀如来の化身であると礼拝されたという内容でした（『御伝鈔』上巻四段）。

この一件に関連して、思いをめぐらすと、「夢告讃」も、聖徳太子という存在を抜きにしては考えられないようです。

また、「正像末和讃」の一部として掲げられている「聖徳奉讃」十一首の中で、聖人ご自身は、聖徳太子のことを「父母のごとく」、「補処《ふしょ》の弥勒のごとく」と讃じ、「如来二種の廻向にすゝめ入れしめ」られた、護持養育の恩人として、聖徳太子に格別の感謝を捧げておられます。

この内容は、まさに「夢告讃」直前に掲げられた、『般舟讃』の引用意趣と符節を一にするものです。「蓮位夢想《れんにむそう》」において、太子が聖人を拝まれたというのは、聖徳太子と聖人が一如であると蓮位が拝んだことを示すものであり、それはまた、聖人と蓮位の師弟一味のすがたを示すものです。

そもそも聖人がそれまでにこうむられたいくつかの夢告は、佛道における直感を聖人に与えるという類《たぐい》のものではなく、いわば聖人ご自身の宿業の眼を開かせるものでありました。ところが、この「夢告」は「正像末」という前人未踏の宿業の謎に、無碍の光明を投じられたものでありました。

その意味から、この夢告の主は、聖徳太子であろうかと思われます。しかし、他方、聖人と聖徳太子が、密接にご一体となっておられるお相《すがた》から、香月院師の説のごとく、聖人への夢告の告げ主は、聖徳太子と定めない方がかえって妥当ではないか、という了解も成り立ちます。師は「告げ主が知れていれば出し給ふはず。知れぬ事は知れぬというが正義なり」と結論しています。

第二に、如説院慧剣師（一七六〇－一八三〇）の説も参考すべきものがあります。師の所説は次のごとくです。

三帖和讃の初め『浄土』・『高僧』の二帖は、真宗念佛の法の勝れたる本意既に満足し給ふと雖も、未だ別に機に被《こう》むる最勝の益を嘆じ給ふの製作あることなし。然るところに、康元二歳に至りて霊告の一首を感得し終へるところに、この一首は専ら機に被むる最勝の利益を顯す讃なるを以てのゆえに、高祖聖人の尊慮に於いて、さては今一帖、機の利益を顯す和讃を造らしめんが為の御示現なりと思召し定め給ひ、この一帖を造り給へるなり。

（『正像末和讃管窺録《かんきろく》』一『真宗大系』二十巻　三一〇頁）

要するに「浄土」「高僧」和讃までで、法義に関しては讃じ尽くされたが、今は機の上にこうむる功徳こそ重要であるから、それを讃詠《さんえい》すべきであるとの、法然上人の示唆をこうむってお書きになったというものです。

第三説に、告げ主を釈迦如来とする考えがあります。「正像末和讃」には、「釈迦如来かくれましまして」とあるので、当讃は釈迦の遺教が告命となって興っているともいえますが、釈迦滅後の経説は、すべて釈迦如来の呼びかけでないものはありません。したがって「正像末和讃」のみを、特に釈尊のお告げによって説かれたとすることは当たらないのです。

ここをあえていえば、聖人をして「無上の信心」を起こさしめたのは、阿弥陀如来直伝のお告げであるということでしょうか。

蓮如上人が「たゞ如来の御代官を申しつるばかりなり」（『御文』一の一　聖典七八五頁）と申されるように、

この如来ご直伝の「夢告和讃」が本となって、以下の「正像末和讃」の一首一首が展開されていることと拝されます。

また『蓮如上人御一代記聞書』（七十七条）に、「『今此の弥陀をたのめといふ事を御教へ候人を知りたるか』……。此の事を教ふる人は阿弥陀如来にて候」（聖典七六五頁）とある一句は、この「夢告讃」の意趣もよく示唆しているといえます。

『御文』と「夢告讃」

蓮如上人が、「夢告讃」を『御文』で取り上げておられますので、ここで拝読させていただきたいと思います。蓮如上人は簡明な言葉で、晩年の聖人の精神を受け止め、私ども五濁の凡愚のためにお取り次ぎくださっています。

『御文』五帖目第六通「一念に弥陀の章」（聖典八五五頁）に、正しく「夢告讃」のこころを酌み取られています。

「斯様に弥陀をたのみ申す者には、不可称・不可説・不可思議の大功徳を与へましますなり」とあるのは、「夢告讃」への讃嘆の深さをしめすものでありましょう。

蓮如上人は、現実に「現生不退の利益」の利益は何かと、確かめておられます。

まず、「過去・未来・現在の三世の業障《ごつしょう》一時に罪消えて」として「業障消滅の益」を挙げ、次に「正定聚《しょうじょうじゅ》の位」として「住正定聚の益」、次に「等正覚《とうしょうがく》の位」として「便同弥勒《べんどうみろく》の益」、さらに「摂取不捨の益」を挙げて「現生獲信所得《げんしょうぎゃくしんしょとく》の大功徳」として四種をお示しくださっています。その上で、「夢告讃」を掲げられます。

この意《こころ》をまた『和讃』にいはく、

「弥陀の本願信ずべし・本願信ずるひとはみな・摂取不捨の利益ゆへ・等正覚にいたるなり」といへり。摂取不捨といふは、これも一念に弥陀をたのみたてまつる衆生を、光明のなかに摂《おさ》めとりて、信ずる心だにも変らねば、捨てたまはずといふ意なり。

（『御文』五の六「一念に弥陀」の章　聖典八五五頁）

この和讃は、一見、「夢告讃」に酷似しています。しかしよく見ると、前半二句は「夢告讃」そのままですが、後半二句は、「正像末和讃」第二十四首、

弥陀智願の廻向の　　信楽まことにうるひとは
摂取不捨の利益ゆへ　等正覚にいたるなり

の後半二句「摂取不捨の利益ゆへ　等正覚にいたるなり」を引用して、取り合わせて一首となさっているのです。

蓮如上人は、一念の信心が現生不退であること、さらにそれには無上の大利益が込められていることを表さんがために、二首を合して一首とせられました。

「夢告讃」に示されている「無上覚」とは、私どもがこの娑婆で生活している間、つまり現生の間では決して享受できない功徳利益で、有漏《うろ》の肉体を滅した臨終の暁、未来にいただける利益です。「正像末和讃」を一貫して貫く感懐は、弥陀をたのむ衆生は、信の一念のところに、思いもよらぬ「無上大利の功徳」に与《あずか》るということです。

その究極の歓喜を胸に、この現生でたまわる大切な要をお勧めくださるのが、この二首合体のご和讃の意趣でありましょう。

「たのむ」一念によって、「摂取不捨」となる。これに勝る大きな功徳はありません。

信心というも、「他力信心」の深さを、蓮如上人はこういう形をもって凡夫にお示しくださったのです。

聖人は、ご門弟に以下のごときお手紙を与えておられます。

如来の誓願を信ずる心の定まると申すは、摂取不捨の利益にあづかる故に不退の位に定まると御心得候べし。真実信心の定まると申すも、金剛の信心の定まると申すも、摂取不捨の故に申すなり。さればこそ無上覚に至るべき心のおこると申すなり。これを「不退の位」とも申し、「正定聚の位にいる」とも申し、「等正覚に至る」とも申すなり。この心の定まるを、十方諸佛のよろこびて、「諸佛の御心に等し」と讃《ほ》めたまふなり。この故に、まことの信心の人をば「諸佛と等し」と申すなり、また「補処の弥勒と同じ」とも申すなり。（『末燈鈔』七　聖典六三五頁）

（意訳）　如来のお誓いを信ずる心が定まる時というのは、如来が摂め取って捨てないというお恵みに与る故に、佛となる身から退くことのない位が定まるということであると、理解ください。

真実の信心が定まるというのも、金剛不壊の信心が定まるというのも、摂め取ってお捨てにならないから、そのようにいえるのです。

だからこそ、この上ないさとりに到ることのできる心がおこる、というのです。

これを佛となる身より、退くことのない位ともいい、浄土に生まれる身となっている位ともいい、佛となることが約束された身である、ともいいます。

蓮如上人は、晩年の親鸞聖人が到達された「無上涅槃」という究極の境地を、『大無量寿経』の異訳である『無量寿如来会《にょらいえ》』の「不退転」の訳語「等正覚」(「証巻」聖典三九二頁)を抑《おさ》えて、仰がれています。

これによって、凡夫の確かな救済の事実を明示されつつ、聖人の深い御意をお取り次ぎくださっているのです。

第三章　「正像末和讃」の概要

「正像末和讃」の構成

「正像末和讃」本讃・五十八首は、香月院師の指南によると、以下のように三段から構成されています。

第一門「教法の興廃を述べる」（三十首）……一首～三十首
第二門「佛の本懐を明かす」（十四首）……三十一首～四十四首
第三門「弘法の恩徳を喜ぶ」（十四首）……四十五首～五十八首

では、まず各門の概略を述べておきます。

第一門「教法の興廃を述べる」の概略

お釈迦様の遺教が段々と衰えていって、聖道の修行によって証果を顕すことは極めて難しくなり、五濁の世の中となります。
五濁末世の時代になると、佛法の命である道心も成就しがたくなり、ついには念佛も謗《そし》られるようになります。この時において、弥陀の悲願のみが広まっていく。弥陀の悲願によってのみ、末法の人が救われます。
それは廻向による救済であり、衆生がまことの信楽《しんぎょう》を得るならば、等正覚に至り、弥勒に等しい功徳をたまわります。念佛の身にはこのような功徳が充ち満ちてくださるのです。

第二門「佛の本懐を明かす」の概略

諸佛の本佛である阿弥陀佛の大悲の本源は、無礙光佛《むげこう》と表される、その用きです。ここから、釈迦弥陀二尊の慈悲は現れ、衆生は弥陀智願の広海に帰せしめられます。釈迦弥陀二尊のみこと、すなわち発遣と招喚の勅命と、諸佛の護念によって、他力の大菩提心をたまわるのです。

第三門「弘法の恩徳を喜ぶ」の概略

本願力廻向に遇う恩徳を述べます。その用きは、佛智の不思議、その大いなる功徳は「南無阿弥陀佛」の廻向によります。弥陀・観音・大勢至の三尊の化益《けやく》、そして浄土の高僧方の恩徳によって、如来の大悲への報恩謝徳の熱情が湧き上がってきます。衆生よりは「遇法の恩徳」であり、如来の廻向を仰ぐ「弘法の恩徳」と示されます。

「時」の問題

「正像末和讃」が世に出された背景にある最も重要なカギは、「時」と「機」の問題です。

「時」とは、佛在世の往時、そして釈尊が入滅されてより今日まで、時間的隔《へだ》たりが存在するということです。釈尊から遠ざかる悲しみ、同時に佛の遺教を慕えば慕うほど、教えを受けとる衆生の側の機根の貧しさがつのります。

このような悲歎は、佛教徒が二千数百年来持ちつづけてきた切なる真情でありましょう。釈尊が説かれた正しい教えが、正しく行ぜられ、成果である覚りが、確かである時を「正法」といいます。教えを行ずる修行者の外見は似ていても、覚る人がいない状態を「像法」の時代といいます。教えは遺っていても、修行する人も、覚る人もない時代、これを「末法」と呼びます。佛法における歴史観が「正・像・末」法の三時として表されてきたことは、周知のごとくです。

正・像・末の三時の年限には、いくつかの説がありますが、概ね次の四説に大別できます。

一、正法五百年　像法千年　末法万年（南岳慧思《なんがくえし》『立誓願文《りゅうせいがんもん》』）
二、正法千年　像法五百年　末法万年（『悲華《ひけ》経』など）
三、正法五百年　像法五百年　末法万年（『月蔵《がつぞう》経』）
四、正法千年　像法千年　末法万年（『末法灯明記』）

聖人は道綽禅師の『安楽集』により、第一説を採られました（「化巻」聖典四七〇頁）。また、『大集月蔵経《たいじゅうがつぞう》』には、五つの五百年説という史観も示されています。これによると佛滅後の第一の五百年を「解脱堅固《げだつけんご》」とし、第二・「禅定《ぜんじょう》堅固」、第三・「多聞《たもん》堅固」、第四・「造寺堅固」、第五・「闘諍《とうじょう》堅固」（白法隠没《びゃくほうおんもつ》）となります。

前の三時説における聖人の認識は、時代観より「行証かなはぬとき」という末世の感受が中心です。後の五つの五百年説においては、「闘諍堅固」である第五を重く見られ、「この世は第五の五百年」と嘆ぜられます。

道綽禅師が末法の時に浄土の教が起こる所由を示されて以来、浄土門では「教」と「時」と「機」の三つが相応しなければ、釈尊の真実法はその本意を表すことは不可能であるとされます。

「正像末和讃」の表題のもとこの和讃を編《あ》まれた聖人によって、ことに「時」と「機」に対しての画期的な洞察により、浄土の教えが深化されました。

これまで聖道の諸高僧方は、釈尊の説法の様式、教化の背景、方法などを中心にして、経説の内容、教理の浅深、勝劣などの教相判釈を論じてきました。しかし道綽禅師はあくまで生死出離の実践に立って、得脱《とくだつ》の真偽を省察することに、視点を転じておられます。

「時」に関しては、二千年余の歴史を持つ佛教が、これまでどのような歩みをしてきて、今後どのように継承されていくのかという課題があります。

佛教徒ならば、期せずしてたまわった真実法の喜びを、未来の子孫、また縁あるもの皆がその功徳に与《あずか》るよう願います。迷いから覚りへと導かれるようにと祈る気持ちには変わりありません。

正法・像法・末法三時の認識もさることながら、受け手である我々衆生の機根や条件が、今現在、釈尊の説かれた法に適《かな》っているか否かを、よく確かめねばなりません。

たとえ末世の衆生が、釈尊の教えの奥義や戒行には通達《つうたつ》できなくても、釈尊の覚りの恩恵に浴して、生きていく意義を見い出しうるならば、それも佛法の功徳です。

釈尊ご在世の折、幸いにもみ佛に直接お遇いできた人は、舎衛《しゃえ》国民の三分の一であり、三分の一は佛の存在を知っていても、教えにふれることなく、残りの三分の一は、釈尊が二十五年間も当地に住されたにもかかわらず、見たことも、聞いたこともなかった、という逸話が『智度論』に出ています。

作者の龍樹菩薩は「まして況《いわ》んや、後世の人においては尚更である」と、佛に値《あ》うことの困難さを説いておられます。

佛ご在世中における菩提の縁を見ても、このように、縁の厚い人、薄い人、皆無の人などがいました。佛縁を得ることは甚《はなは》だ稀《まれ》な上、まして佛滅遙かであれば、佛縁をたまわる意味、「時」の意識は、重要なものとならざるを得ません。

「正・像・末」三時について見てみると、末法史観が定着するのは、実は中国佛教になってからです。

インドの経典には、「正法」に対して、形骸化しつつある佛法という認識はありますが、未だ「正・像・末」の三時として調えられてはおりません。

最も古い佛教史観は、佛法が留まるのは千年間であり、「正法」「像法」合わせて千五百年と伝えています。

中国における末法思想のはじめは、天台大師智顗《ちぎ》の師である南岳《なんがく》の慧思《えし》禅師（五一五－五七七）の『立誓願《りゅうせいがん》文《もん》』からだとされます。

我が国では、聖徳太子が慧思禅師の後身であるという伝説が奈良時代からありました。

慧思禅師は『般若経』『法華経』に通暁《つうぎょう》し、「法華三昧」を体得していましたが、悪論師から何度も過酷な迫害を受け、その体験からかえって強烈な菩提心を燃え立たせました。

禅師の誓願文は、『無量寿経』の法蔵菩薩の四十八願を思わせる「妙覚をとらじ」で結ばれる二十五の誓願が、韻文と散文をもって述べられます。弥勒菩薩の下生《げしょう》に合わせ、自身が未来世に再生を果たした暁には、「南無慧思と称されんことを」と起請《きしょう》しています。末世における自利利他の行を完成せんとするこの誓願文は、南朝陳の永定二（五五八）年、禅師四十四歳の時に成立しました。

この願文は、末法経典として最も影響があった、北斉の那連提耶舎《なれんだいやしゃ》の『大集経《だいじっきょう》』月蔵《がつぞう》分訳出《やくしゅつ》に先んずること八年、北周武帝の佛教弾圧（五七四年）に遡《さかのぼ》ること十六年であります。

ここで、正法尽滅や像法のことが語られる、最も古い部類に属する求那跋陀羅《ぐなばだら》訳の『雑阿含経《ぞうあごん》』を見てみたいと思います。

如来正法、滅せんとする時、相似の像法の生ずる有り。相似の像法、世間出《い》で已《おわ》れば、正法則ち滅す。譬《たと》えば大海中の船、多くの珍宝を載《の》すれば、則ち頓《とみ》に沈没するが如し。如来の正法は則ち是の如きにあらず。漸漸《ぜんぜん》に消滅す。

（『雑阿含経』「大正蔵」二　四九三頁）

（意訳）　正法が滅するとき、相似の佛法が現れてきて、それが僧伽の外なる世間に出ると、正法の滅亡をもたらす。それは大海の船の上に宝を載せた結果、たちまち船が沈むようなものではなく、次第に姿が見えなくなるのである。

右の経説は、「正・像・末」三時の分別のポイントが、「像法」にあることを示しています。「正法」が滅するという表現は、「像法」が強く意識されてきて、初めて生まれてくるものです。

香月院師は「正」は「証なり」、「像」は「似なり」、「末」は「微なり」と表しています。「正法」の衰えは、はっきりと見えない状態で、徐々に進行していきます。知らず識らずのうちに、悪が支配してくる。いつの間にやら佛法でないものが、佛法であることを主張しはじめ、教においても、それを実践するための守るべき「きまり」、つまり手続きさえ守られなくなる。そこまでくると、もはや、真実法を誤って見ている段階ではなく、佛法を行ずる姿勢そのものが失われていることを示しています。

「像」は、修行をする者はいるけれども、本来のものではない。相似の法は、外見上は、あるいは盛んに見えても、実は、すでに正法は廃退しつつあるのです。

未だ勢いを失っていなかったインド佛教のころから、このような認識があったということに驚かされます。ふりかえって今日、佛教を求めている私どもの足下に存在する、深い落し穴を見る思いがします。

「正・像・末」三時のありかたは、単に時間の経過と共にある、消極的末法観ではなく、「正・像・末」三時を貫く、佛道の根本に関わる問題意識です。

正法の核心である「証」には形がありません。末法の世に残された「教」も、その本質においては、形であらわされるものではありません。「教」は私ども凡夫の機相と相応して初めて「教」となります。「教は頓《とん》にして、根は漸機《ぜんき》なり」と「化巻」（聖典四五七頁）に示されるように、我々の心は「時」という現実を見失って、取り残されていきます。「時」は「機」の自覚を通して明らかになるものですから、「時」と「機」は不離の関係にあります。

そのような機相を備えている私どもが、像法において形を作り、形を遺そうとする。それが人間生活の営みであり、非常に根深い習弊《しゅうへい》であります。

日常的に具体性を追い求めてゆく文化・文明のすがたともいえます。

形という観点から見れば、形を生み出すのが「像法」であり、形が形骸化、遺跡化しているのが「末法」の時代と申せます。

「機」の問題

「機」とは、詮《せん》ずるところ、個人の生死問題の解決が迫られる「場」であり、客観的、一般的言葉では表現することのできない本質があります。

聖人は、「浄土和讃」「高僧和讃」において、「法」の真実を、極限の言葉をもって表されました。そして「正像末和讃」に至っては、特に「機」の真実が打ち出されてきます。

苦悩の生涯のご晩年、八十三歳の聖人が、初めて安堵なさった時がありました。それは「安静《あんじょう》の御影」という御影像を描くことをお許しになったことで肯けます。

しかしそれも束の間、その直後、聖人は悲歎のどん底を味わわねばなりませんでした。

これまで「正像末和讃」ご製作の動機として、まず「夢告讃」が取りあげられました。その「夢告」の背景には、関東門弟の信心の退没《たいもつ》、念佛僧伽の騒動、そして台風の目となった、子息・善鸞大徳の義絶事件がありました。

善鸞大徳の義絶に関する聖人の御消息は二通残されています。

一通は信頼する長老の弟子性信《しょうしん》房に宛てたもの、もう一通は慈信房《じしんぼう》（善鸞）その人に宛てられたものです。

今は、性信房宛ての御消息（『親鸞聖人血脈文集』二）を取り上げ、その意訳文を拝読させていただきます。


このたびのお便りくわしく拝見しました。そして、慈信（善鸞）が法門を説く教化の姿勢ゆえに、このところ常陸《ひたち》・下野《しもつけ》の人たちが念佛申される様子がすっかり変わってしまったと思います。

かえすがえす情けなく、驚きあきれます。日頃、往生は一定と申される人々が、慈信と同様に、みな虚《きょ》言《げん》を語りあっていることを露知らず、これまでずっと信頼してきたことは、かえすがえす残念なことです。

なぜなら、往生の信心ということは、如来の本願を一念も疑うことがないからこそ、往生一定といえるのです。

善導大師が信のあり方を教えてくださるところ、『観経四帖疏』の「深信《じんしん》」の教えでは、「真実信心が定まった後は、たとえ弥陀のような佛、釈迦のような佛が、空に満ち満ちて、釈迦の教え、弥陀の本願は誤りであるといわれたとしても、（本願を）露ばかりも疑ってはならない」と承ってきましたゆえ、年来そのことばかりを申してきましたのに、慈信ほどの者の申すことばによって、常陸・下野の念佛者が、皆、心が動揺させられ、これまで確かな証文を、力を尽くして数多く書いて差し上げてきましたのに、ついにはそれらを皆捨ててしまわれたとお聞きして、何とも申す言葉もありません。

まず慈信が説くような教えの趣旨、またそのような者の申す教えの立て方は、私は聞いたことがありません。ましてかつて習った憶えもありませんので、慈信に密かに教えるはずもありません。

また、夜も昼も、慈信一人に対して、人に隠れて教えたことなどさらにありません。

もしこのことを、私が慈信に語りながら、その詐《いつわ》りを隠して、余人にも知らせず教えてきたならば、佛法僧の三宝を第一に、三界の諸天・善神、四海の龍神八部衆、閻魔王界の神祇《じんぎ》、冥界の神々の罰を、親鸞はすべてこの身に甘んじてお受けします。

これより以後は、慈信に対して、わが子である情を思い切ります。

世間に対しても、思いもよらない虚言を言い広めたとなれば、出世間の佛法界だけでなく、世間のことにおいても、その申しようは恐ろしいこと限りありません。

とりわけ、この法門の教えの様《さま》を聞くさえ、想像もできない申し様であります。親鸞の身においては、いささかも聞いたことも、習ったこともないものです。

かえすがえす、あきれはて、情けないことです。弥陀の本願を捨ててしまった慈信に、人々がつき従がって、親鸞までをも虚言を申したとされました。嘆かわしく、厭《いと》わしいことです。

大半の方々は、『唯信鈔』『自力他力の文』『後世物語聞書』『一念多念証文』『唯信鈔文意』『一念多念文意』などをご覧になりながら、慈信の法門の教えによって、多くの念佛者が、弥陀の本願をお捨てになったということは、今さら申しても詮ないことでありますゆえ、これまで書いてきた著述の法門については、これより後には語らないようにしてください。

（乃至）

かえすがえす、悲しいことです。この手紙を同行の人たちにもお見せください。

ああ、恐れ多いことども……。

五月二十九日（建長八年か）

親鸞（在判）

性信房へのご返事

二読三読するほどに、あれほどお念佛の信心によって心が通い合っていた門徒の人たちが、その信心を迷失《めいしつ》してしまっていることに対する、聖人の落胆の大きさが痛いほど伝わってまいります。その上、弟子であり、信頼していたわが子善鸞大徳への義絶を、関東門弟の代表者に対して表明するのでありますから、これほど深刻なことはありません。

善鸞の信仰の内実を押さえ、改める余地のない状態であることを確認された上で、決定されている様子が伺われます。

それにしても、ご高齢の聖人が精魂傾けて取り組まれた数々の著作や注釈が、門弟たちの信心増上の成果としてあらわれるのでなく、弥陀の本願を捨てた人たちの廻心に何ら寄与していなかったという無力感は、想像に余りあります。

それに、「信心」をあらわすと称する、擬似信仰の書までが横行するとは、まさに「おそろしきこと」であります。

「末法」思想の要

今、凄愴《せいそう》な「義絶表明書」を拝読して、この中に釈尊以来の「末法」たることの核心が、明確に表明されていることを知り、驚きます。

「『真実信心が定まった後は、たとえ弥陀のような佛、釈迦のような佛が、空に満ち満ちて、釈迦の教え、弥陀の本願は誤りであるといわれたとしても、（本願を）露ばかりも疑ってはならない』と承ってきましたゆえ、年来そのことばかりを申してきましたのに、慈信ほどの者の申すことばによって……」という一節です。

信仰の証を求める心が、像《かたち》を求める方向に向かうのは、古今変わらぬ人間の習性といえると先に述べました。ここでいわれる「弥陀のような佛」「釈迦のような佛」とはどんな佛でしょうか。

たとえ「佛」と名づけられ、佛果の証を示し、法を説く存在ではありましても、ただ、普遍性を示唆するだけでは、そのこと自体が錯覚であります。私が願ってきた本来の佛ではなく、凡愚底下の私一人を救済のための佛ではなく、いわゆる化佛《けぶつ》でありましょう。

このような佛を求める姿勢の中に、「証」に執しようとする計らいがはたらき、かけがえのない如来の生命からは隔てられ、かえって障《さ》えることになってしまいます。

佛は「如来」と呼ばれる如く、まさに我が身にきたって、直接はたらきかけてくださるものです。

聖人のお手紙には、年来、このことばかりを書き、言い続けてきたのに、たった善鸞一人の言動によって、多くの人たちが脆《もろ》くも惑わされてしまったという、隠しようもない意外さが染み出ています。

信心においては、真と仮はまさに、佛道成就の重大な分岐点となるところです。

ここの機微を聖人は、「門余釈《もんよしゃく》」(「化身土巻」　聖典四五一頁)に、「『門』は即ち八万四千の仮門なり、『余』は則ち本願一乗海なり」と、明瞭に断じておられます。八万四千とは「無数の」とか「一切の」という意味を表す表現で、「八万四千の法門」とか、「八万四千の煩悩」などと、佛の真実と衆生の迷いの双方に用いられます。

佛教では、何かが正しいといえる時は、虚偽との関連においてだけであり、唯一絶対の真理があるなどとはいいません。

したがって救いの対象である私どもと、佛の関係においては、真如の方から衆生一人ひとりに用きかけてくださるのであり、衆生の数だけ佛の法門があるということになります。

「正像末和讃」においては、佛様の「法」の真実を聞く視点から、私ども衆生の「機」の真実が照らし出されるという視点へと徹底的に転換されます。「法」の普遍《ふへん》に対して「機」の特殊という表現がされますが、ここはどこまでも、私一人にかかっている問題です。

少し語弊があるかもしれませんが、「法」がいかほど整っていても、どんなに完全なものであっても、受け取る「機」が備わっていなければ、「私」にとっての真実ではありません。

ことに、佛の真如の深さを感じ取ることのできない貧しい器量、もしくは環境にあれば、佛法の有り難さは、関知できないままで終わってしまうこともあります。

聖人が佛教の全て、即ち八万四千の法門を「門余」と鑽《き》り出し「仮門」とされる言葉の鮮やかさが、そこにあります。

「仮門」とは、否定されたということではなく、「本願」に対するならば「仮り」であり、「一時的」な「像《すがた》」でしかないということです。

「正・像・末」三時をもって示される佛教史観の実態を知る糸口は、「像法」であろうと先に推測しました。

常に佛法を可視化、形骸化してやまぬ、私どもの心情とはどのような動きをしているのでしょうか。「機は自己本来の……（中略）……則ち心体発動の、第一転に名づく」（竹原嶺音『遇斯光』一　一八七頁）といわれますが、末法濁世の道に踏み惑う我らに、同悲していいただいたのが、聖人における善鸞事件でありました。

善鸞の波紋

慈信房善鸞がとった言動とその主張をみると、次のようなことになると思われます。

一、自分は父・聖人から真の法門を授けられている。
二、門弟方が聞いてきた、これまでの信心は正しいとはいえない。
三、第十八願は、萎《しぼ》める花にすぎないゆえ、再考せよ。

その結果、常陸の大部《おおぶ》の中太郎入道の門下九十名余が、師を棄てて、善鸞の下に走った事実が記録されています（『御消息集』六　聖典六六〇頁）。また、領家《りょうけ》・地頭・名主などの在地権力者と通じて、正信の門弟方のことを、「偽って、好んで悪をなし、神祇冥道を蔑《あなど》る者」として権力者に訴えた、などです。

いま一通、義絶に関する御消息があると申しました。

慈信房その人に宛てられたもので、その中に掲《かか》げた一節に「第十八の本願をば、しぼめるはなにたとえて、人ごとに、みなすてまいらせたりときこゆること」（慈信房義絶状）と出てまいります。

本願を「萎《しぼ》んだ花」と聞いて、私にはわかったようで長らく腑に落ちない一句でありましたが、ある日、お同行による『論語』の素読会に参席しておりました時、これまで払拭《ふっしょく》できなかったベールが取り払われていくように感じました。佛典によってではありませんが、人間の心の奥底を垣間見せてくれる、古典である『論語』の醍醐味だと思いました。

『論語』「泰伯篇」二に、「子曰く、恭にして礼なければ則ち労す。慎にして礼なければ則ち葸《し》す。勇にして礼なければ則ち乱る。直にして礼なければ則ち絞《こう》す」とあります。

口語訳しますと、「礼」がなければ「恭」が「労」になってしまい、「慎」が「葸」（おそれる・しぼむ）となり、「勇」が「乱」となり、「直」が「絞」（窮屈なさま）になるという意です。

「葸」は、草花が「精気を失う」とか「小さくなる」という意味で、「よろこばないさま」という意もあります。

「泰伯篇」二の一節から、善鸞とそれに同調する人たちの心情がうかびあがってくるように思えます。門弟方が歓喜してきた第十八願の教えや領解は、慈信房善鸞から見ると「萎んで見える」ということなのでしょう。

関東の門弟方は他の御消息から推測すると、「一念・多念」の論争で、大いに揺れていました。概して、人々の性向を大別すると、「行」に重きを置く人、「信」を大切にする人、言い換えると、この世が大切であるとする人と、後生を重視する人の、二方向に別れるようです。

「行」と「信」が一如となって、我が身一人のための「信心」とならなければ、対他心が残渣《ざんさ》となって、信心を次第に衰頽《すいたい》させていきます。すなわち、「しぼませ」てしまいます。

『論語』における孔子の死生観《しせいかん》は、「季路が鬼神に事《つか》えん事」を問い、さらに「敢えて死を問う。曰く、〈未だ生を知らざるに、焉《いずく》んぞ死を知らん〉」（「先進篇」十二）の言葉に、端的に表されています。未だ生の何たるかもわからないのに、どうして死がわかろうかという姿勢です。

『論語』の世界は、現世の処し方をもって第一とします。

この世の問題は、人と人との心の在り方の問題に他なりませんから、「和合」をいかに生み出すかが、意識・無意識を問わず、それは常に心底にあります。儒学でいう「礼」とは何か。それはいうなれば「和合」への工夫でありましょう。

我が身を振り返ってみると、この世の眼前の問題に取り組んでいるうちに、私どもにおける根元的な目的、「和」へ志向するその根源にある「我」が解放されて、浄土往生の人となること、すなわち「浄土」を願う心を見失ってしまう。それが私どもの日常生活の現実であります。

現世を第一にして「和」をはかる工夫をしても、次第に窮屈となっていきます。「礼」に関連していえば、佛教では「礼拝」から始まります。「礼拝」とは敬いの思いから始まる行であります。ことに佛教では、敬いは、浄土の方向が開けていて初めて成り立つ帰命の表現でしょう。

しかし、孔子においても、深い死生観が窺《うかが》える件《くだり》があることも見のがせません。

『論語』「八佾篇《はついつ》」十五にある言葉ですが、孔子が大廟の中で、儀礼を一つひとつ尋ねられたので、ある人物が「孔子は一体《礼》ということを知っているのであろうか。廟に入って一つひとつ人に尋ねているではないか」と問いました。それを聞いていた孔子が応えられたといいます。「これが礼なのだ」と。

廟に入ったら、慎重に専ら聞くことに徹する。ここに孔子の死生観の深さを見ることができます。私ども佛教徒から見ると、これは礼拝であり、念佛であります。

信心問題を専ら現実問題として没頭した善鸞の蹟《つまづ》きは、現世の只中にあって佛意を聞く、浄土真宗の現世と浄土の深みを、聖人が身をもって示されている恭敬《くぎょう》の心に眼が開かれなかったところに、問題がひそんでいたといえます。

「不廻向」に照破されて

聖人ご晩年の関東門弟の混迷は、あの承元の法難から四十年以上経過しています。ご自身は八十歳を越え、身は不自由で思うに任せない。

関東を離れて二十年以上閲《けみ》した日、直接手塩にかけた関東の門弟たちが、往生浄土の道を求めつつも、遠く離れたところで迷っていく。その中に我が弟子も息子も苦悩している。それはあるいは、かつてわが念佛僧伽を弾圧した、外なる原因と思ってきた法難と、同質のものに違いない。

我が子とそれに対応する門弟たちが、奈落に沈み、苦しんでいる責任の根源を辿るため、聖人はすべてを荷《か》負《ふ》して、ご自身に立ち還られたのではないでしょうか。若いころの苦難と異なって、これほど、流罪という苦難の現実を突きつけられた時はなかったと思われます。

親鸞聖人にとっては、かつての承元の法難も、善鸞事件の騒擾《そうじょう》も、別のものではなかった。身動きできない最晩年に遭遇された難局に立ち至って、どこに光明を見出されるのでしょうか。善し悪しの基準などというものは、全く役立ちません。

そこに聞こえてきたのが「弥陀の本願信ずべし」の声だったのでしょう。

聖人の時代を七百五十年下る現在において、きっと実感していかねばならない道であるはずです。念佛求道の日常は、このような五濁の真只中にしかありません。

善悪の違いなど、私どもには本当のところは分別できません。少なくとも自分の中からは、善いものは何ひとつとして出てこない。

『愚禿鈔』上巻には、「真実浄信心は内因なり、摂取不捨は外縁なり」（聖典五三六頁）と示しておられます。我が浄土真宗において、証果としてあらわれるのは「摂取不捨」の他はありません。これが親鸞聖人のご一生において、私ども凡夫に示してくださる、現世の益《やく》の究極といえます。

私ども末代無智の凡夫をみそなわして、聖人はご晩年に再三「無義を以て義とす」と仰せになっています。また、蓮如上人の『御文』を拝読して気づかせていただくのは、聖人の「摂取不捨」という救いは、単なる教誨《きょうかい》の次元ではない、もちろん過程でもない。究極です。そこを蓮如上人が汲み取られた上で、『御文』において再三説かれたのが「他力信心」というお言葉です。聖人においては、「浄信心」というお言葉はありますが、「他力信心」という語句はありません。

ここで聖人の『末燈鈔』第二通「自力他力の事」の章を口語訳で引用します。

笠間の念佛者が疑いを問われました。浄土真宗のこころは、往生する人の機根に、他力を待たねばならぬものと、自力で行くものとの別があります。（中略）

他力ということは、弥陀のお誓いの中に、特に選び取って摂められた、第十八の念佛往生の本願を信楽することで、これを他力といいます。

他力は如来のお誓いであるゆえ、他力においては、無義であることをもって本義となすと、法然上人は仰せになりました。義ということは計らうという意味を表す言葉です。

人の賢しらな計らいは、自力ですから義と申します。他力は本願を信じて、必ず浄土に生まれるゆえ、他力においては、さらにその上に計らいを加える必要はありません。

（『末燈鈔』二　聖典六三〇頁）

笠間の門徒方への御消息を拝見していると、門弟の人々にとって、その根底に善悪を離れることは至難なことであり、ここが大きな問題であったことが伺われます。

聖人のご心底には常に、かつて師・法然上人から伺った教えがあったと思われます。お若いころ聞かれた師の直説を思い浮かべては、何度も反芻《はんすう》されたことでしょう。

たとえば、法然上人からお聞きになった「不廻向」というお言葉です。この言葉が示している「正像末和讃」は後でまた言及しますが、「草稿本」では「夢告讃」に続いて出てまいります。

真実信心の称名は　如来廻向の法なれば
不廻向と名づけてぞ　自力の称念嫌はる、

右の「不廻向」の御左訓（原文は全て片仮名、以下同じ）には「行者の廻向にあらずと知るべしとなり、『往生要集』にみえたり」とあります。

きっと「夢告讃」と内面的つながりがあるにちがいありません。それゆえ、ここで少し触れることにいたします。

法然上人が聖道諸師によって非難された最大の問題点は、「菩提心撥無《はつむ》」でした。上人が菩提心を否定したことで、旧佛教の僧侶たちは、憤激しました。「菩提心を否定して、専修念佛を主張するということは、一体いかなる意味においてなのか。菩提心は佛道の母胎ではないか」と、囂々《ごうごう》たる非難を浴びせかけたのです。

私も、この上人のお言葉の意を即座に了解することはできず、訝《いぶか》りました。

明恵《みょうえ》上人や解脱《げだつ》上人が批判されるはずです。しかしここでは、菩提心を発《おこ》すべきであるとか、発し得ないのかという、佛道修行者の能力の問題ではなく、菩提心を求める心の源泉を法然上人は問うているのです。

本来、正統派のご僧分方なら、菩提心を立てて証《さと》りへ至るのが正道です。菩提心を無視したら、佛道の中の破戒者といわれても当然です。

通常の人は、「五濁」といえば、その「五濁」の世間を隔離して、そこに煩《わずら》わされない、いわば「五濁」から避難すべき世界として願った。それが出家の道でしょう。そのように心がけるのが菩提心で、それが僧侶としての生命でした。

ところが法然上人と親鸞聖人は、住しておられる次元が異なっていました。この「五濁」を外しては自らの場はないと、心に決しておられたのです。この「五濁」の現実界に処せずして、どこに菩提心があるのか、と現世を荷負されました。決して隔離された修行の場ではないのです。

法然上人のご著書には見えませんが、親鸞聖人は、後に「大菩提心」というお言葉をお使いになる。これが「正像末和讃」の中に二カ所ほど出てきます。

浄土往生の道においては、何が大事か。自分の立っている場を逃げない佛道ということです。聖人においては、末法を超えるのが菩提の道です。「超える」の意味に、逃避があってはならないのです。「正像末和讃」第十九首に「よろづの衆生を佛になさむと思ふ心なり」と御左訓される浄土菩提の心が、「大菩提心」といわれる所以《ゆえん》です。

第一門　教法の興廃を述べる

第一章　釈迦遺教の頽廃

第一節　遺法の衰滅

一　佛滅遥遠

(1)釈迦如来かくれましく〳〵て
二千余年になりたまふ
正像の二時はおはりにき
如来の遺弟悲泣《ひきゅう》せよ

御左訓（原文は片仮名）
「遺弟悲泣せよ」
しやくそんのみでし　かなしみなくべしとなり　［草稿本］
みでし（御弟子）　かなし（悲）み　なくべしとなり　［正嘉本］
かなしみなくべし　［文明本］

意訳　釈尊がおかくれになってから、二千年余が経過した。すでに正法・像法の時代は終わってしまった。末法に生まれた釈迦如来の遺弟たちよ、悲しみ泣くべし。

「如来の遺弟悲泣せよ」

『大悲経』には、「衆生中の宝なる大慈悲は隠れ没《もっ》す。はなはだ速やかなり」（羅睺羅品《らごらぼん》）とあります。お釈迦様の入滅は、予告されていたとはいえ、弟子にとっては、やはり予期せぬおとずれだったに違いありません。入滅後、再び輪廻することはないと宣言されている「無余涅槃《むよねはん》」（三十五歳成道の有余涅槃に対する佛入滅の無上涅槃）ですから、衆生にとっては手の届かぬ、遠く離れた世界に行ってしまわれることです。

大乗経典においては、お釈迦様の無常と永遠性、その矛盾を融会せしめるものとして、「法身《ほっしん》」と「報身《ほうじん》」と「応身《おうじん》」が三種に分けて説かれています。

佛身を三種に分別する意図は、「法身」においては、色も形もなく、永遠に不滅だという哲理が根底にある。これを「本性常住」といいます。

「報身」とは形はないが、願いが存在する。正覚のはじめがあって、終わりはない。願として存在する有始無《うしむ》終《しゅう》の佛のことで、これを「不断常」といいます。阿弥陀様はこの相になります。

「応身」は、実際に形となって現れる佛ですから、ここかしこに現れて、化益することを表します。八十歳で入滅された釈尊のお徳を表せば、まず「応身」として納得されるでしょう。たとえ佛がお隠れになっても、佛体そのものが滅したわけではない。娑婆の衆生の機に応じて現じたまい、機縁が尽きたら、お隠れになる。これを「相続常《そうぞくじょう》」といいます。

これが大乗教における佛身の考え方です。如来の体・相・用《ゆう》、それぞれの視点から、佛の不滅を示そうとするものです。

そこには、あらゆる機、あらゆる時を漏らさぬ、佛教の慈悲心がこめられています。

しかしややもすると私どもは、「村雀、耳なれぬれば鳴子にぞのる」（『聞書』一七五条　聖典九〇一頁）の法語の通り、教えに慣れて、慈悲に甘え、佛の本意を見失ってしまいがちです。そこをもう一考する必要があります。

「正像末和讃」には、佛身についての聖人の問題意識が明《あ》かされています。「正像末和讃」には大乗の佛身観である「佛性常住」は語られていないのです。

お釈迦様がお隠れになられてから聖人の時代まで、もはや千七、八百年経過しています。お釈迦様の本体は、滅することなく、なお存在するということになると、その要はひとえに衆生の「機」と「時」にかかわる問題に絞られます。したがって衆生にとって、その機縁が失われることになっては、重大事です。

誤ったものを求めること、正しいものを求めること

さて、その問題を明らかにしていく課題ですが、次の経典の記述は考えさせられます。


人間が生きていることは、結局、何かを求めていることにほかならない。しかし、求めることについては、誤ったものを求めることと、正しいものを求めることの二つがある。

誤ったものを求めることとは、自分が老いと病と死とを免れることを得ない者でありながら、老いず、病まず、死なないことを、求めていることである。

正しいものを求めることとは、この誤りをさとって、老いと病と死とを超えた、人間の苦悩のすべてを離れた境地を求めることである。今のわたしは、この誤ったものを求めている者にすぎない。

（パーリ語『聖求経《しょうぐきょう》』増支部三）

これは非常に含蓄《がんちく》があるお経文です。

佛法も、下手をすると不死の世界とか、理想境と同一視して、そういう類の天上界を求めているかもしれない。生・老・病・死という言葉を用いたとしても、必ずしも生・老・病・死に直面しているとは限らない。言葉の概念のとりこになっている虞《おそ》れがある。そこで、よく私どもの実相を見究めなければなりません。その点、「正像末和讃」は、まさに衆生の現実相を凝視した、希有《けう》なる聖教です。

右の『聖求経』などの示唆から、「正像末和讃」の冒頭四首の和讃の字眼《じがん》は「悲泣」という語ではないかと、思い当たるものがあります。

先学（権藤正行師）の書の中に、刮目《かつもく》させられる一節がありました。

「正像末和讃」は「遺弟の悲泣から、報恩謝徳へと展開されている」という趣旨で、さらに「悲泣が消えて、報恩へ転化するのではなく、悲泣の中にあって、そのまま、如来の恩徳を感知する。悲泣なきところに、弥陀の本願は顕れぬ。聖道家には、悲泣はみられない」（『正像末和讃諷誦録』三〇頁）と明確に述べてあります。

「悲泣」について

「遺法の衰滅《すいめつ》」の一節の四首のなかで、一番大事な視点となるのは「悲泣」であり、その御左訓には「釈尊の御弟子、悲しみ泣くべしとなり」とあります。

では「悲泣」とは何か。

香月院師は、「声有りて、涙無きを悲と曰ふ。又云ふ、泣くとは、声無くして涕出《なみだ》づるなり」との説を紹介しています。

漢和辞典によって、再確認してみました。

「悲」とは、声あって、涙なき悲しみ。「悲」の字形は、羽が左右に反対に開いたさまを象徴していて、胸が張り裂けるような、切ない感じを示します。

他方、「泣」は、声をたてずに涙を流して泣くことで、大声を出して悲しみ泣く「哭《こく》」に対する語だそうです。息を吸い込むように咳《せ》き上げて泣くこと、ともあります。

これを見ると、「悲しみ」に対して現代人が持っている感情と、古人の「悲」と「泣」の字解が示すものとの間には、かなりの感情の落差が感じられます。

古人の悲しみの表現は、現代にはない強い抑制がはたらいており、それゆえに悲しみに一層深いものがあります。

香月院師の、「入滅の遥かなることを思えば、声を顕し嘆き悲しむという事なり。誠に『慈悲の父母』とある、釈迦に生まれ遅れた事、二千有余年と思えば、泣き悲しむべき事なり」との解説に、納得するものがあります。

聖人は、直接ご自身についての事績を語られることが極めて少ないお方でありますが、「太子和讃」や『教行信証』の中に、限られた数の「父」「母」の語句を見出します。その背後に、計り知れない想いがこめられているに違いありません。

私どもは、「悲泣」という言葉から、情的な面を強く感ずるのですが、佛教が標榜《ひょうぼう》する、無常・無我・中道の精神に照らせば、少し特異な表現ではないかとも見えます。

浄土真宗の宗風において育てられた私どもにとっても、佛道の本源に遡《さかのぼ》りつつ、自らを励まし、積極的に努めて求道していくことが求められます。

末法の時代になったら、一旦志を立てた求道者たる者、「泣いている場合ではない」と奮起させるのが佛法者であるというのも、一理あります。

確かに道元禅師の言葉などは、その典型であり、高僧方も多く同様の口ぶりで励ましておられます。道元禅師は次のように述べています。

「末法なりと謂ふて今生に道心発さずば、何れの生にか得道せん。設《たと》ひ空生迦葉《かしょう》の如くにあらずとも、只随分に学道すべきなり」（和辻校訂本『正法眼蔵随聞記』一　二四頁）

「世間の人多分云く、学道のこゝろざしあれども世は末世なり。人は下劣なり。如法の修行にはたゆべからず。只随分にやすきにつきて結縁《けちえん》を思ひ、他生に開悟を期すべしと。

今云ふ、此の言《ことば》は全く非なり。佛教に正像末を立ること暫《しばら》く一途の方便なり。在世の比丘必ずしも皆すぐれたるにあらず。不可思議に希有にあさましく下根なるもありき。故に佛《ほと》け種々の戒法等をまふけ玉ふこと、皆わるき衆生下根の為なり。人人皆な佛法の器なり。かならず非器《ひき》なりと思ふことなかれ」（和辻校訂本『正法眼蔵随聞記』四　七五頁）

末法といっても、道心を発さなければ、結果が得られるはずがない。

迦葉尊者《かしょうそんじゃ》のような秀でた器でなくても、分に応じて学道すべきである。これが佛道の基本姿勢である。

「正・像・末」という時代区分の史観によることは、一時の方便にすぎない。

釈尊のご在世時の比丘たちが必ずしも優れているといっているのではない。まれに見る浅ましい者、能力の劣った者がいるのも事実である。

だから、佛が、色々の戒や律を設けるのは、みなこのような悪衆生、下根の者のためである。人々はみな佛法の器なのであって、器でないものはない。

自分は機根が浅いから、佛法がわからないなどと決して思ってはいけない。さればこそ、行を拠り所として精進するのであり、そうすれば必ず証りを得ることができる、という主旨です。

明恵上人も、「若し其の機根有る者は、悪世と為ると雖《いえど》も、必ず発心す。若し発心する者は、必ず其の果有るべきなり」（『摧邪輪《ざいじゃりん》』荘厳記）と示して、末世においても発心が重要であることを主張します。

いずれも佛法に心を向ける人は、必ず菩提心が根底にあるという立場です。これが正統佛教の公式的見解です。

「悲泣すべき」とはそれらとは全く違う。

佛法は「行」が核心ですから、ひたすら行ずることがオーソドックスな佛道だとすると、それに比して情的な「悲泣」は、いささか意気地がないということになりましょう。

その「悲泣」の語を『大蔵経』から索引してみると、その多くは浄土教系の経典の中から拾うことができます。

『涅槃経』『雑阿含経』『楽邦文類《らくほうもんるい》』『法事讃』『往生要集』『西方指南鈔』等々、です。

「極愛一子《ごくあいいっし》」の目覚め

まず、佛教でいう「悲泣」、すなわち悲しみ、泣くということの感情表現の大本《おおもと》は、お釈迦様の涅槃、ご入滅に臨んだお弟子さんたちの心情を記したお経文から始まっているようです。

その根底にはすでに佛に値《あ》い、そして離別したという悲嘆の事実があります。深い感情です。これは、お釈迦様に面授し、そして別れた弟子の場合ですが、小乗佛教から大乗佛教へ、そして浄土教が生み出される時も、同質の感情の甦《よみがえ》りがあったのでしょう。それはあたかも肉親の親を失って初めて、親心を知ることに似ていま す。いわば「極愛一子」の目覚めというべきものでしょう。

お釈迦様がお亡くなりになる時、最も悲しんだ弟子の一人が純陀《じゅんだ》です。お釈迦様に最後のご供養をした鍛冶工の青年です。パーリ語の『涅槃経』では、その供養の飲食が原因で釈尊は入滅されたことになっています。漢訳『涅槃経』「寿量品」（北本）では、次のように記されています。

爾の時に会中に優婆塞《うばそく》有り。是拘尸那《くしな》城の工巧《くぎょう》の子なり。名を純陀と曰ふ。其の同類十五人と倶なり。世間をして善果を得しめんが為の故に、身の威儀を捨て、座より起ち、偏《ひとえ》に右肩を袒《はだぬ》ぎ、右膝を地に著け、合掌して佛に向ひ悲泣《ひきゅう》して涙を墮《おと》し、佛足を頂礼して佛に白して言さく、

「唯願はくは、世尊及び比丘僧、我等が最後供養を哀受したまへ。無量の諸の衆生を度せんが為の故に。世尊、我等今より主無く、親無く、救無く、護無く、帰無く、趣無く、貧窮飢困《びんぐきこん》ならん。如来に従ひて将来の食を求めんと欲す。唯願くは哀愍《あわれ》みて我が微供《みぐ》を受け、然して後乃ち般涅槃に入りたまへ」

（『国訳一切経』涅槃部一　一二一頁）

（意訳）クシナ城外の在家信者で、純陀という職人の家の子がいました。仲間十五人と一緒であったが、殊勝にもなにか善行の果をと思い立ち、威儀をただし、右肩をはだぬいで、涙を流しながら佛足をいただきつつ、入滅が近い世尊に、せめてこのささやかな供養を御摂受くださいと申し出ました。

この漢訳の『涅槃経』で、釈尊の入滅に際し、弟子が供養をするところに「悲泣」の語が用いられています。もう一つの系統のパーリ語『涅槃経』(『大パリニッバーナ経』)でも、入滅を迎えた釈尊の前で、アーナンダ(阿難)が悲しみにくれて泣く姿が描かれています。

さて若き人アーナンダは、住居に入って、戸の横木によりかかって、泣いていた。——〈ああ、わたしは、まだこれから学ばねばならぬ者であり、まだ為すべきことがある。ところが、わたしを憐れんでくださるわが師はお亡くなりになるのだろう〉と思って。

そこで尊師は修行僧たちにたずねた。「修行僧らよ。アーナンダはどこにいるのか?」。

「尊い方よ。若き人アーナンダはここにおります。住居に入って、戸の横木によりかかって泣いております。——〈ああ、わたしは、まだこれから学ばねばならぬ者であり、まだ為すべきことがある。ところが、わたしを憐れんでくださるわが師はお亡くなりになるのだろう〉と思って。」

(中村元訳『ブッダ最後の旅』一三六頁)

『涅槃経』について

『涅槃経』は釈尊の最後の旅から始まって、入滅、荼毘《だび》、起塔に至るまでを叙べているお経です。宗門の碩学・金子大榮師は、『正像末和讃聞思録』の中で、『涅槃経』は「如来の悲泣」を序説とする、と述べておられます。

目を開かれる言葉です。「悲泣」あって、佛在世の恩徳も、佛滅後の現世の実相も、明白になってきます。

『涅槃経』を拝読して、お釈迦様は大変に素直なお方だという感懐を抱きました。
『涅槃経』「嬰児《えいじ》行品《ぎょうぼん》」に、次のような言葉があります。

嬰児の行動とは、嬰児が泣いた時、母や父は黄金の葉を採って、「泣くでない、泣くでない。泣き止んだらこの黄金をあげよう」と語りかけた時、その葉を見て、純金の黄金であると想って泣き止む時がある。じつはこの柳の葉は黄金ではないのだ。

人々が道でないものを、本物の道であるように思い込んでいたら、私は道でないものを道だと説くことがある。実際には道でないところに、道があるわけはない。

道を生み出すような、わずかな条件があれば、私は道でないものを説いても、そこから道を導き出すことができる。

（田上太秀訳『ブッダ臨終の説法』）

「私の振舞いは、赤ん坊のそれと似ている」と、釈尊はいわれます。「立ち上がる、立ち止まる、行ったり来たりする、そして話したりすることが、十分でないところ、そこが私と似ている」（同訳）と。

ここに底ぬけの率直さがある。私どもも、少し反省すれば、自身の言葉が不十分なことくらいは理解できます。それならば、それ以外の日常の起居動作はどうかと反省してみる。

それもまことに心もとないものですが、自分の主張や行動が世間で通用するとみると、いつの間にか自惚れて、慢、過慢と心を増長させる。時にはその反動で卑下慢《ひげまん》に陥る。

双方の「慢」の現れ方は正反対でも、所詮同じものです。傲慢も卑下も同根から出ているもので、素直さ、率直さの反対です。

慢の人は、悲喜いずれの時も、表情がどこか暗い。

嬰児の行いは、心もとないように見えますが、暗さがない。何とも不思議な明るさを放っています。自らの存在そのものを信頼しきっている。

『涅槃経』の底に流れるのは、如来様の率直さ、すなわち衆生を信じ切るお姿でしょう。入涅槃を境として示される、佛心の切実さが、衆生への信頼「一切衆生　悉有佛性《しつうぶっしょう》」となって、全巻を通して貫かれています。

生身の釈尊の生涯の全てを込めて示される佛心にお遇いする時に、期せずして湧き出す衆生の心情が、「悲泣」でありましょう。

問題は衆生がいかなる時に、その機縁を見出すか、いわゆる「機」の問題です。衆生にとって、この佛心への機縁が尽きることが最も恐れられます。釈尊が残された法理とか形象《けいしょう》とかいう面からのみではなく、衆生の本当の姿を見直さなければなりません。

親鸞聖人が生涯をかけて求められた信心を、現実問題を通して、さらに深く実証されたのが「正像末和讃」です。

阿闍世《あじゃせ》の為に涅槃に入らず

『涅槃経』の中で、「悲泣」の真情を呼びおこしたのは、あの有名な「阿闍世の為に涅槃に入らず」という一句です。

「梵行品」に、性質弊悪《へいあく》の阿闍世が、父王に危害を加えたことにより、後悔のあまり高熱を発し、身体中にできた悪性の腫物《はれもの》に悩まされます。

これは父を害した報いだと自覚し、そのような自分には到底安らかな来世は望めない、地獄に落ちることは必定だと、激しい苦悶に陥りました。

唯一、頼れる友である耆婆《ぎば》大臣から「安眠することを得るや否や」と問われると、阿闍世は来し方の数多の言行を顧みて、「この私がどうして安穏に眠ることなどできよう」と嘆きます。

その姿を見た耆婆大臣は、「あなたの心は、今重悔《じゅうけ》を生じた。慚愧の心を懐きました。佛陀は常にこのことを説いてこられました。たとえ悪行をしても、すぐに懺悔して慚愧の心を持ち、二度と悪行をしない人が、すぐれた智者だともいわれます。慚愧ある故、父母、兄弟、そして姉妹の礼がある、と説かれています」と伝えました。

できれば地獄に落ちない道はないかと、阿闍世は六師外道をめぐった後、義弟であり医者である耆婆大臣に縋《すが》ります。耆婆大臣は何より佛陀のところに行くことを勧めますが、阿闍世は強いためらいを示します。

「優しいお心の持ち主の佛陀は清浄であられ、香りある白檀の木々で囲まれているように、清浄な人たちに囲まれておられる。

これに比して私は何と極悪人で、悪業にまとわれ、身体は臭く、汚れ、地獄に縛られている。こんな私がどうして佛陀のみもとに行けるだろう。もしお側近くに行けたとしても、面授されることも、言葉をかけられることもないだろう。

君が連れていこうと言っても、今の私は恥ずかしく、後悔ばかりで、ここを離れることは、どうしてもできません」（田上太秀訳『ブッダ臨終の説法』参照）と尻込みするのです。

『涅槃経』は引き続いて、「この時、天上から声がした。佛陀の無上の教えが、今まさに滅びようとしている。真実法の山が崩れようとし、教えの船が沈もうとしている。教えの樹木が折れようとしている。善友が去ろうとしている。大王、佛陀がもしこの世から去ったら、大王の罪障の治療はさらに難しくなるだろう。今、君は無間地獄に墜ちるほどの悪業を作っている」（同訳参照）と、外の声とも内奥の声とも分かちがたい声が阿闍世には聞こえて、身体に戦慄《せんりつ》が走り、芭蕉の樹のように震えたと記しています。

阿闍世が「姿が見えない。声だけのあなたは誰ですか」と問うと、その声の主は、他でもない阿闍世の父・頻婆娑羅《びんばしゃら》王でした。

そして天上の父王は「耆婆の言葉に随いなさい。六師の言葉に惑わされてはならない」と、告知します。

これを聞いた阿闍世は悶絶し、身体の痛みはなお一層激しくなり、ますます身の熱は増しました。

悶絶して倒れている阿闍世を、佛陀は神通力で見出し、月愛三昧《がつあいざんまい》をもって迎えとられます。

月愛三昧とは、「神の中の神といわれるお方が放つ光」で、「月光が青蓮華をはじめ、全ての蓮華を開花させるごとく、能く衆生をして善心を開敷《かいふ》せしむ」（聖典三七四頁参照）と説かれています。

月光は一日から十五日の間に、形や色、光が、少しずつ増すように、発心の瞬間に現れた善心の根を、少しずつ増長させ、最後に解脱を得させます。

さらに、十六日から三十日までの間、光は静かに減じていきますが、月愛三昧も同じように、光が照らし出すところの煩悩を、少しずつ衰滅させます。

佛陀は「王がなお迷っている気持ちを砕くことができうるのは、この世のもの、は何一つ確定されたものを特徴としない故である。だから阿闍世を決心させられる。

もし王の心に確固たる、不動の特徴や形があったなら、王の重罪はなくすことはできまい」と、説かれます。

そして、佛陀は対面されるや、「大王よ」と呼びかけられました。戸惑った阿闍世はあたりを見回し、「この大衆の中に、だれか大王がおられるのであろうか。私は罪障の人間、全く福徳がなく、王ではない。なぜ、大王と宣《のたも》うのであろうか」とつぶやきます。

佛陀は再度「阿闍世大王よ」と呼びかけられました。この瞬間に、阿闍世の心に決定心が生まれたのです。

阿闍世は、「私は梵天《ぼんてん》や帝釈天《たいしゃくてん》のような天人と、美味しい食事を共にすることより、佛陀が一声かけてくださったことが、最も欣びであり、最高の幸せです」と、率直に心中を開きます。

先述しました「阿闍世の為に涅槃に入らず」という一句に、佛陀の深い密意がこめられていることを示す一段があります。

かねて三カ月後の入涅槃を告げておられた佛陀が、なぜ、阿闍世一人のために、最終的解脱の時を延期されたのか。たとえ延ばされることが、佛陀ご自身のお心からだとしても、「全ての人のために」とされてしかるべきではないか、と佛弟子の代表者と目される迦葉尊者が問い質《ただ》しました。

この発問に対して、佛陀が答えられます。

「ここにいる人々は、だれ一人として、私が妙寂（涅槃）に入るだろうという者はいない。阿闍世だけが私の入妙寂を思っている。だから王は悶絶し、地に倒れたのだ。佛法にはこのような真意が隠れている」と。

「為」とは必ず、すべての凡夫のためという意味であり、「阿闍世」とは、五つの重罪を犯した者のことである。「為」が生類のためであれば、「阿闍世」は煩悩を持っている者のことであり、「佛になる」ということ（佛性）を求めない人々のことである。その人々は、求めない故に、煩悩の怨《うら》みを起こす人間でさえあると仰せられています。

つまり、世間の人々は、生きんがために煩悩に迷う存在。つまり「利益と損失」、「誉れと謗り」、「非難と称賛」、「楽しみと苦しみ」の八種に搦《から》め捕られている凡夫のことであり、私はこの者のために涅槃に入らないのだと、「阿闍世の為に涅槃に入らず」と宣べられた佛意の奥底を明かされました。

『涅槃経』には、本来の素直さというものがあると先に述べました。

そこに道理とか、義理として加えられるものは何ものもない。佛陀は造悪不善の凡夫のために、佛の無上果である妙寂さえ捨て去られます。

ここに計り知れない佛意清浄が示され、この清浄は三時を貫いて、汚泥《おでい》の中の凡夫にまで及びます。ここにおいて「自分不在」の凡夫が呼び覚まされるのです。

五濁の泥中に喘ぐ衆生でありながら、如来の「月愛三昧」の光をこうむって、清浄の白蓮華を目の当たりにして、我が身を呼びさます大慈悲に浴し、「悲泣」します。

お釈迦様と別れて、いかほど遥かな年を経ていても、衆生の上に届く清浄感情が「悲泣」であります。

この感情が蘇《よみがえ》る機縁となったのは、親鸞聖人にとっては、とりもなおさず法然上人にお遇いになった、その事実でありましょう。法然上人との値遇があればこそ、二千余年を経た如来を、お釈迦様として「悲泣」なさったのです。

その蔭には、親鸞聖人とご両親との別れがあり、そこに秘められた深い悲傷、痛ましい出来事があったのかもしれません。それ故に「釈迦弥陀は慈悲の父母」（善導讃）や、「父のごとくにおはします」（太子讃）というお言葉遣いに、お浄土のご両親に応答されている聖人のおこころが感じられます。

香月院師が「佛滅後、遥かなる事を嘆き悲しめよとは、下に至り弥陀の本願盛んなるに逢うた事を喜べよと云う、ここが根本なり」とされる意が肯けます。

「正像末和讃」の「悲泣」は、人の出会いと離別の無常を通して、凡夫が佛に成る可能性を明かす、大悲の呼びかけが聞こえた時であります。そこからまた、報恩への大道という意味も湧き出てきます。

「文明本」の第一首は、「草稿本」（国宝本）の和讃が全部で四十一首ある中、第十三首目になります。

「草稿本」とは、「文明本」（本書が依用した底本）に至る、最初期の「正像末和讃」で、はじめから第九首までが聖人の真蹟《しんせき》で、第十首以下は弟子の覚然の筆であろうと推定されています。三十五首が連ねてあり、三十六首目が「夢告讃」となっています。その後に「真実信心の称名は」以下「別和讃」五首が加えられているので、計四十一首の和讃で成っています。

「草稿本」の「夢告讃」の後に、「この和讃をゆめにおほせをかふりて、うれしさにかきつけまいらせたるなり　正嘉元年丁《ひのと》巳《み》閏《うるう》三月一日　愚禿親鸞八十五歳書之」とあります。

御左訓について、私の所感を申したいと思います。

ご和讃を読誦して、内容がスーッと入ってこないような時は、御左訓に照らして拝読すると、目からウロコが落ちるような思いをすることが多々あるように、いわゆる語句の解釈ではなく、和讃の含意をいただかんとする時は、きわだって字眼的な用きを発揮いたします。

「草稿本」の「如来の遺弟悲泣せよ」には、御左訓が、「釈尊の御弟子、悲しみ泣くべしとなり」と施してあります。

ここでは「如来の遺弟」を、単に佛如来とか、諸佛如来という一般的な呼び方をせず、「釈迦如来」とされています。それによって釈尊の入滅から遙かなる時間を経たことを嘆ずる意味が強められ、聖人の特別の感懐が込められていることが伺えるのです。

二　遺法隠没《ゆいほうおんもつ》

(2)末法五濁の有情の
行証かなはぬときなれば
釈迦の遺法ことごとく
龍宮にいりたまひにき

御左訓

「末法五濁の有情」　［草稿本］

ざうぼふ（像法）のすゑ（末）　［正嘉本］

いまこのよは、わる（悪）くなりたりとしるべし

「釈迦の遺法」　［草稿本］

のこりのみのりなり　［正嘉本］

のこりのみのりをゆいほふとまふすなり

「龍宮にいりたまひにき」　［草稿本］

りうわうのみやこへいりたまふなり　［正嘉本］

はちだいりうわう（八大龍王）のみやこなり

ただし、「草稿本」では、一句目が「像季末法の衆生の」であり、四句目が「龍宮にすでにいりたまふ」となっている。

意訳　末法五濁の世に生きる我ら衆生は、もはや修行も証果もままならない故、釈尊が遺された真実法もみなことごとくこの世から隠れて、龍宮にお入りになってしまった。

「末法五濁」

第二首目は、「草稿本」の第八首目に相当する和讃ですが、「文明本」の当讃とは、かなり言葉遣いが異なっています。

「草稿本」では「像季末法の衆生の　行証かなわぬときなれば　釈迦の遺法こと〴〵く　龍宮にすでにいりたまふ」となっていますが、「文明本」ではまず、第一句目が「末法五濁の有情の」という形に変化しています。「草稿本」では、末法とともに像法の季と示されるのに対し、「文明本」では、「末法五濁」と示すことによって、正法が微《かす》かにしか認められなくなってしまった、末法時代の姿がより印象深く表されます。

ここでは、外界のすがたより、内面の在り方に焦点が絞られています。したがって新訳（訳経の歴史においては、玄奘以後を新訳といい、それ以前を旧訳《くやく》という）の「有情」を用いることで、その意図がより明白になります。

旧訳の「衆生」は、「衆多の法が、仮に和合して生ずる故、衆生と名づける」（『大法鼓経《だいほっくきょう》』）とされるように、法義的表現になっていますが、「有情」は感情を持つものという意であり、生きているものの総称としての表現です。「非情」に対する語としての「有情」です。

第四句では、「草稿本」の「龍宮にすでにいりたまふ」が「龍宮にいりたまひにき」へと、「すでに」という副詞をあえて外すことによって、かえって既定の事実が、目前の存在として明らかにされます。

「龍宮」の御左訓には、「龍王の都へ入り給ふなり」と説明されており、龍宮という抽象的な世界を、龍王あり、龍女あり、龍子ありと、活動性のある世界として、より現実的に表現されています。

続いて挙げる第三首目の第四句にも「諸善龍宮にいりたまふ」とあります。

現在、このような閉塞的な社会状況の中に生きていることに照らすと、何かと事件が重なって起これば、私どもは絶望的な気分に覆《おお》われやすく、吐く言葉も悲観的になります。

しかし、佛法の真実においては、失われないものがあり、たとえ生き生きしたあるべき姿が衆生には見えなくても、背景に如来のお用きがあるということを示唆しています。

人は決して絶望はしない。たとえ国中が貧窮の中にあっても、苦難にさらされていても、お互い助け合っていけば、きっと何らかの希望は生まれるに違いないと、願われています。

ただ、それをどのようにして回復し、現していくか。しっかりした確信が持てないだけです。

このように「龍宮」が形のない抽象的なものでないならば、「諸善龍宮にいりたまふ」の「諸善」も決して、想像を超えたものではないはずです。

佛法が盛んな時には、佛・法・僧の、三種荘厳として具体的な用きがあるように、みな消えてしまったというニュアンスではなく、お釈迦様の「のこりのみのりなり」(「遺法」の御左訓)として感じられてきます。

わずかにのこされている形によって、その用きは、今は他所なるところに隠れていることが示唆されます。

御左訓を読んで、このように明るい面があるのだという感じを持ちます。

この第一節を総括して、かりに「遺法の衰滅」という題目を置きましたが、「衰滅」より「隠れている」という意味合いの方が、よりよいかもしれません。

そこに「釈迦の遺法」を、「のこりのみのりなり」と御左訓され、大悲を示唆する意味合いが込められていることを知らされます。

三　興廃対顕《こうはいたいけん》

(3)正像末の三時には
弥陀の本願ひろまれり
像季末法のこの世には
諸善龍宮にいりたまふ

御左訓

「正像末の三時」
しやうぼふ・ざうぼふ・まちほふ　みとき　［草稿本］
しやうぼふ　ざうぼふ　まちほふ　［正嘉本］

「像季末法」
ざうぼふのすゑなり　［草稿本］
ざうぼふのすゑ　［正嘉本］

「諸善龍宮にいりたまふ」
しやくそん（釈尊）のみのりは、みなりうぐ（龍宮）へいりましますとなり　［正嘉本］

意訳　正法・像法・末法の三時を通じて、弥陀の本願は弘まっている。しかし像法の末期から末法に入った現在、佛の真実である諸善は、ことごとく龍宮に入ってしまわれた。

「正像末の三時」

この和讃を香月院師は、「聖道は廃《すた》れたれども、弥陀の本願は正像末の三時、いつもかわらず弘まれりという事なり。弥陀の本願とは霊告（＝夢告）の〈弥陀の本願信ずべし〉を受けたもうと見ゆる」と注釈されています。

これは重要な解説で、弥陀の本願は、末法の今に限ってではなくて、正法・像法・末法の三時を貫いて弘まっているのです。ここには、これまでにはなかった新しい目覚めという意味があります。

私どもは現実を見る時、即物的に捉えるか、あるいは普遍的なものとして抽象化するかに偏りがちです。また、真理は不変だといったり、真理は所詮見えないといったりする。

いずれの場合も、それで本質が明らかにされてくることはありません。真実は見ることができないのではなく、隠れていると見るべきではないかということが、大切です。

自分に密着したもっと切実な眼を獲得しないと、見出すことはできません。

「三時」を「みとき」と御左訓されていますが、三時は不可逆的な時間の流れではなく、一《ひ》と時、一《ひ》と時が、私どもにとって意味があるのです。それは歴史の上の認識ではなくて、自分の中に、今観ぜられる「みとき」でもあるのです。

四　経説引証

(4)大集経《だいじつきよう》にときたまふ
この世は第五の五百年
闘諍堅固《とうじようけんご》なるゆへに
白法隠滞《びやくほうおんたい》したまへり

御左訓

「闘諍堅固」

たゝかふ、あらそふこと、さかり（盛）なりといふなり　［草稿本］

たゝかい　あらそい　かたくさかりなり　［正嘉本］

「白法隠滞」

ぜんごんなり　かくれとゞまるなり　よろづのぜんは、りうぐへかくれいりたまふなり　［草稿本］

よろづのぜんごん（善根）、かくれとゞまりたまふ　りうぐ（龍宮）へいりたまふ也　［正嘉本］

意訳　『大集経』には説かれている。「時代は今や佛滅以来、第五番目の五百年に入った。人間は啀合《いがみ》いの虜になる時代である。その故に、釈尊の清浄な善法はこの世から姿を消したもうた」と。

『大集経』には、「正・像・末」の三時説とは異なって、一・「解脱堅固」、二・「禅定堅固」、三・「多聞堅固」、四・「造寺堅固」、五・「闘諍堅固」と佛入滅以来、五百年を刻むごとに、時代は変化していくことを示す五時説が説かれています。

第五番目の「闘諍堅固」とは、闘うことに明け暮れることで、御左訓には「たゝかふ、あらそふこと、さかりなりといふなり」とあります。

寺院で御堂や塔を建立する際、布施の根本義に立脚していないと、争論につながりかねません。「してやり心」と「負担に感ずる心」などが、双方に後々まで尾を引くようなことがあってはなりません。建立の本質は、そのような形像にあるのではないはずです。

建てた伽藍や塔頭《たっちゅう》が、願主、施主双方に負担が残ってはならない。いわゆる「三輪清浄」であるべきです。「白法隠滞」の御左訓には、「善根なり。隠れ止まるなり。萬《よろず》の善は龍宮へ隠れ入り給ふなり」とあります。

第二節　五濁の増盛《ぞうじょう》

前節では、「正・像・末」三時の相状を示して、真実の法が失われていく様子、佛法が衰えていく相《すがた》を述べました。

この節は、五首（第五首から九首）にわたって、世間が五濁の世となって、人の心に変化があらわれる様子を述べます。五濁という世を生み出した事実、もしくは五濁の世の弊害と、それを受ける人心（これを「機」という）との関わりを示すものです。

五濁は、『阿弥陀経』（聖典一八二－一八三頁）の示す順序に従えば、次のようになります。

一、劫　濁＝時代の濁り。時代は汚れ、戦争や疫病などが多くなること。

二、見　濁＝思想の濁り。人の思いや考えが悪化し、邪《よこしま》な思想がはびこること。

三、煩悩濁＝煩悩がはびこること。貪り・怒り・迷い（痴）などの煩悩が燃えさかる人間のあさましい現実で、悪徳がはびこること。

四、衆生濁＝衆生の果報が衰え、心が鈍く、身体も弱くなって、苦しみが多くなった相状。人間の資質が低下すること。

五、命　濁＝衆生の寿命が次第に短くなること。最後には十歳にまでなる。

佛教の宇宙観では、この世界は、一・成立期（成劫《じょうごう》）、二・存続期（住劫）、三・破壊《はえ》期（壊劫）、四・空漠《くうばく》期（空劫）の四期（四劫）で示される中、五濁は住劫が壊劫に向けて衰滅してゆく過程におこる現象といわれます。

佛陀が出世し、法を説かれ、佛滅後、「正・像・末」の史観が生まれる、その背景を示しています。これは佛法独自の考えではありませんが、釈尊のご出世に先がけて、インドに底流する歴史時間の認識の仕方として参考になると思います。

さて、「正像末和讃」のこの五首の和讃の「五濁」の配列は、『阿弥陀経』と同一ではありません。善導大師は『法事讃』（『轉経行道願往生浄土法事讃』が正式名、上・下二巻）で『阿弥陀経』を深く味わっておられますが、ことに下巻においては、『阿弥陀経』の経文の次第によって解釈領解されます。

しかしこの「五濁」の説明の部分（『法事讃』下巻）では、『阿弥陀経』をそのまま表示されながら、解説部ではその順序を換えて、劫濁・衆生濁・煩悩濁・見濁・命濁の順となっています。
「正像末和讃」では、善導大師のこの次第に従われました。
『法事讃』では次の如く述べられています。

釈迦の出現、甚だ逢ひ難し。正しく五濁の時の興盛《こうじょう》なるを治す。無明頑硬にして高峯に似たり。劫濁の時移りて、身漸《ようや》く小なり。衆生濁悪にして、蛇龍に等し。悩濁偏満して塵数《じんじゅ》に過ぎ、愛憎違順して岳山の若《ごと》し。見濁《けんじょく》叢林棘刺《そうりんこくし》の如し。命濁《みょうじょく》中夭刹那《ちゅうようせつな》の間《かん》なり。依正《えしょう》二報《にほう》同時に滅し、正《せい》に背き、邪に帰して横《おう》に怨《あだ》を起す。九十五種皆世を汚す。唯、佛の一道のみ独り清閑《せいかん》なり。出でて、菩提に到りて、心無尽にして、火宅に還《げん》来《らい》して人天を度す。衆等、心を廻して皆往かんことを願じて、手に香華を執《と》りて常に供養せよ。

（『真宗七祖聖教』三七一頁）

意味内容は、以下の和讃の意訳などに照らして、味わいたいと思います。

一　五濁悪世

（5）数万歳《しゅまんざい》の有情も
果報やうやくおとろへて
二万歳にいたりては
五濁悪世の名をえたり

御左訓

「数万歳の有情も」

いのち（命）ながくありししやうぼふ（正法）も、やうやくいのちみじかくなりくだ（下）るなり　〔正嘉本〕

「二万歳」

ひと（人）のいのち（命）にまんざいといふよりは　〔正嘉本〕

「正嘉本」の頭注に「悲華経云」とあり

意訳　数万歳あった人間の寿命も、自ら作った悪業の報いで、長寿を得る果報が次第に衰えて、ついに二万歳の寿命しか得られなくなった。そうした折、この世は「五濁悪世」と呼ばれるようになった。

衆生にとって五濁とは

『法事讃』で示される「五濁」の根拠になっているのは、実は『悲華経《ひけきょう》』です。『悲華経』は、『浄土三部経』と共に、浄土思想を表す浄土経典ですが、見佛を説く『般舟三昧経』に対して、『無量寿経』と同様本願が説かれます。

『悲華経』の本願では、無諍念王《むじょうねんおう》の下、大臣である宝海《ほうかい》が、娑婆世界で成佛したいという釈迦の大悲を強調するために五百願を立てられます。

本願を立てるという点において、『悲華経』は『無量寿経』と共通点があるので、浄土経典の一つとして、『無量寿経』とよく比較されます。

煩悩の盛んな娑婆において、成佛をとげることを強調している点で、善導大師はこの経を取り上げられたものと思われます。

『悲華経』「諸菩薩本授記品《しょぼさつほんじゅきぼん》」において、宝海の子が、宝蔵如来となります。その宝蔵如来は、転輪王である無諍念王が将来、浄土において無量寿如来になると予告します。

また、宝海の子であるとされる他の八十人は、穢土《えど》で覚りたいと発願しますが、煩悩が少ない穢土を選びます。

ところが宝海は、これを嘆いて、煩悩の最も盛んな穢土で佛にならんと、自ら五百の誓願を立て、五濁の穢土において釈尊となることを誓うのです。

宝蔵如来は、父である宝海を称えて、穢土で釈尊になると預言する。

宝海如来によって、「菩薩四法の懈怠《けたい》」と、「菩薩四法の精進」が説かれますが、精進の法を宣揚するところに、この経の意趣があります。

まず「四法の懈怠」といわれるものは、清浄世界をえらび、寿命無量ならんことを願うことです。

これに対し「四法の精進」とは、

一、不浄の世界を取り、

二、不浄人の中で佛事を施作《せさ》し、

三、成佛し三乗を説き、

四、成佛し終わって中寿命を取り、寿命の長からず短からずをもって、四法の精進であると説く。

聖人が末法の世における「正像末和讃」のはじめに、五濁相を描写される意味は、あくまで五濁を厭《いと》い離れんとすることではなく、五濁の中において成佛得道するという、誓願を重視されているゆえでありましょう。ここには、大乗佛教の根幹に流れる「無住処涅槃」を目ざす菩薩道の精神が、聖人ご晩年の内面の体験を通して顕現されています。

この和讃の四句目に「五濁悪世の名をえたり」とあります。

ここは『悲華経』の「初めて五濁悪世に入りて、時に人寿二万歳なり」という経文から取材されたものです。香月院師の解説によると、小乗の『婆沙論《ばしゃろん》』、大乗の『瑜伽論《ゆがろん》』などでは、人類が始まる昔は、有情の寿命は無限であり、劫初においては寿命無限、それがだんだん減じてきて命が定まった時が人寿八万歳、以後、百年に一つずつ縮まって最後は十歳になる。

凡夫は人寿三万歳以上の時でも煩悩を起こす。見濁・煩悩濁は、人寿三万歳以上の時代でもあるけれども、五濁の相全部が具わるのは二万歳から。しかし、今日の五濁はより深刻であるとされます。「濁」とは清く澄んだ中に、徐々に滓《かす》が積もって、人も世も一切が滓濁《しじょく》の底に沈んだ状態となることです。

しかし「五濁悪世の名をえたり」とは、そのような不可逆な成り行きを表しているのでしょうか。

ここは「法」の在り方を語る場ではなく、逃れることのできない五濁においてこそ真実は伝えられるという、「人」の機の問題に重点があります。

五濁の相をうけて、第六首以下第九首までは、善導大師の『法事讃』を拠り所に、五濁に生きる衆生の機相が明かされます。まず第六首は五濁相の中、「劫濁」と「衆生濁」が合して詠《うた》われています。

二　劫衆二濁

（6）劫濁のときうつるには
有情やうやく身小なり
五濁悪邪まさるゆへ
毒蛇悪龍のごとくなり

御左訓

「身小なり」
みのちひさくなるなり　〔草稿本〕
ひとのみちいさくなり　〔正嘉本〕

「衆生濁悪蛇龍」
あくまさ（悪増）りへんび（蛇）のごとく、あくりうのごとくなるべしとなり　〔草稿本〕

「悩濁塵数」
ぼむなう（煩悩）おほくして、ちりのごとくかずおほ（多）かるべしとなり　〔草稿本〕

「五濁悪邪まさるゆへ」
あくごふのまさるなり　〔正嘉本〕

「悪龍毒蛇のごとくなり」
ひとのこゝろ、あく（悪）のまさること、あくりう・どくじやのやうになるなり　〔正嘉本〕

ただし、「草稿本」においては、第三句・第四句が「衆生濁悪蛇龍《しゅじょうじょくあくじゃりゅう》にて　悩濁塵数のごとくなり」となっており、「正嘉本」においては第四句が「悪龍毒蛇のごとくなり」となっている。

意訳　時代の汚染が進んで、人間の身体も、器量も、次第に小さくなる。殺生・偸盗《ちゅうとう》・邪《じゃ》淫《いん》・妄語《もうご》などの邪悪が横行して、あたかも毒蛇や悪龍が跋扈《ばっこ》するようである。

時間と心

「劫濁」の「劫」は梵語で「カルパ」といい、計り知ることができない長い時間を表します。先学も「劫濁に別体なし。唯だ是れ時節のみ」と、時間は人間の心とは関わりなくうつりゆくものとされます。時間が衆生の機へと切実に結びついてくるポイントは、第五首目の「果報やうやくおとろへて」という一句です。報いの結果としての「濁」に至る時、我ら衆生の身の上に長い時間の流れが実感されてきます。

人類の歴史の上ではたとえ無自覚であっても、聖人の五濁の体感においては、いわば大気圧のように、じわりと加えられている時間の重さです。

今日、果報の衰えを実感できるのは、毎日メディアで報道される環境問題ではないでしょうか。

自然界のものに手を加えてきたのは、人間に他なりません。山を削り、河の流れを変え、その結果、多種の生き物が今日絶滅の危機に瀕しています。

ちなみに地球上の生物の種は、植物、鳥、昆虫、魚、土中微生物に至るまで、三千万種にも及び、それら全体が緊密な生態系のネットワークによって、関わりあっています。

人間は、お金という便利さ、諸々の利器の快適さ中心の行動によって、四〇％の生物を絶滅に陥れています。人間の感覚では快適に感じられても、生物の多様性という見えない「豊かさ」は理解できず、その功徳からは確実に遠ざかっています。

第六首目の「有情やうやく身小なり」という一句から、人間の弱体化、病体化、そして人間の器が確実に小さくなってきていることが実感されます。

私どもは、安全で快適な環境を求めるあまり、周囲に多くの抗菌器具などを配して、その反動で弱体化した身体となり、アトピーや、スギやヒノキ花粉症などのアレルギー体質となって喘《あえ》いでいます。

当節、急速に増えた鬱《うつ》患者も、相互干渉を極力回避する、個人主義から発しているように思えます。対人関係を希薄にし、それが嵩じて孤立化してしまう現象で、人間本位の快適さを求めた「計らい心」の反動といえます。これが果報というものです。

専門的な知識やセンスは、人を驚かせるほど持ち合わせていても、民衆の心がわからぬ政治家が相つぐ現実、このような人物を国の重要ポストに戴かなければならない民衆の空疎《くうそ》感、これらも「有情やうやく身小なり」の現実相ではないでしょうか。

ここで五濁を示すのに、聖人がなぜ善導大師の『法事讃』を用いられたかを見てみましょう。

『法事讃』とは『阿弥陀経』を読誦する際の、行儀と讃文を示した勤行《ごんぎょう》次第です。

『法事讃』下巻には、「世尊、慇勤《おんごん》に身子（舎利弗《しゃりほつ》）に告げて、諸佛の大悲の同じきことを表知せしめたまふ。たがひに徳を讃じて心異ること無く、巧みに時機に応じておのおの功あり。六方の如来みな讃嘆したまふ。釈迦の出現、はなはだ逢ひがたし、正しく五濁の時の興盛なるを治す」（『真宗七祖聖教』三七一頁）とあります。

端的に申せば、五濁の世にあっても、衆生の機に応じて諸佛が如来の大悲を伝え、五濁の苦難を超えしめる佛道の実践が述べられています。

諸佛の代表としての釈尊が、五濁の娑婆にありながら、あらゆる衆生のために難信の法を説かれるのは、ひとえに五濁の衆生を救済せんがためです。

五濁悪世は、実は衆生の宿命の大地であり、諸佛が世の「時」と人の「心」に応じて、巧みに衆生の「機」を導く「場」であります。

金子大榮師は「毒蛇悪龍のごとくなり」も、単に荒廃した一般的世相描写ではなく、むしろ宗祖が体験された日常の実相であり、「衆生濁」の世に生きる人々の顔の険しさ、眼光の恐ろしさが、目に浮かんでくるようだと表明しておられます。

「劫濁」に照らして、「衆生濁」は、「劫濁」の果報の然らしむる相として実感されます。

以前、ある書物で、「蛇」は中国における原初の文化を象徴し、「龍」はより進化した文化の象徴として示されているということを目にしました。

「蛇」を崇める民族は、自然に反するものは忌み嫌う心情を抱く。中国でいえば、それは長江流域の稲作漁撈民の文化を指し、他方、「龍」は、自然に反するものを創造した、黄河文明の畑作牧畜民の文明の象徴であるとされます。

自然に反する文明といえば、それはより進化している文化です。その証拠に「龍」の顔はラクダ、角は鹿、掌は虎、体はワニで、人間の頭の中にしか存在しない空想的、人工的な生きものです。

原初文化の「蛇」には当然、毒をもったものもいたことでしょうが、後世の人工的な「龍」には、さらに「悪」という罪が重ねられている。そういう意味合いが、あのウロコに被われた獰猛《どうもう》な容貌となったと見ると、報いとしての「濁」の意味が肯けます。

三　煩悩濁相

（7）無明煩悩しげくして
塵数のごとく遍満す
愛憎違順することは
高峯岳山にことならず

御左訓
「塵数《じんじゅ》のごとく遍満す」
ぼむなうあくごふ（煩悩悪業）まさりて、ちりのごとくよにみちみつなり　［正嘉本］
ちりのごとくしげく　［文明本］
「愛憎違順」
よくさかりにしてそねみ、ねたむこゝろおほしとなり　［草稿本］
よく（欲）のこゝろ、そねみねたむこゝろ、たがふこゝろ、まさるなり　［正嘉本］
「高峯岳山」
たかきみねおか・やまのごとしとたとへたるなり　［草稿本］
たかきみねのごとく、おかやま（岡・山）のごとく、ぼむなうあく（煩悩悪）のまさるなり　［正嘉本］
たかきみねおかにあくのこゝろをたとへたり　［文明本］
「破壊瞋毒」
やぶり、ほろぼし、いかりをなすべしとなり　［正嘉本］

やぶりいかりはらたつなり　　［文明本］

「文明本」第七首・第八首は、他の和讃に比して、「草稿本」から変則的な形で変化をしている。

「草稿本」第三十首には、「愛憎違順することは　高峯岳山にことならず　見濁叢林棘刺の如し　背正帰邪は盛りなり」となっているが、この「草稿本」和讃の第一句・第二句が「文明本」の第七首目の第三句・第四句になり、「草稿本」の第三句「見濁叢林棘刺のごとし」・第四句「背正帰邪は盛りなり」が、次の「正嘉本」第八首の第三句・第四句の「念佛の信者を疑謗して　破《は》壊《え》瞋毒《しんどく》さかりなり」（「文明本」も同じ）と変化している。

意訳　無明煩悩が生い茂って、無数の塵のように覆っている。愛憎が順逆する有様には定まりがなく、起伏する相は、あたかも聳《そび》え立つ高峰、険しい断崖のようである。

四　見濁相状

（8）有情の邪見《じゃけん》熾盛《しじょう》にて
叢林棘刺のごとくなり
念佛の信者を疑謗して
破壊瞋毒さかりなり

御左訓

「熾盛」

さかりなり　［正嘉本］

「叢林棘刺」

しげきくさむら・はやしのごとし、むばら・からたちのごとし　［草稿本］

くさむら・はやしのごとく、むばら・からたちのごとく、ぼむなうあくまさるべしと也　［正嘉本］

くさむらはやしうばらからたちのごとくあくの心しげきなり　［文明本］

「破壊瞋毒さかりなり」

やぶり、ほろぼし、いかりをなすべしとなり　［正嘉本］

やぶりいかりはらたつなり　［文明本］

意訳　省ることを知らない人々の邪見は強盛で、叢林の棘茨《とげいばら》のように他人を刺し、念佛の信者を疑い、謗《そし》り、破壊せんとする怒りの毒害に充ちている。

八苦を楽しみ行う

末世の我々凡夫にとっては、五濁の世を厭い、遠ざけるのではなしに、宿命の大地と受け止めることによって、積極的な「正・像・末」の時代意識が開かれてきます。

前の第七首目は「煩悩濁」を明かす讃ですが、煩悩を表すのに、「無明煩悩」と熟語にして示されています。しかし根本無明というような佛教哲理を説くのが目的ではなく、「無明」は煩悩の全体を表す総名として用いられ、果報拙《つたな》き衆生の相が率直に示されています。

ここも聖人は『法事讃』下巻の「悩濁偏満して塵数に過ぎ、愛憎違順して岳山の若し」より取材しておられますが、「煩悩しげく」とは、数限りもなき煩悩で、百八煩悩とも、八万四千の煩悩とも表されるように、無量無数《むしゅ》の煩悩、まさに「煩悩成就」ということを表さんとされるのが、聖人の御意《おこころ》でしょう。

御左訓の「煩悩悪業まさりて　塵のごとく世に満ち充つるなり」の通りであります。

少々長い引用となりますが、しばらく『法事讃』上巻において「微塵無数」と表される、煩悩の実相についての印象深い章句を拾ってみます。

弟子道場の衆等、曠劫《こうごう》よりこのかた、乃至今身《こんじん》より今日に至るまで、その中間において、身口意業を放縦《ほしいまま》にして、一切の罪を造る。（中略）

虚しく信施を食《は》み、誹謗、邪見にして因果を識らず、学、波若《はじゃく》（般若の意）を断じ、十方佛を毀《そし》り、僧《そう》祇物《ぎもつ》を偸《ぬす》み、婬泆《いんしつ》無道《むどう》にして、浄戒のもろもろの比丘尼、姉妹、親戚を逼掠《ひつりやく》して慚愧を知らず、所親を毀《き》辱《じょく》し、衆《もろもろ》の悪事を造る。

（意訳）やたらに布施されたものを食べ、因果の道理を無視した妄見を以て非難し、佛の経典を判定し、諸佛を非難し、供物を盗み取り、淫らで無軌道。清浄な戒律を保っている尼、娘、家族を騙し掠《かす》めて、恥じることがない。親しむべき人を裏切って様々な悪事をはたらく。

八苦を楽行《ぎょうぎょう》して、八戒を持たざる障《さわり》、三毒を楽行して三帰を受けざる障。

（意訳）「八苦」は、人生上の八種の苦難。生・老・病・死・愛別離苦《あいべつりく》・怨憎会苦《おんぞうえく》・求不得苦《ぐふとくく》・五陰盛苦《ごおんじょうく》の総称。「三毒」は、善根を毒する三種の煩悩。貪欲・瞋恚《しんに》・愚痴。

五逆を楽行して、五戒を持たざる障。

地獄極苦の業を楽行して、浄土極楽を修せざる障。（中略）

畜生・愚痴の業を楽行して、智慧・慈悲を修せざる障。

慳貪《けんどん》（物おしみむさぼること）・餓鬼・嫉妬の業を楽行して、布施利他を行ぜざる障。（中略）

三宝を破滅し、人の善事を壊する悪鬼の業を楽行す。

三宝を護惜《ごじゃく》し、人の功徳を成じ、具足することを行ぜざる障。

三界人天の長時《じょうじ》縛繋《ばくけ》の業を楽受す。

浄土の無生解脱を貪《ねが》はざる障。（中略）

悪友に親近《しんごん》する業を楽行す。

諸佛・菩薩・善知識に親近することを楽《ねが》はざる障。（中略）

因果を識らざる觝突《ていとつ》（つのつきあわせる）の業を楽行して、身中に如来佛性有ることを知らざる障。

一切衆生、酒・肉・五辛《しん》を食噉《じきかん》（気ままにむさぼり食うこと）し、多病にして短命の業を楽行す。（中略）

是の如きの障罪、自ら作《な》し、他を教へ作すを見て随喜す。

若《もし》くは故《いたず》らに作し、誤りて作し、戯笑《げしょう》して作し、瞋《しん》嫌して作し、愛憎違順して作すこと、無辺無量なり。

思量するに尽すべからず。説くに尽すべからず。説くべからず。
また、大地微塵の無数、虚空の無辺、法界の無辺、法性の無辺、方便の無辺なるが如く、我れ及び衆生の造罪も、亦また是の如し。是の如き等の罪、上、諸の菩薩より、下、声聞、縁覚に到るまで、知る能《あた》はざるところなり。唯、佛と佛とのみ乃《すなわ》ち能《よ》く、我が罪の多少を知りたまへり。

（『真宗七祖聖教』三四六頁）

長々と『法事讃』を引用しましたが、末世の凡夫たる私どもが災いされる煩悩の雲の厚さ、壊しがたい強情さ、頑迷さが幾度も重ねて描写されています。

これらの言々句々を味読すると、「五濁悪世」とはどんな世の中か、どう対処すべきかという、対症療法的発想は一掃されます。

「苦しみを楽しみ行う」とは、思慮に先立って身が行動していることです。私どもの実相は「五濁」を語る以前に、ほとんど疑いを容れず、「楽受」し、生活している。我々はまさに五濁悪世の住人なのです。

「身口意業を放縦にして、一切の罪を造る」我ら、気ままに諸業を「楽行す」、「楽受す」という語句となって、煩悩の現実が的確に示されていることに驚きを禁じ得ません。

また数限りもない「障」の列記に、末世凡夫の罪障無知の姿が表されています。

無知とは、善も悪も、まして顚倒《てんどう》の見など、見えるはずもなければ、発心の糸口などは思いもよりません。末尾にある「唯、佛と佛とのみ乃ち能く、我が罪の多少を知りたまへり」に至って、初めて愁眉《しゅうび》が開かれるのであります。ここに一貫して如来の悲化《ひけ》が用《はたら》いている、その響きを私どもは聞き留めねばなりません。

香月院師はこの第七首目の「高峯」について「煩悩磐固《ばんこ》として須弥《しゅみ》（山）の安峙するが如し」という『涅槃経』の喩えを引き、煩悩は不動にして強固なことを示しているとされます。

「岳山」は「愛憎高下にして、何れの時にか平らかならん」という『法事讃』下巻の一文を引き、愛心をおこすかと思えば、わずかなことで瞋恚の煩悩を起こすことであると示されました。「これ不平等なり」と表現されているのは、不動に対して不変であることができない嘆きを表現されたものであります。

さて第八首目は、「煩悩の濁相」から、「見濁の相状へ」と展開されるのですが、ここは「邪見熾盛《じゃけんしじょう》」が要語でありましょう。

見濁である邪見は、因果撥無《はつむ》の見（因果の道理を無視するまちがった見解）を佛教学では指すのですが、ここではさらに現実の相に視点が置かれています。意味内容としては、一切不見の見解で、むしろ私どもが日常使う、あの「邪険」「邪慳」がより近いかと思われます。

邪見には、密かに自己弁護のための理由が用意されています。自分が思わず犯す諸々の悪を、総て変じて善と示し、他者の上に非はなくとも、それらを一切認めない。これが、「見濁」の在り様です。

「邪見」の項には、「邪見の刃」などとあって、これは邪見が鋭く人を害することを刃にたとえたものです。これは、人を軽侮し、鼻先で笑う。人の人格を物化《ぶっか》して物笑いの種にする。今日の、子供たちの無関心、そして他人を孤立化に追いこむ「イジメ」まで想い合わされます。

ここで考えなければならないのは、いかに正当な見識を持ち、よく実践しても、心に邪険（あえてこの語をあてる）があれば、文字通り「見濁」そのものとなることです。

邪見の諸相は「自是他非《じぜたひ》」に尽きますが、これほど悲惨なことはありません。

法然上人は諸行の中から、念佛の一行を選び取られた理由として、『選択集』「本願章」の中で、まず佛道の真実を求める人に、起立塔像をする人、布施をする人、自戒自律する人、菩提心の人、多聞の人などを挙げられます。

たしかにこれらの行業は、大いに評価され、尊敬されるべきものです。しかしそこには、人間の配慮では如何ともしがたい、陰・日向、明・闇が背中合わせに潜んでいます。

『選択集』「三心章」には、善導大師のお言葉から引用され、「善の三業を起こさんものは、必ず真実心の中に、作したまへるを須《もち》ゐて、内外明闇を簡《えら》ばず、皆真実を須《もち》ゐるが故に至誠心と名く」と明かされています。

如来廻向によって真実信心に転ぜられない限りは、念佛の信者を疑って、毒で充たされた心によって破壊しようと謀《たくら》むのです。

念佛は、具悪の凡夫「一人《いちにん》」の自覚において称えられるのですから、他者から誹謗される理由はないのですが、かくも本心が赤裸々に現れる現実を知る時、「見濁」の極みである「邪見」の問題点が浮かび上がってきます。「疑い」とは、自己の態度不決定のすがたといわれます。それは真実相から照らし出されている、自身の陰の姿でもあります。

聖人は「〝明〟は即ち是れ出世なり、〝闇〟は即ち是れ世間なり」（「信巻」本　聖典三三七頁）と喝破しておられます。

五　命濁実相

(9)命濁中夭《ちようよう》刹那にて
依正《えしよう》二報《にほう》滅亡し
背正《はいしよう》帰邪《きじや》まさるゆへ
横にあたをぞおこしける

御左訓

「命濁中夭刹那」

いのちもろくしてほどなきなり　［草稿本］

ひとのいのちみじかくもろし　［正嘉本］

ひとのいのちみじかくもろしとなり　［文明本］

「滅亡」

ほろぼし、うしなうひとのいのちも、もてるものも、ほろびうすべしとなり　［正嘉本］

「背正帰邪」

たゞしきことをそむき、ひがことをたのむこゝろなり　［正嘉本］

たゞしきことをそむき、ひがごとをこのむなり　［文明本］

「横」

よこざまなるこゝろのみあるべしとなり　ごぢよくのよのありさまなり　［正嘉本］

よこざま　［文明本］

第九首目の「正嘉本」「文明本」は、「草稿本」第三十一首目から変化したもの。元となる「草稿本」は、「命濁中夭刹那にて　流転生死は須臾《しゆゆ》なり　如来の悲願を信ぜずは　出離その期《ご》もなかるべし」となっている。二句目「流転生死は須臾なり」は末世の衆生の実相に重点が置かれており、その御左訓は「六道・四生に惑ふこと、程なかるべしとなり」とされている。

同じ和讃の「正嘉本」の二句目は、「依正二報滅亡す」と終止形になっている。御左訓では、「亡ぼし、失ふ。人の命も、持てるものも、亡び失《う》すべしとなり」と、末世の様相への関心が前面に出ている。「正嘉本」三句目の「背正帰邪をこのむゆへ」は「文明本」に至る過程で「まさる」へと変化している。

意訳　人間の命は無常で、脆く、短く、自身が住する国土も、共に滅びる。真実に背き、邪なるものに帰し、道理もなく恨みを懐き憎しみあう。

微塵無数

第九首目は、五濁相の最後、「命濁」に該当します。「命濁」とは、短命と中夭のこととされます。中夭は、不慮の死、非業の若死などのことですから、年間三万人の自殺者が出る我が国では、足下の切実な問題として意識されるものの、人間の平均寿命が短くなってついには十歳にまでなると伝統的に解釈されてきたことは、少子高齢化の社会となった現在では、一見、見当外れのようにも思えます。

しかし聖人は、末法の世のこの事象を、歴史的視点とは異なる視線、すなわち主体である私ども自身の果報として、ご覧になっているようです。

ここでも、聖人がお読みになった『法事讃』の当該部分を確かめてみたいと思います。「命濁中夭刹那の間《かん》なり。依正二報同時に滅し、正《せい》に背き、邪に帰して、横《おう》に怨《あだ》を起す」（『真宗七祖聖教』三七一頁）とあり、引き続いて、以下の一節が連続しています。

「九十五種（釈尊時代の外道の数）皆世を汚す。唯、佛の一道のみ独り清閑なり。出でて菩提に到りて、心無尽にして、火宅に還来して人天を度す。衆等《しゅうとう》、心を廻して皆往かんことを願じて、手に香華を執りて常に供養せよ」（同前）。

『法事讃』原文の「命濁中夭刹那の間」という言葉の響きに耳を傾けていると、鮮明に聞こえてくるものがあります。

「煩悩濁」の相について、いくら分別をしても、明らかになってくるものは、何一つ見出せそうにありません。むしろ「微塵無数」と表されるように、人間の習弊である主客の分別もはるかに及ばぬほどに、五濁の世は微《み》塵《じん》化していることが知らされます。人の心身と対境《たいきょう》の区分がつきません。

ここに生きていく人間は、自他の間を冷静に判断する余地もありません。

したがって、叢林中のトゲのように、いつも毒を含んで他者に対抗して生活しているという実情でありましょう。

より善き生活が回復されるために、時間が必要なのではありません。この刹那の間にも、生きんがためには、結局、いかなることでも行うのが私どもの果報つたなき姿であり、我々の宿業の果が、今、露《あら》わになっているにすぎません。

そこを『法事讃』は、「正に背き、邪に帰し、横に怨を起」して、「九十五種、皆世を汚す」とし、遂には「邪を信じ、鬼に事《つか》へ、神魔を餒《あ》かしめて、妄に想うて恩を求め」る疑謗の世界へと堕ちていきます（「化身土巻」末　聖典五〇五頁）。

「命濁」とは、もはや「濁」を質《ただ》して正しい生活方法を見出すための尺度ではありません。末世の結果としての邪命《じゃみょう》、すなわち生活習慣の積み重ねである業報の結果として、そのまま受け容れなければなりません。

「微塵無数」という『往生礼讃』の一句から、末世の凡夫の果報がいかに衰えたかについて考えて、ふと、熱力学の第二法則「エントロピーの法則」を思い出しました。

物質とエネルギーは、使用可能なものから使用不可能なものへ、あるいは、秩序化されたものから無秩序化へと変化するというのが「エントロピーの法則」です。

平たくいえば、「覆水盆に返らず」で、テーブルの上に零《こぼ》したミルクは、拡がり、流れ、机の上から床に滴《したた》り落ちてゆきます。そこには不可逆の原則が支配しています。

この例は、地球や宇宙全体に関しての物質とエネルギーについても、同様に当てはめることができます。

宇宙にあるものは、時間と共にだんだんと無秩序な状態となってゆき、それがもとの秩序に戻るということはありません。今、直面している環境問題でいうと、ゴミの山や、排気ガスによる地球温暖化も同様です。

エントロピーが増大することは、エネルギーの量は保存されています（これは熱力学第一法則。物質とエネルギーの総和は一定ということ）が、不可逆的に無秩序化、もしくは劣化していきます。

劣化したエネルギーはいわば、「塵数《じんじゅ》のごとく」に微塵化され、いかなる力を加え、復元しようと試みても不可能です。この概念は拡張されて、今日では情報理論においても用いられているそうです。

先に「運命的」と申しましたが、聖人は三時の史観をもって、歴史を復活させようとはお考えになっていないことがわかります。

聖人は「正信偈」に「超日月光照塵刹　一切群生蒙光照」（超日月光を放ちて塵刹を照らす　一切の群生光照をこうむる）と詠っておられます。日輪も月影も、一方的な光線で、火や熱と同様に不可逆なエネルギーですが、聖人の光明は「超日月光」であり、この光明は「二種の廻向」をもって往還することができます。

「明」も「光」も照らし破るものです。「塵刹」を照らし、「群萌」たる凡夫の心に、信をよびおこす。これこそ、「往還」を本領とする「超日月光」のご廻向であります。

金子大榮師は、次のような領解を述べておられます。

「人間の一生というは刹那であり、須臾に過ぎない。今の讃の刹那も、依正二報滅亡の時をあらわすものではなく、命濁そのものを示されたものであろう」（『正像末和讃聞思録』五八頁）と。

さらに、『大無量寿経』の「愛欲栄華　不可常保　皆当別離」（愛欲栄華は常に保つ可からず、皆当に別離すべし）（聖典八八頁）の一句に照らすと、「命濁」の実感は、いよいよ深められてまいります。

ここを中祖・蓮如上人は懇切に、以下のごとく教誡されます。

人間はたゞ電光・朝露の夢・幻の間の楽しみぞかし。たとひまた栄華・栄耀に耽りて思ふさまの事なりといふとも、其れはたゞ五十年乃至百年のうちの事なり。もし只今も無常の風きたりて誘ひなば、いかなる病苦にあひてか空しくなりなんや。まことに死せんときは、予《かね》てたのみおきつる妻子も財宝も、わが身には一つも相添ふことあるべからず。

（『御文』一の十一「電光朝露」　聖典七九六頁）

宇宙を支配する不可逆の道理が、我々の情感を通して、緊々《ひしひし》と実感される珠玉の文です。

第三節　聖道の難修

一　澆末《ぎょうまつ》悲願

(10)末法第五の五百年
この世の一切有情の

如来の悲願を信ぜずは
出離その期はなかるべし

御左訓

「末法第五の五百年」

このごろはまちほふのはじめとしるべし 〔正嘉本〕

「正嘉本」「文明本」の第三句・第四句は、「草稿本」第三十一首の第三句・第四句から採られている。「草稿本」三十一首は、「命濁中夭刹那にて　流転生死は須臾なり　如来の悲願を信ぜずは　出離その期もなかるべし」となっている。

意訳　佛、滅したまいて第五の五百年に末法となった。この世の全ての人々は、如来の悲願を信ずることがなければ、苦悩の世界から離脱できる機縁はない。

二　外邪反顕《げじゃはんけん》

(11)九十五種世をけがす
唯佛一道きよくます
菩提に出到してのみぞ
火宅の利益は自然なる

御左訓

「九十五種世をけがす」

ぐゑだうのしな〴〵にわかれたること、あまたなりとしるべし　このほかにまた六十 ［草稿本］

二けんのぐゑだうありとしるべし ［正嘉本］

ぐゑだう（外道）のかずのおほ（多）きなり

「唯佛一道きよくます」

ぶちだう（佛道）のみ、ひとりきよくめでたくましますとしるべし ［草稿本］

「菩提に出到してのみぞ」

ほとけになるをいでいたるといふなり ［草稿本］

ほとけになりてぞ、うじやう（有情）たすくべきと ［正嘉本］

「火宅の利益は自然なる」

えど（穢土）にかへり、しゆうじやうりやく（衆生利益）するをいふなり ［草稿本］

このしやばせかい（娑婆世界）なり ［正嘉本］

しやばせかいをいふなり ［文明本］

ただし「草稿本」四句目は「火宅に還来自然なる」となっている。

意訳　九十五種ともいわれる諸有《あらゆ》る外道は、世を穢《けが》すものであり、ただ佛道だけが清浄である。佛になってこそ、無常の火宅に還って、みずから衆生を助けることができる。

「末法第五の五百年」

香月院師は前掲の第五首から第九首までは五濁の相を述べ、以下は末世の衆生の機（心相）を明かすと区分しています。

末法を説明する場合、三時説と五時説があることは述べました。

三時とは「正法」「像法」「末法」ですが、三時説から「像季・末法」や「法滅」という視点が出てきます。

五時説は、一・解脱堅固、二・禅定堅固、三・多聞堅固、四・造寺堅固、五・闘諍堅固と、五百年単位で佛道を歩む心がけの相が変化してゆくことが示されています。佛法が衰えていくことを、暗に示しているとはいえ、一から四までは、佛果の形として、むしろ功徳の面が示されています。

第五の五百年だけは、佛法の利益は消えうせて、時代が流れるままに衆生の心は汚され、険悪で波乱に充ちた相となり、最終的にそれは「闘諍堅固」と示されます。

平穏な日常を願い、佛道を志しながら、予想もしない悪果に向かいつつあることを知って、末法というものが自覚されます。

それまでは佛法の功徳を享受しながら、実は末法の様相を内に蔵していたという意味で、和讃に「この世の一切有情の」と詠じられる通り、末法は老若・男女・善悪あらゆる有情のことを、予め見通しているようです。

再び「楽行す」について

さて、五濁の相を示して、次に「末法五濁の衆生の機を明かす」と香月院師は示しますが、文字によって「機」を表すということは、考えれば困難なことです。

「相」は言葉で表現できますが、「機」は、各別、特殊といわれるように、「一人〳〵のしのぎ」でなければなりません。私が救われ、助かる、真実なる信仰の現場である「機」の言葉は、私自身が見出さねばなりません。普遍の法が私自身に届き、特殊なる私の心相が普遍性をもつということは、もはや、われら衆生の言葉ではありません。

「末法五濁」を自覚する衆生において、初めて「機」が見出されます。聖人の常の仰せのごとく、「親鸞一人がためなりけり」と受けとれる、「場」の発見です。

「五濁」を記した『阿弥陀経』の順序を換えて、聖人は、善導大師に倣《なら》い「劫濁」は「衆生濁」と一体にして、以下「煩悩濁」「見濁」「命濁」の順で、和讃を連ねられました。

煩悩は煩悩のままに、そして「見濁」が「煩悩濁」の次におかれたことで、「見濁」は煩悩の人間の「我」による計らいであることが示されています。あえて申せば、見解や思想は、煩悩を鎧・兜で固めた表現で、濁りの度合いにおいてより重篤となります。それはそのまま「依正二報滅亡し」、すなわち私どもの「いのち」そのものを失わしめます。

前第二節「五濁の増盛」で、『法事讃』上巻「起悪造罪を懺《せん》ずる」の項を長文で引用しましたが、文中の「楽行」という語は、末法を主体的に受けとめる重要な言葉です。すなわち「末法」の機を見出す、キーワードといえます。

この「楽行」「楽受」という語が、『法事讃』上巻の終わりに、衆生の「起悪造罪」を懺悔《さんげ》して集中的に二十回も列記してあります。善導大師が「古今楷定《ここんかいじょう》」と銘打ち、精魂を傾けて信念を吐露された主著『観経四帖疏』にもこの語は出てきません。

『法事讃』は、先にも述べたように『阿弥陀経』読誦の際の法式と懺悔です。大師の法式に関する他著である『観念法門』『往生礼讃』『般舟讃』などと同様に、教義に関する中心的位置を占める書ではありません。しかし聖人はご自身の心底を明かされる折、内奥を披瀝される時、たびたび『法事讃』などを引用されます。たとえば、「信巻」末の、あの「悲歎述懐」は、直前の『法事讃』下巻の一文によって導き出されてきます。このことは第十一首の和讃と関連して後で触れます。

「楽行」の語句は、他の諸経典にも散見されますが、多くは肯定的で、善事・功徳を「楽行する」という趣旨に用いられることがほとんどです。

善導大師は「罪業を楽行する」という顚倒した趣旨の意味で用いられ、同様の用法が佛法初期の漢訳経典である『阿含経』類(『長阿含《じょうあごん》』『中阿含』『雑阿含《ぞうあごん》』)の経典の中にも見られることは、注目すべきことです。『雑阿含経』の中に「悪衆生、世に出でて、諸悪の行を楽しみ、諸悪を行ぜんと欲し、諸悪を成就す」(『大正蔵』二三十二)とあります。

本講の会座に参席のお同行に『法事讃』の「楽行」の件りを読んでいただきました。そして「楽行す」が五濁の世の実相を示すものであることをどのように受け止められたか、その感想をお聞きしたところ、「ああ、なるほど、これは皆、日頃私どもがやっていることばかりです」との即答でした。

しかし、日常、私どもはどのようなところで、どのような姿勢でそれを行じているのでしょうか、と再び問いますと、それ以上具体的な返答はありませんでした。

私どもがいかに末世の様相を慨嘆《がいたん》しても、五濁の機はそれほどまでに胸底に染みついていることを自覚させられます。五濁の「相」は、まさに五濁の「機」とは不離であるといえます。

「三毒を楽行して、三帰を受けざる障」という一句を取り上げてみましょう。

三毒は地獄・餓鬼・畜生の相のことで、地獄は佛を知らぬ無明が原因です。餓鬼は、貪りの心の結果であり、畜生は瞋《いか》りから生じる相です。

『法事讃』には、「地獄極苦の業を楽行して、浄土極楽を修せざる障」ともあります。無知・無明なることへの反省がなく、どこまでも、愚痴から愚痴へと展転して、明るみに出ようとしない相です。

闇愚《あんぐ》の世界を棲家《すみか》にすれば、「棲めば都」の謂《いい》で、意識・無意識の別なく、「楽行」していることになります。佛教で「行」という場合、身体が意志を伴って行動することを、念頭に置いているわけでは必ずしもありません。行学・解学・信行など、佛果に向かってなされる修行の「行」がありますが、その他あらゆる行いも「行」とされます。

ここでいう「楽行」の「行」は、行為、行動のことであり、「業」と同意の「行業」のことです。

「地獄の楽行」の相は愚痴です。秘密を楽しむこと、愚図なこと、曖昧、酒や薬物による朦朧《もうろう》、哀愁、自虐《じぎゃく》、インターネット・ホーリックス（依存症）など、現代社会で目にする言行の多くは「地獄の楽」というべきものです。

「餓鬼の楽行」は、貪りの行いに、没頭して抜けられない姿でしょう。あこぎな商法、脱税か節税かわからない申告漏れという基準、金融バブルで躍ったハゲタカ、行乞《ぎょうこつ》か乞食か不明の僧、惜しみ使いの金持ち、我々が目にする世間では、悲喜交錯する楽行の営みが休みなく行われています。

「畜生の楽行」は、怒りをエネルギーとして生きている人の生きざまでしょうか。不満、やっかみ、羨望、当世風にいえば、キレル、ムカツク、といった言葉です。

ひと昔前では公認の公憤も、怒りであることに違いはありません。怒りの感情を意識的に長びかせて、「根にもつ」「含むところがある」「意趣がえし」「下心」など、言葉にこと欠きません。

これら三毒の楽行と見える世相の中で、わが胸に思い当たらないものはないでしょう。

なお始末が悪いのは、その行為の善悪、当・不当の区別がつきにくいところです。

こうして少し、日常行動の観察をしただけでも、誰しも何とも救われようのない、娑婆を故郷にしている現実相が浮かんできます。

果たして、「和讃講」会座のお一人から、堪《たま》らず「私どもは、これからどう処したらよいのでしょうか」という問いが出されました。

私は返答に窮しました。

しかし、「楽行」の種々相を何回も繰り返して列記された善導大師が、この一節を以下のごとく結んでおられることに気がつきました。

「是の如き等の罪、上、諸の菩薩より、下、声聞、縁覚に到るまで、知る能はざるところなり。唯、佛と佛とのみ乃ち能く、我が罪の多少を知りたまへり」と。

つまり、このような罪の実態を、私どもは知ることができない。佛の手足となってはたらく菩薩も、師匠から佛の道を聞いた人も、独覚した人も皆、知ることは不可能である。

ただ、佛と佛の間においてのみ、我らの罪の多少は知りたまうのである、と結ばれています。心の落ち着き場を与えてくださるお言葉です。

『法事讃』における「楽行」から、「佛と佛のみ乃ち能く、我が罪の多少を知りたまへり」との、善導大師のお言葉と、私どもが感ずる日常の実感との接点は、所詮説明不可能です。飛躍といえば飛躍ですが、この「間」を説明なしで得心できるのも確かです。会座でも素直にうけとる空気が大勢を占めていました。

言葉にしがたい内容を『法事讃』では、目の醒める筆致を以て言葉にしています。聖人が「化身土巻」に引用された『法事讃』の本文を「訓読」のままに引用させていただきます。

如来五濁に出現し、宜しきに随ひて方便して群萌を化したまふ。或は「多聞にして得度す」と説き、或は「少解《しょうげ》にして三明を証す」と説く。或は「福慧雙《なら》べて障を除く」と教へ、或は「禅念して坐して思量せよ」と教ふ。

（「化身土巻」本　聖典四四八頁）

（意訳）佛が此の世に出現して、衆生を導かれる場合、その機に随って導かれる。ある人には多く聞けと説き、ある人には聞くことは少なくても三世を確かめよと説き、福と徳をもって聞法の障りを除いてやり、あるいは内観して考えよと教えられる。

種種の法門皆解脱すれども、念佛して西方に往くに過ぎたるは無し。

（「化身土巻」本　聖典四六一頁）

「三毒を楽行する」他ない『観経』の実相を通して、如来の悲願が他力廻向となる本源を示す、重要な位置におかれているお言葉です。

如来の悲願は、五濁末世に喘《あえ》ぐ私たち凡夫の遥か意識の及ばぬところで用いてくださっています。日常の私どもは、自身に関して、余程深刻な問題が襲ってこないかぎり、ある見切りをつけて、諦観しています。しかし、末世五濁が我が身と不即不離であることを知らされると、その自覚は新たなエネルギーを醸成し、不思議にも凡夫の身を前進させます。

娑婆。この不規則で渾沌《こんとん》とした五濁の世に、一点輝くものを見出す機が開けるのです。人間の悲しさや、愚かさ、孤独や苦悩、義理、無知、ひとときの温もり、そんなものがテーマとなる人情小説は、すたることなく人をひきつけます。佛法が示す慳貪《けんどん》・餓鬼・嫉妬・虚作・修羅などにあたる、五濁悪世そのままの場で、暫時のなぐさめを人々に与えるのです。

近頃、山本周五郎の人情小説を読みました。文中、平易な言葉ながら、深く考えさせられるものがありました。それは江戸後期の、ある二人の職人の友情の曲折を書いたものです。

気が利いているが、それが災いして人から陥いれられて、人足寄場（江戸時代の授産所）に入れられた甲、動作は鈍いが性格は真正直な乙。甲に対して愚直に尽くす乙、その親切に対して軽くあしらって接する甲をみかねた、甲の友人丙が、ふともらす言葉がこの小説の骨目です。そのセリフは次の如くです。

「どんなに賢くても、人間自分の背中は見ることはできないものだ」（山本周五郎『さぶ』）

自身のことは知っているつもりでいるが、決して知ることができない。この一事が悟られれば、他から見てもらう以外にはない。

それはひとえに善き友のことでありましょう。当面は友となって私の面前に立ちますが、わが「背中」、つまり自身の反省が深まれば、自分の背中（業縁）を通して、無条件に受けとめてくださるのは佛の大悲であり、衆生にはその大悲をたのむ心が芽生えます。

この世を勝過して彼の浄土から見ていただければ、私の背後の暗さは自ずからなくなります。

「如来の悲願を信ぜずは」

香月院師は、第十首の和讃は、如来の悲願を信ずることを末法の衆生に勧める意に止めるものでなく、第十一首も、九十五種の外道の教えを説くことのみでもなく、さりとて弥陀の本願を信ぜよと直ちに勧める意でもないと、末法の実相を挙げ、衆生の機相を通して、そこから「反顕《はんけん》」されてくる祖意を読みとるよう強調します。

それは冒頭の「夢告讃」とも相通ずるもので、「弥陀の本願信ずべし」は、衆生への「勧誘」ではなく、むしろ「下知」であるとされます。

さらに師は、「反顕」とは、自力の聖道門に対して「表」の意である如来の本願を勧めるのではなく、自力聖道では解決できないことを暗にあらわし、背後に込められた意を明かすことだとされます。

「裏」が「表」となることであり、隠れたもの、凡夫には見えがたいものに光が当てられることです。

「裏」とは何か。私どもの「機」が動いてこそ、聖人のご本意には適《かな》うということでありましょう。

『歎異抄』第四章のテーマである、「聖道・浄土のかはりめ」ということがあります。聖道門は佛道の「表」であり、浄土は「裏」と言えるでしょう。

聖道の慈悲は、愛しく・不憫に思う心の「小慈・小悲」と、寛容な心をもって、広く人を助けんと発心する「中慈・中悲」でもあります。

いずれの場合をもってしても、人を助け果たすことのできない凡夫は、佛の手足となり、佛の心をいただいていく他はありません。そこにこそ、本当に思いを懐く人へ、心が伝わる道が見出されるのです。これが、浄土の慈悲と言われる「大慈・大悲」です。

慈悲の「慈」は、梵文である原文からいえば、最高の友情を施すこと。「悲」は深い「嘆き」であり、「呻《うめ》き」だとされます。

その救いの方法において「慈」は「与楽」、「悲」は「抜苦」とされるのは『十地経論』などに見られるように、佛教通途《つうず》の釈とされます。

これに対して、浄土真宗の第三祖・曇鸞大師は、この解釈を百八十度転換され、「慈」は「抜苦」、「悲」は「与楽」とされました。

なぜ、そうなさったか。困難に陥っている衆生の苦を抜いてあげることは、人間の努力によってできる行いには違いないのですが、人間心奥の苦悩を満たすこと、すなわち「与楽」は、佛においてしかできないからです。

曇鸞大師は、佛の手足となってはたらく菩薩でも、実は相手の心底の「抜苦」まではできないこと、本当の「抜苦」は、佛による「与楽」によってのみ、成し遂げられることをお示しになりました。

五濁悪世の実態を観察し、佛の慈悲を言葉で説いても、衆生の機はビクともしません。言葉を超えた慈悲は「如来の悲願」のみです。「悲願」は大慈悲の誓願です。

第十一首に「九十五種世をけがす　唯佛一道きよくます」とあります。

九十五種は、六師外道各々に弟子十五名あり、合わせて十六名を合算したもの（ただし、小乗・大乗の関係で重複するのを一人減ずる）です。

外道の言葉というのは、邪見より起こって、穢れをもたらす言葉、もしくは人を迷わす言葉のことです。

私に如来他力の信心が届くのは、善き人のご縁を通し、教えが「無碍光」の用きとしてお念佛（名号）となり廻向される瞬間からです。

真の善知識の言葉は、光明を伝える名号となります。照破・照育してゆく智慧の言葉です。

「九十五種世をけがす　唯佛一道きよくます」とは、五濁悪世において、如来清浄の光明をこうむった瞬間であり、その新鮮な感動がそのまま伝わってまいります。

この和讃の原文は、やはり善導大師の『法事讃』からです。

『法事讃』下巻には、「九十五種皆世を汚す。唯、佛の一道のみ独り清閑なり」と嘆ぜられて、全くそのままが「正像末和讃」へと引き写されています。

更に、聖人の『教行信証』中の、重要な「御自釈」である「悲歎述懐」釈に直結していることは、心に置くべきことです。

「悲歎述懐」釈（「信巻」末　聖典三六四頁）には、次のように述べられています。


誠に知んぬ、悲しき哉、愚禿鸞、愛欲の広海に沈没し、名利の大山に迷惑して、定聚之数に入ることを喜ばず、真証之証に近《ちかづ》くことを快《たのし》まず。恥づ可し、傷《いた》む可し矣。

（意訳）それにつけても、しみじみと心から思い知らされる。何と悲しいことか。この愚禿釈の親鸞は、果てしもない愛欲の海に沈み、名聞と利欲の大山に踏み迷って、浄土に生まれる仲間として数えられることを喜ぼうともせず、佛のさとりに近づくことを嬉しいとも思わないでいる。これを恥じ、このことに心を痛める。

「悲歎述懐」の「述懐」とは「懐のうちを述べる」という意です。

「悲歎述懐」は、『教行信証』の中では「真の佛弟子」釈の結語となっています。仏法を求める私どもにとって、自信をもって佛弟子といえる時が実現するなら、最高の喜びです。まさに佛弟子の本懐です。その本懐を述べる要《かなめ》のところで、聖人は佛の大悲によって照らし出されている、ご自身の実相を在りのままに吐露される他はなかったのです。

本願他力によって明瞭となった、自己の実相が鮮やかに表出されています。

菩提に出到して

善導大師の『法事讃』下巻で「九十五種皆世を汚す。唯、佛の一道のみ独り清閑なり。出でて、菩提に到りて心無尽にして、火宅に還来して人天を度す」と連続していると述べました。

「菩提に出到」とは、佛果に到る、すなわち佛になるという意味です。

龍樹菩薩の『大智度論』(「大正蔵」二十五巻　四三八頁)には、「五種の菩提」について記されています。すなわち、一・発心菩提、二・伏心菩提、三・明心菩提、四・出到菩提、五・無上菩提ですが、第四の「出到菩提」には、八地以上の菩薩が「方便力を得る故に、般若波羅蜜(到彼岸)に執着せずして、一切の煩悩を滅し、一切の十方諸佛を見、無生法忍《むしょうぼうにん》を得て、三界を出で、佛の一切智に到る」と説かれています。

あたかも無住処涅槃の菩薩の如くです。「無住処」とは、三界を住処とせず、涅槃(最上のさとり)をも住処としないことです。これが、菩薩が無住処といわれる所以です。

「無住処涅槃」の菩薩は、龍樹菩薩の著(『菩提資糧論』)に「煩悩を性とし、是れ涅槃を性とせず。諸の煩悩を焼くにあらず、菩提の種子を生ず」と伝えられています。これは善導大師の感銘深い記述と相通うものがあり、聖人のことを巷間「煩悩のほとけ」とお呼びするのも肯けます。

第四節　念佛の疑謗

一　五濁増盛

(12)五濁の時機いたりては
道俗ともにあらそひて
念佛信ずるひとをみて
疑謗破滅さかりなり

御左訓

「時機」
ときと、うじやうとなり　［正嘉本］

「疑謗破滅」
うたがふ、そしる、やぶり、ほろぼすなり　［正嘉本］
うたがふ、そしる、やぶる　［文明本］

意訳　五濁の時、僧侶も在家者も、人々は、争って念佛の信者を見ては、疑い、謗り、破壊を盛んに行うのである。

「疑謗破滅さかりなり」

香月院師は第十二首・第十三首を「五濁増時の相を明かす」として、今度は機相の裏面から反顕するのではなく、再び、五濁の相を正面から取りあげます。

その意は、「機」の本質を悲しみ、また聖人の時代の教界・政界の世の実相を悲歎せられるところにあると思われます。それは「正像末和讃」の後、「疑惑讃」二十三首、「皇太子聖徳奉讃」十一首に引き続いて讃ぜられる、「愚禿悲歎述懐讃」十六首の和讃の意につながっています。

ここの二首も『法事讃』下巻の文（『真宗七祖聖教』三七一－三七二頁）によって導かれます。

> 世尊、法を説きたまふこと、時まさに了《おわ》りなんとして、慇懃《おんごん》に弥陀の名を付属したまふ。五濁増の時は多く疑謗し、道俗相ひ嫌ひて聞くことを用ひず。
>
> 修行するもの有るを見ては、瞋毒を起し、方便破壊して競ひて怨を生ず。此くの如きの、生盲闡提《しょうもうせんだい》の輩は、頓教を毀滅《きめつ》して永く沈淪す。大地微塵劫を超過すとも、未だ三途の身を離るることを得べからず。大衆、同心に皆、あらゆる破法罪の因縁を懺悔せよ。
>
> （意訳）　佛世尊は、一代の説法を説きおさめるに当たって、衆生に対してねんごろに、南無阿弥陀佛の名号をお与えになった。

五濁の様相が深まると、不信に陥《おちい》り誹謗する者が続出し、僧侶・在家共に念佛を厭《いと》い、耳を傾けようとしない。

念佛を行ずる人を見ては、瞋りの眼を投げ、種々の手段を以て、競って破壊しようとし、怨みを懐く。譬えるならば、生まれながらの盲人が、この世の光明の存在を疑うのと同じく、善根が断ぜられている者は、速やかに救われる念佛の教えさえも毀《こぼ》たんと企てて、永久に地獄に沈む。たとえ無量劫の世を超えるような時間を経過しても、未だ地獄・餓鬼・畜生の状況を脱することはできない。種々の、そして全ての人々よ、心を一つにして自身の破法の罪の因縁を懺悔すべし。

『法事讃』は、いわば『阿弥陀経』を読誦し法式を勤めるための鑽仰歌です（引用文頭の原文は、「世尊説法時将了　慇懃付属弥陀名　五濁増時多疑謗　道俗相嫌不用聞」とあり、当派の「式嘆徳文」作法第二段の伽陀として用いられています）。

ここで『法事讃』が釈す『阿弥陀経』の本文は、釈尊が五濁悪世において「為一切世間難信之法」（一切世間の為に、難信の法）を説かれるところです。

また、心を留めておくべきは、恩師・法然上人が、『阿弥陀経』を釈した『法事讃』を、主著『選択集』に引用しておられるのも、この一節だということです（『選択集』十六「慇懃付属章」）。

聖人にとっては、あの承元の法難で師と生き別れ、吉水の念佛教団が潰滅《かいめつ》したことは、忘れることのできない出来事でした。

聖人と師。師・法然上人とともに聖人も流罪に処せられ、配所は師と南北遥か遠くに隔たった越後の国分でした。

その法難において死罪となった法然上人の弟子が四人有りましたが、その一人、安楽房が処刑される直前に、高らかに唱ったのが、『法事讃』のこの一節であります。

『教行信証』「後序」

ご自身の身の上に関する記述が極めて少ない聖人ですが、主著である『教行信証』「後序」に、二十九歳の時、吉水で法然上人にお遇いし、本願に帰された感銘を述べられています。また、上人がご入滅になるまでの師弟間に通う内面の感応を、覚え書き風に叙述《じょじゅつ》されました。

その一つが、聖人三十三歳の折、『選択集』の書写を許されたことです。

書写を終えられた聖人は、おそらく恩師のもとに、分厚い冊子としてうやうやしく持参されました。それを上人はお受け取りになって、直ちに自らの手で表紙の扉を開き、『選択本願念佛集』という本の題と、「南無阿弥陀佛」と「往生之業　念佛為本」と記し、続いて、聖人の当時の法名である「釈綽空」という文字をご染筆《せんぴつ》なさいました。

決して忘れてはならない法然上人の御影も、四月十四日のその日、図画することをお許しいただき、その三カ月後、閏七月二十九日に御真影が完成。大切に上人のもとにお持ちすると、上人は再び筆をとって、善導大師の『往生礼讃』の文を、真影の銘としてお書きくださいました。

その文言は、「若我成佛　十方衆生　称我名号　下至十声　若不生者　不取正覚　彼佛今現在成佛　当知本誓重願不虚　衆生称念必得往生」（聖典五〇八頁）という第十八の御領解の文で、その意味は、「もしわたしが佛になるならば、全ての人がわたしの名を称えて、それがわずか十声にしかならないものでも、浄土に生まれさせたい。もし生まれることができないなら、わたしは佛にならないと誓われた。その佛は今、現に佛になっておいでになる。これによって、佛の本願は決して空しい誓いではなく、称名念佛すると、かならず浄土に生まれることができる」となります。

阿弥陀如来が、目の前の法然上人になって現れてくださっていると思えるほどの、真実の言葉でありました。この一節について法然上人は「此の文は四十八願の眼也、肝なり、神也」（『和語灯録』）と述べておられ、古来、阿弥陀の四十八願が、大切な願であるということにとどまらず、只今、一切衆生の称名念佛となって用き出してくださっていることを示す文言とされます。如来の願いがすでに遂げられているという証文であります。

聖人は、法然上人が「善導一師」と称して、この上なく尊崇される善導大師の師である道綽禅師と源空（法然）上人から一字ずついただいた法名「綽空」を、入門の時に授けられました。それより四年後、上人のご絵像の銘をたまわったこの時、法然上人が改めて、お手ずから新しい法名をご染筆、授与してくださったのです（この法名について、「善信」と「親鸞」の両説あり、これに関して本書後半において触れる）。

このような重大なことが即座に決まったのは、法然上人がかねてより親鸞聖人のご心底を深く理解しておられ、むしろその思いが成就する時機を待っておられたのではないかとさえ思われます。

承元の法難

生きることにのみ明け暮れる「田舎のひとびと」を、関東の山野をめぐって聖人がお訪ねになり、悲喜を共に日々を過ごされることで、生活を支えている自然の大地から萌え出た「いのち」。それが『教行信証』です。

佛教史上、かつて見ることのなかった浄土教の頂点といえる聖典です。

聖人五十二歳の年、広博《こうはく》で深奥な内容の『教行信証』は、その骨格がおおむね完成していたと推測されます。

帰洛後も常に身辺近くに置かれ、恐らくそれ以後三十年余にわたって、改紙・削減・増補が不断に続けられたことでしょう。

聖人にとって最も重要な出来事は、法然上人との値遇でありますが、師と生別した配所の地で、今度は死別を体験されました。遇善知識の意義は、その後も年を経て、月日をふるほどに、その重さを増し、かつ深まったことと拝します。

『教行信証』の「後序」は、絶えず深化してゆく恩徳の源泉であるこの一大事を簡明、かつ凝縮して自叙されたもので、恩師との値遇から訣れまでの経緯を、断想的な形で記されています。

ここで本題の「正像末和讃」に戻りましょう。

末法五濁の「機」を明らかにする場合、「法」の正しさをもって「機」を示し、信を勧めるのではなく、深まりの一途を辿る五濁相の中に、如来の「悲」を見る他はありません。あたかも、暑き日に流れる汗の如くです。「唯佛一道独清閑」の浄土が、五濁の中に「反顕」されているという香月院師の指南は、胸に深く落ちてくるものがあります。

第十二首・第十三首目は、念佛を疑謗する実相が、ほとんど『法事讃』の文そのままの表現で、共感しながら和讃化されています。

「専修念佛にあたをなす」とか、念佛を「毀滅」する、というような表現は、聖人が師と共に体験された「承元の法難」と切り離して考えることはできません。「後序」の冒頭に「承元の法難」に関しての記述が置かれていますので、その承元の奏上に関しての意訳を次に挙げます。

諸寺の僧たちは教えに暗くして、法門に真・仮の差異があることを知らない。京の都の学者たちも修行の取捨にとまどい、その道に正・邪の別があることを弁《わきま》えない。こうして遂に興福寺の学僧たちは、太上天皇（後鳥羽院）に対して、今上天皇（土御門院《つちみかどいん》）の御代《みよ》、承元元年丁卯《ひのとのう》の歳二月上旬に、念佛禁制の訴えを奏上した。

主上ならびに臣下、ともに真実の教えに背き、人の道に逆らって、怒りを生じ、怨みを懐くに至った。

そして、そのために、浄土の真宗を興隆された太祖・源空法師、ならびにその門弟数人は、罪の当否を吟味されることもなく、不法にも死罪（等）に処せられた。または僧の身分を奪われて俗人の姓名を与えられ、遠国《おんごく》に流罪《るざい》となった。わたしもその一人である。

この一節について、長い間、学者の間である疑問が取沙汰されてきました。

聖人が罪をこうむられたのは、記述の時（五十二歳）より十七年遡る三十五歳の時で、「後序」を著述されたと推定される元仁元年は後堀河院の治世でした。しかしながらこの記述では、土御門院を「今上」と呼んでおられることへの疑問です。

「後序」の自叙記録についての長い間の議論の結果、この記述は、聖人が法難に遭われた当時の原形を変えることなく、原形の文面のまま表示されているという説（古田武彦氏）が近年発表されました。

つまり、専修念佛にあだをなした代表者である土御門院が「今上」（現役天皇）として仕位されたのは十三年間で、それは聖人が二十六歳から三十八歳の年月に相当します。

「後序」のこの文面は聖人三十八歳の折、つまり、流罪中の終末期、朝廷の役所に抗議の奏上をされた上奏文の一節であったというのです。

それは、「今上」という文字より改行され、また「主上」の前に一、二字空ける「闕字《けつ》」といわれる公式文書の礼式が守られている点などからも考察されています。

また、「後序」の書かれた意図に関しても、興福寺を中心とした旧佛教界が、天皇に念仏禁制を奏上した日や、法然上人や聖人の流罪の日を基点とせず、「仲春上旬之候」と、安楽・住蓮らが処刑された二月上旬（正しくは二月九日）を以て「罪の当否を吟味されることもなく、不法にも死罪（等）に処せられた」と記し、批難の焦点が、安楽・住蓮らの処刑の執行を決定した事実に向けられているのです。

前項の第十二首「疑謗破滅さかりなり」で引用した『法事讃』下巻の中に、「和讃」と同一の「道俗相《とも》に」競って、「念佛信ずるひとを見て」、「疑謗」、「破（毀）滅（壊）」などの文言が見えます。

これを引用される聖人のおこころは、単に善導大師の釈を領解することではなく、あの法難の当時に目撃された実状と実体験を、直接的に表されることにあったのではないかと思われます。

二　謗法罪報

(13) 菩提をうまじきひとはみな
専修念佛にあたをなす
頓教《とんぎょう》毀滅《きめつ》のしるしには
生死の大海きはもなし

〔正嘉本〕

御左訓

「頓教毀滅」　そしり、ほろぼすなり

意訳　菩提の佛果を受けることができそうもない人々は皆、専修念佛の人を仇とし、念佛の教えを破壊しようとして、その報いで、果てしもなく生死の大海に沈むのである。

「菩提をうまじきひと」

念佛における真実の「機」は、信心の意味を言葉で領解してからおこるのではなく、教えを聞く当人の内側から発せられるものです。

『法事讃』下巻に、「道俗相嫌ひて聞くことを用ひず」とあります。

五濁の時に疑謗が多く出来《しゅったい》するのも、佛に向かう心が失われているからです。

第十三首の「菩提をうまじきひと」は、専修念佛者に対して悪意反感を懐き、制裁さえ加えようという謀反《むほん》心をおこしている人です。

ここを『法事讃』では、「生盲闡提の輩は、頓教を毀滅して永く沈淪す」と痛言します。

「生盲闡提」は『涅槃経』が説く重要主題で、闡提（梵語では「イッチャンティカ」、正式漢訳は「一闡提」）は、佛法に対して菩提を求める種子がすでに敗壊《はいえ》していることで、「断善根」または、「信不具足」と漢訳されています。

『涅槃経』には「一闡提の輩、実に阿耨多羅三藐三菩提を得ること能わず。命尽きたる者の如きは、たまたま良医・好薬に遇へども瞻病《せんびょう》を差《たが》ゆることを得んや。何を以ての故に、命尽きたるを以ての故に」（『大般涅槃経』二十六）とあります。

善根が断じられていれば、救われる見込みはありません。どんなに修行しても絶対に証ることのない輩、という深刻な状態になっていきます。

「一闡提」の語は、インドで用いられた早い時期には、快楽主義者や現世主義者、また世俗的快楽を求めている人を指しました。

それが何故に、正法を誇り、悟りも救われる望みもない、という意に変化したのか。在俗の人も出家の人も等しく助けられる易行の念佛を、なぜ「そしり、ほろぼす」(「頓教毀滅」の聖人御左訓)ということになったのか。

前に示したように、「正像末和讃」における「五濁」の重さの順でいえば、聖人は「見濁」から「煩悩濁」への次第ではなく、善導大師同様、「煩悩濁」から「見濁」の順となさっています。

「煩悩」は、「貪・瞋・癡・慢・疑・見」のいわゆる「六煩悩」をもって表されますが、たとえば、その一つである「疑」は、今日でいう不信を原《もと》にした疑いではありません。

「はっきり決めかねること」「ためらうこと」「意の定まらないこと」が「疑」の煩悩とされていました。このように煩悩は、わたしの身と離れないもので、むしろ、温《ぬく》もりさえ感じさせるものがあったのです。

他方、「見濁」はどうでしょう。辞典を引いてみますと、「見解についての堕落」「偏見」「思想の乱れ」などとあります。明らかに汚染の度合いが強まって見えます。

まして今日、全人類が直面している思想やイデオロギーというものは、煩悩から隔たって、染汚《ぜんま》されているように感じられます。

「後序」の文に帰りましょう。

あの「承元の法難」の最後の決定者は、上皇であり天皇でありましたが、起爆剤となったのは、他でもない、佛教界内部からでありました。

佛教界が、定見なきまま、一つの方向に動き始めたのは、興福寺の解脱房貞慶《じょうけい》が起草した「興福寺奏状」が発せられてからでありました。
貞慶は法相教学に通暁《つうぎょう》し、持戒堅固として知られる僧で、後年は名利を避けて笠置《かさぎ》山に隠遁したので、笠置上人とも仰がれます。

貞慶の釈尊に対する景仰ぶりは熱烈なものがあり、衰微してゆく不安な佛教界にあって、宗派を越えて人々を束ねうる人徳を備えていました。

「興福寺奏状」は、九カ条にまとめられていて、いわば「八宗同心之訴訟文」となっています。整然と構成されていますが、ただ、末法における僧伽の存在が見えないことが、動かしがたい盲点と感ぜられます。

最後に、なぜ、安楽・住蓮の死罪に関わる記事を、御本書の「後序」に記述なさったのかという点について、思いを巡らせてみました。

『法事讃』が「生盲闡提の輩は、頓教を毀滅して永く沈淪す」と悲嘆するところ、その背景には、『大般涅槃経』の影響があります。

『涅槃経』所説の核心には、常に「一切衆生　悉有佛性」というテーマが存在しますが、その『涅槃経』も「闡提」については「悉く菩提の心を発さしむ。唯、生盲一闡提を除く」と、一闡提を埒《らち》外《がい》に置き、その不成佛を説いています。

娑婆を娑婆と見、その三界を超えたいと願うならば、永く三界を離れねばなりません。しかし、日常の「ためらい」「不定心」のまま、五濁世を「楽行」する間に、在家も僧侶も、その境界が見失われて、五逆・謗法、そして一闡提へとさ迷い出て、溺れ、遂には沈んで、自覚も発心も、わずか一筋の佛縁も迷失してしまいます。

それも、内なる釈尊の流れをこうむっている佛法者から始まり、僧俗ともに競って、無間地獄に墮し、展転することは、不幸の極みであります。

法難も、はじめは濁世の中の煩悩の日常的足掻きに過ぎなかったでしょうが、他力念佛の人を見て、争う心を持ち、まして、悪意をもって打ち伏せんとすることは、生死の大海から決して脱け出すことはできない、ということを知らねばなりません。聖人も、「承元の法難」で発生した事件を、八十歳の半ばをすぎてつらつら思い返される時、たとえどんな名医がいたとしても、決して治らぬ重病があることを明らかにしておくべきと、お考えになったのでありましょう。

安楽・住蓮が刑場に臨む光景は、国宝『勅修御伝』と呼ばれる法然上人の御伝に、感動的に描写してあります。

高声念佛数百遍のゝち、十念みちける時きられけるに、いひつるにたがはず、合掌みだれずして右にふしにけり。見聞の諸人随喜の涙をながし、念佛に帰する人おほかりけり。

(『法然上人行状絵図』第三十三 『法然上人絵伝』下 一〇一頁)

拝読するうちに、想像していたのとはうらはらに、安楽に対しての門徒衆の信頼と、往生に臨む安楽の確固とした姿勢に、むしろ罪人としての陰はありません。

先述の『法事讃』の一節が、まさにその一大事の瞬間と重なって聞こえてまいります。佛教では、どのような重罪(波羅夷罪《はらい》)であっても、教団追放までです。佛教に死罪はありません。

聖人の「後序」は、単なる時の権力への糾弾が目的ではありませんが、末世の宝である僧伽の姿が失われた事実。同信の友が、佛法の本願の尊さ、重さ、そして「不虚作」なることを噛みしめて、なお生きるべきであったことへの、聖人の懺悔の声を聞くのです。その懺悔は、浄土なる法然上人への懺悔と重なってまいります。

災禍に充ちている国情、無秩序極まりない五濁悪世を切り開いてゆく、唯一の道とは何か。

聖人は、「信巻」の終りに端的にお示しくださっています。ここも『法事讃』上巻からの引用です。

「謗法闡提、廻心すれば皆往く」（聖典三九〇頁）と。

第五節　道心の難成

一　凡愚難発

(14)正法の時機とおもへども
底下の凡愚となれる身は
清浄真実のこゝろなし
発菩提心いかゞせん

御左訓

「時機」
ときと、しゆじやう（衆生）といふなり　［草稿本］
とき　うじやう（有情）　［正嘉本］

「底下の凡愚」
ぼむなうぐそく（具足）のわれらなりといふなり　［草稿本］
ぼむなう（煩悩）のそこ（底）にしづめるぼむぶ（凡夫）といふなり　［正嘉本］
ぼむなうあくの人　ぼむぶをていげといふなり　［文明本］

「清浄真実のこゝろなし」

しやうじやうのこゝろなし、しんじちのこゝろなしとしるべし　〔草稿本〕

意訳　発心に時機はえらばぬと、自力修行の者は我が根機を励ましても、煩悩の底に身を沈める凡愚と生まれたこの身に、清浄な真実の心はない。そのような我らが、どうして菩提心を発すことができようか。

「正法の時機とおもへども」

以下三首（第十四首から第十六首）は「道心の難成」として一括し、釈尊の遺教が衰えたことの結びと見ることができます。

これまで、釈尊によって説かれた法が、今日私どもが暮らす娑婆世界に至るまで、どのような利益を与え、さらに、どう変化してきたかが示されました。その過程が「正・像・末」の三時説です。

佛法が衰えてゆくありさまは、はじめ、五濁という外面的変化として示されます。

次に佛道の中心的推進者である聖道の僧侶たちが行き詰まり、遂に苦悩からの救いを求める底辺の在家の人々の、最後の拠り所である念佛さえ疑い謗るようになります。これより「正像末和讃」は、衆生の内外に巣喰う業病の根へと解明が進められます。

第十四首に「発菩提心いかゞせん」と示された言葉は、佛法の命脈を言い当てた重要な意味を持ちます。

香月院師の『三帖和讃講義』においては、菩提心を発《おこ》すことがあらゆる修行の礎《いしずえ》である。つまり、発心があるから修行が進展するのである。末法の今日においては、その菩提心を発すことが極めて稀であるから、修行が成就することもない。それゆえ、釈尊の遺法は、あたかも絵に画いた餅のようなもので、修行はもちろん、証果《さとり》も成立することがないことになる、とあります。

この趣旨をさらに吟味すると、教えが次第に衰えてくるということは、他でもない釈尊在世、もしくは正法時においてさえも、菩提心の衰えが原因していることを、示唆しているように思われます。

佛法の「行」は、菩提心が真実であることと、表裏を成しているはずです。

教法が画餅の如きものであるということは、発心（菩提心）の真実性が欠けているということです。遺教は廃《すた》れるべくして廃れてゆきます。

古来、「正法の時機とおもへども」の一句は、解明しにくい箇所として、句々弁ぜられてきました。

一つには、正法時の人は、末世の今とは異なって、覚りに達する人も少なくなかったであろうが、底下の凡愚にとっては、たとえ正法の時であっても、菩提心を発すことは望みがたい。つまり底下の凡愚にとっては、菩提心は縁遠いものだということです。

第二の説は、たとえ正法の時代に生まれあわせたとしても、「自力の菩提心」では成就することは適《かな》わない。況んや末世底下の凡愚においては、と説きます。

すなわち正法の時にあっても、第一説では「底下の凡愚」である事情によって叶わぬことを指摘し、第二説では、能力は具えていたとしても、「自力の菩提心」という心の向きが問題であるとしているのです。

香月院師は、この第二説には「正法の時機とおもへども」と表されているデリケートな意味が見落とされていて、菩提心が成就できないことへの苦慮や自省のニュアンスが見えないと指摘します。

「おもへども」の語感には、深い配慮が籠められているとして、香嚴院慧然《こうごんいんえねん》師（大谷派第三代講師）の言葉に賛同し、その趣旨を次下の如く要約します。
菩提心に関する聖道門の僧侶たちの説は道元禅師のごとくに、『涅槃経』で「発心、畢竟別ならず」と説かれているように、初発心のところが即究極の佛果で、衆生も佛も一如であると心得て修行すべきであるというものであります。万が一でも自身は凡夫であるからなどと思えば、きっと三世諸佛が悲しまれる。決して能力の劣った凡夫などと思ってはならない。たとえ末法の世であろうとも、修行ができぬと決めこんではならないということです。

しかし、「何ほど心にそう思ふても、我が身を振り返り見れば、末代濁世の底下の凡愚なれば、なかなか菩提心は発し難ひ」ため、聖人は、次のような筋道へと導かれます。

「おもへども」とは、確かに正法時代の修行者に違《たが》わぬ、志の高い「心」は保っていて、決して失ってはいない。しかし、我身を振り返ってみると、何一つ修行が成就しないのは「底下の凡愚」の「身」であることにおいてである、と。

このような「心」と「身」の対比は、単に心身が二律背反するということのみではなく、「正直」という、まさに心の真髄に潜《ひそ》む、真実の相《すがた》を示していると見るべきでしょう。

『教行信証』の核心である「三心一心問答」には、虚仮《こけ》が雑《まじ》わらないことを「真実の心」とされ、邪義が雑わらないことを「正直の心」と示されています。その一節の後に引き続いて、「真に知んぬ、疑蓋間雑《ぎがいけんぞう》無きが故に、是を『信楽』と名く。信楽は即ち是れ一心なり。一心は即ち是れ真実信心なり」（「信巻」本　聖典二三四頁）とあるように、聖人にあっては、心と身の一致においてではなく、相反するわが身の事実を認める「正直」さが、真実信心に直結しているのです。

また、善導大師の「二河喩《にがゆ》」の中では、行者がまさに水火二河を渡らんと決心するところに、「唯是れ決定して一心に投じて、正直に進みて、彼の人の語を聞くことを得ざれ」（「信巻」本　聖典二二八頁）と一切の異見・

異学からの誘惑を断って、一心決定する瞬間が「正直」と表されています。

曇鸞大師の場合も、「方便」に関して「正直を『方』と曰ひ、己を外にするを『便《べん》』と曰ふ。正直に依るが故に一切衆生を憐愍《れんみん》する心を生ず」（『論註』下「障菩提門」 聖典四〇五頁）と、真実信心を支える核心中の核心が「正直」という心象をもって表されています。

顧みれば、「正法の時機」の「時機」の御左訓が「ときと、しゆじやうといふなり」（草稿本）とありました。また、経典通例の「五濁」の順序を改めて、「劫濁」と「衆生濁」とを一具にして、「有情やうやく身小なり」云々と、五濁末世の根本におかれたことを思い返しましょう。そこにまことに深い眼識が注がれています。

時と衆生（または有情）は離れ得ぬものです。本来「時」は「諸行無常」（三法印の一つ）といって、停止して分別すべきものでなく、衆生という「我」も、本来「諸法無我」（三法印の一つ）なのであって、無自性であります。

しかしながら、凡夫の眼からすれば、時の流れに随って、衆生の相《すがた》も、対外的現象も著しく変化して見えます。

正法の時の衆生の「心身」と、末法濁世における衆生の「心身」とは、変質し、もしくは崩壊してしまったのでしょうか。

先に、「正法の時機と思へども」の一句を解明するのに二説あると申しました。第一説では、「底下の凡愚」という「身」においては、変わることのない真実の道である菩提心を求めることは、不可だとされます。第二説においては、「自力の菩提心」という「心」の保ち方にこそ、菩提心、すなわち不変なる真実はかかっているのだと、強調されているようです。

ここに、「正直」という平易にして、わずか二語で表された言葉の中に、信心という本質的な在り方が示されていることに、目が開かれます。

「心」は清浄にして不変なる願いを蔵している。しかし「身」は衰え、壊れてゆくことから、どうしても免《まぬが》れることができない「業」というものを担っている。これら「心」と「身」の双方の事実を「正直」に受忍する時、分裂瓦解してゆくほかない存在から救われているという、限りなき信楽の一心を戴く「真実信心」が明らかとなるのです。

二　自力難発

(15)自力聖道の菩提心
こゝろもことばもおよばれず
常没流転の凡愚は
いかでか発起せしむべき

御左訓

「常没流転の凡愚」
つねにしやうじだいかい（生死大海）にしづむとなり　二十五う（有）にまど（惑）ひある（歩）くを、るてん（流転）とはいふなり　［正嘉本］
「いかでか発起せしむべき」
ぼだいしむ（菩提心）をおこしがたしとなり　［草稿本］
ひらき、おこしがたしとなり　［正嘉本］

意訳　聖道の菩提心はまことに高遠で、自力による思慮も言説も、ゆめゆめ及ばないものである。常に生死の大海に沈み、彷徨《さまよ》って流転する凡夫には、どうして菩提心を発すことができようか。

「菩提心」補考

第十五首には、「自力聖道の菩提心　こゝろもことばもおよばれず」とありますが、四句目の「発起せしむべき」の御左訓には「菩提心をおこしがたしとなり」（草稿本）、また「ひらき、おこしがたしとなり」（正嘉本）とあります。

いずれも「菩提心」という意識はあっても、本来の意味での菩提心が発起され、継続、成就されることは、不可能だということであります。

旧佛教界を代表する明恵上人高弁から、「菩提心撥無《はつむ》」と否定され批難された、法然上人の事績と重ねて「菩提心」について、再考してみましょう。

法然上人は、「末法万事ののち、三宝滅尽のときの往生をおもふに、一向専念の往生の義をあかすなり。そのゆへは、菩提心をときたる諸経みな滅しなば、なにゝよりてか菩提心の行相おもひしらむ（全てがこと尽きた末法で、佛・法・僧も滅び去るその時、浄土往生を願うならば、ただ一向専念の念佛の他はない。なぜならば、菩提心を説いている経典そのものが皆滅しているのだから、どうして菩提心のあり方を知ることができるであろうか）」（『西方指南鈔』上末）と述べておられます。

『和語灯録《わごとうろく》』では「一時、師、語りて曰く、浄土の師、世々に多く之を弘通するに、皆菩提心を勧む。且《まさに》、観察を以て正と為す。唯、善導一師ばかり、菩提心を発《おこ》さずして、亦《また》往生を得（ある時、法然上人がお話しになられた。浄土を勧《すす》める多くの師匠たちは、皆菩提心を勧められた。それは観察をもって正道とされたのであったが、唯、善導大師のみが、菩提心をおこさずして往生を得ることができる、と仰せられた）」と、上人は善導一師を伝承されます。

「菩提心」は辞書（『佛教語辞典』）では、「また無上道心・無上道意・道心ともいう。阿耨多羅《あのくたら》三藐三《さんみやくさん》菩提心《ぼだいしん》（最高至上のさとりを求め、それに向かう心）の略。さとりを求めて佛道を行なおうとする心。聖徳太子は直心（前述の「正直」参照）という訳語を用いる」と説かれます。

聖道・浄土を分別して、浄土一門を開かれた道綽禅師は、「『大経』に云《のたまわ》く、『凡そ浄土に往生せんと欲《ねが》はゞ、要《かなら》ず発菩提心を須《もち》ゐることを源と為す』と。云何となれば、『菩提』とは乃《すなわ》ち是れ無上佛道の名なり」（『安楽集』「菩提心義」、「信巻」末引用　聖典三五九頁）と、浄土往生を願う行者にも、菩提心は重要であると説いておられます。

佛道に立つ者が等しく菩提心を発すことを、「初発心」といい、あるいは「発意」ともいいます。その発心のはじめから、それを自覚的に捉えたもの、一貫して相続の原動力になるものを、総じて「菩提心」と表します。この語には、佛道に縁をたまわった、動機と継続のエネルギーが分かちがたくこめられています。「憶念」とか「宿善」とか、我々が親しんでいる真宗用語の真底で、深く互いに響きあっているのです。ここであらためて「正像末和讃」の第一首をふり返ってみます。

釈迦如来かくれまし〱て　二千余年になりたまふ
正像の二時はおはりにき　如来の遺弟悲泣せよ

この「悲泣」という二字はまさに、菩提心なきこと、そのことを「悲泣」せよ、と詠じておられるようです。「悲泣」するということは、何という「直心」、何という「正直心」でありましょうか。

真宗の初祖・龍樹菩薩には、著書『十住毘婆娑論《じゆうじゆうびばしやろん》』の中で、「失菩提心法」という誡《おし》えがあり、まさに末世の今の私どものために遺してくださっているようです。

龍樹菩薩は、以下四カ条の原因によって、行者が菩提心を失うすがたを示されます。

一、不敬重法

佛法を求めながら、恭敬・供養・尊重・讃嘆をしなくなり、佛法に遭遇しても、希有なることという想いを喪っていること。つまり有り難い心が消え失せること。

二、憍慢心

深奥・無涯底のことに対して謙虚・恭敬の心を失う。

身についていないことを、身についているかのごとく思いこみ、かつそのことを口にすること。「我は得たり」ほど怖ろしいものはありません。

三、妄語無実

不誠実な言葉というものは、行動の罪としては、軽いレベルであるといえるかもしれませんが、それも習い久しくなれば、重罪となって、遂には発心を失わせます。発心を失うということは、佛法の縁が途絶えることを意味します。

四、不敬善知識

師に対し、恭敬、畏れの想いがないものは、佛縁を失ったも同然です。

「菩提心」は佛道の魂そのものであり、そもそも何のために佛法を求めるかという、わが存在の根底を問うことでありますが、その姿勢を失ったすがたです。

ゆえに、菩提を概念化して、それを修得しようとする姿勢では、何百年、何千年を経ても輪廻を免れません。今はその分別心を離れよ、と本願の法が示されるのです。

われら衆生は「自力無効」ということを、あるべきすがたでは理解しえませんが、大悲の本願に与《あずか》ってのみ、経験の事実が何一つとして無駄ではなかったと、切実に身に知らせていただけるのです。菩提心の喪失は、すなわち「正直」の心の喪失といえます。

真宗門徒のたしなみとして毎日称える『改悔文』の「雑行雑修、自力のこころをふりすて、……」の一句に瞠目《どうもく》いたします。まず、「ああ、私がこれまで行ってきたことは、雑行、雑修ばかりであったな……」という感懐が生まれることが、時としてあり、そこから自力執心のわが本性に照準が定められ、同時に大悲本願のお心の有り難さに目が転じられます。

私どもが佛法に向かわんとする時、何か元手がいるのではないか、という本能的な思い入れが動いて、菩提心を策励しようとしますが、そのようなものは無用であるというのが、如来様の本願のお心であります。ただ全てを受け摂《い》れてくださる弥陀の本願にすがれば、即座に未曾見《みぞうけん》の世界が開かれます。もし「南無阿弥陀佛」の「南無」が元手であったとするならば、念佛は「阿弥陀佛」で終わってしまうことになります。しかし「南無」こそ本願と知らしめられれば、「阿弥陀佛」はまさしく無量の寿《いのち》のお用きとなり、そのお寿に生かされていることを知ります。

蓮如上人の時代、常随のお弟子に空善という僧分がおられました。その空善坊が綴《つづ》った記録に『空善記』という書きものがあります。その第七十四条には、

「十方無量の諸佛の　証誠護念のみことにて　自力の大菩提心の　かなはぬほどはしりぬべし」。この

「御讃」の意《こころ》を「聴聞申したき」と順誓申しあげられけり。仰に諸佛の弥陀に帰せらるゝを能としたまへり。

（『聞書』二十四条）

（意訳）「十方無量の諸佛方のお助けやお護りで、自力の菩提心は及ばぬことであると知らされた」という御和讃を聞いて、法敬坊が「この和讃の意味が知りとうございます」と申し上げました。すると蓮如上人は、「諸佛が阿弥陀様に帰入されることが要であるぞ」と仰せになりました。

と記されています。

無量寿の用きを、師と弟子のこの会話の中に、如実に拝見することができます。

諸佛とは、大菩提心を立てて、三世にわたって無上涅槃をめざして精進すること限りなき求道者であります。その求道者たちが、十方の求道者たちから教えられるのは、「諸佛は弥陀に帰せらるることが、第一の仕事である」ということでしょう。

我々聞法者を例にして申せば、浄土にましますす師の声に耳を傾けよということを、法友が切実に示してくださることです。

そう目覚めさせてくださる法友の呼びかけ（発願）は、そのまま如来聖人の呼びかけの声（廻向）であり、師と弟子の関係は、すなわち阿弥陀と諸佛の関係となって、無量寿の用きを現出してくださるのです。

常没流転の凡愚

『大般涅槃経』の中に「七種没溺《ぼつでき》」の譬《たと》え、もしくは「洗浴《せんよく》七種」の譬えといわれる、含蓄のある一節があります。「常没」という言葉の出拠《しゅっきょ》となっているお経文です。

『涅槃経』を貫く中心テーマが、「一切衆生　悉有佛性」であることは先に述べました。一闡提・謗法《ほうぼう》・五逆の者、四重禁（殺人、偸《ちゅう》盗、邪淫、妄語。四波羅夷罪ともいう）を犯したもの、全てが救われねばならぬという一点に、経典の眼目があります。

この「没溺」もしくは「洗浴」の譬喩説は、母なるガンジス河を大涅槃の河に見たてて、そこに棲む魚の生態を人間界になぞらえ、私ども凡夫の実相を目覚めさせようというものです。

一、「常没」の魚。

重くて大きいゆえに、浮かび上がることができずに、いつも河の底に棲んでいる魚。当然、光に接することはありません。生きている化石の大魚シーラカンスのようなものです。北本《ほくほん》『涅槃経』には「常没といふは、所謂大魚なり。大悪業を受けて、身重く、深く処す。是の故に常没す」とあります。

二、「暫出還没《ざんしゅつげんもつ》」の魚。

重い悪業ゆえに、同様に深みを棲処《すみか》としているが、しばし浅いところに浮かび上がり、わずかに光に浴するも、業が重いゆえに、また沈む魚。

大きな生物の多くが食物連鎖の頂点にありながら、実は最も業の底辺に棲むものであることは、考えさせられます。
三、「出已即住《しゅついそくじゅう》」の魚。
浅水に身を置き、光に触れることができる魚。陽光で銀鱗が映える魚が、ガンジス河にもいたことでしょう。
四、「遍観四方《へんかんしほう》」の魚。
時に食を求めて浮かび上がる大魚のことで、大洋で悠々と遊泳する、鯨とかイルカなどが連想されます。
五、「観已行《かんいぎょう》」の魚。
はるかなところの餌を見つけては「疾行する魚」と描写してあります。口中より水を吹きつけて捕虫する、めずらしい魚をテレビで見たことがあります。
六、「行已復住《ぎょういふくじゅう》」の魚。
餌を取りながら、そこに定住する魚。食料供給に事欠かない恵まれた魚属でしょう。
七、「水陸倶行《すいりくぐぎょう》」の魚。
経文には、「即ち是れ亀也」と記されています。


「常没」の御左訓には「つねに生死大海にしづむとなり」とあります。

『涅槃経』では、河を涅槃の大河に譬えていますが、人類の姿としてそれらを追究すると、有史以来、三界の底に沈んで生きている魚に相通うものがあります。いや、これは人間の実相に他なりません。

『経』には「〈一切衆生　悉有佛性〉という語を聞き、すなわち是れを念じ、是の言葉をなせば、必ず菩提の道を成ずる」とあります。

また、『捨遺語燈録』下巻（『真宗聖教全書』四　七六四頁）には、まことに経の底意を穿《うが》つ法然上人のお言葉が記されています。

常没の衆生と申候は、恒河のそこにしづみたるいき物の、身おほきにながくして、その河にはゞかりて、えはたらかず、つねにしづみたるに、悪世の凡夫をばたとへられて候ふ。

（意訳）常没の衆生ということは、喩えるなら大河の底に沈んでいる生きもののようである。身体が大きく、長く、大河にあってもさし障りがあって動けず、常に底辺に消沈している悪世の凡夫を喩えられたのである。

言々、肺腑を突くお言葉です、まさに「憍慢《きょうまん》と弊《へい》（やぶれ・つかれ）と懈怠《けたい》は、以てこの法を信ずること難し」（『大経』下　聖典七〇頁）が思い併《あわ》されます。
自愛と疑いに閉じこもって、自損損他を事とする凡愚の日常が照らされ、低頭する他はありません。

三　発心難成

(16)三恒河沙《ごうがしゃ》の諸佛の
出世のみもとにありしとき
大菩提心おこせども
自力かなはで流転せり

御左訓

「大菩提心おこせども」

よろづのしゆじやう（衆生）をほとけになさむとおもふこゝろなり　［草稿本］

「自力かなはで流転せり」

じりき（自力）のぼだいしむ（菩提心）にてけふまでかくてまどへりとしるしべし　［草稿本］

ろくだうししやう（六道四生）にまどへりとなり　［正嘉本］

ただし、「草稿本」では、四句目が「さとりかなはで流転せり」となっている。

意訳

恒河の沙《いさご》の三倍に等しい過去世の無数の諸佛の出世にも値《あ》い、そのお許に参じて、大菩提心を発してきたけれど、自力では成し遂げられず、迷いを繰り返してきた流転のこの身である。

三　恒河沙の諸佛

この「恒河沙」の記述は『涅槃経』にあるのですが、「恒河」とは無論、インドの「聖なる河」ガンジスで、そのガンジス河の無数の砂のことを「恒河沙」といいます。

「恒河」はヒマラヤ山麓に源を発し、諸支流を合わせ、インド亜大陸を東南に流れてベンガル湾に注ぐ大河です。「恒河」の砂の数とは、特に無限な数の佛菩薩を喩えたものですが、さすがインドならではの表現です。

『涅槃経』は、「北本」（曇無讖《どんむしん》訳）と「南本」（慧厳《えごん》訳）があり、ともに、恒河の沙《いさご》の数に等しいほどの諸佛の前で、行者が数度にわたって菩提心を発したことが説かれています。

道綽禅師は経の意を汲んで、恒河沙の諸佛の前で、行者が発心をしたことを、三回につづめて簡潔に述べておられます。

まず、第一回目において、恒河の沙ほどの佛の下《もと》、初めて菩提心を発し、その後、悪世において、大乗経典を聞き、誹謗の心を起こさなかったならば、深い願いを生ずることができるであろう、と教示されます。

第二回目は、恒河沙に等しい諸佛の下で、菩提心を発し、然る後、悪世において、この法を謗ずることがなければ、正しく（経を）理解をし、信ずる喜びを得、経を受持・読誦するであろうとされています。

第三回目に、「若し、三恒河沙等の佛の所に於いて、菩提心を発すこと有りて、然る後に乃ち能く悪世の中に於いて、是の法を謗ぜず、経巻を書写す。人の為に説くと雖《いえど》も、未だ深義を解《さと》らず（三たび恒河沙に等しい諸佛の下で、菩提心を発し、然る後、悪世の中にあって、この法を謗ぜず、経巻を書写し、人のために説くであろう。しかしいまだ深義はわからないであろう）」（『安楽集』第一大門の第三「発心の久近」）とされます。

佛道を求める行者は、真剣になって幾度も発心を企てます。しかしここでは、その発心修行によって得た証果については、強調されていません。あえて言えば、謗ずることが無かったとだけであります。そして最終結果について「未だ深義を解せず」とあるところが甚深で、深い示唆をうけます。

ここで龍樹菩薩のお言葉を思い出しました。「釈迦牟尼佛の如きは、初発心の時に必定に入らず。後に功徳を修集して、燃燈佛に値《あ》ひ、必定に入るを得」（『十住毘婆娑論』「入初地品」）とあります。

釈尊も菩提心を発して道を求められましたが、それをもって菩薩の道を確立されたのではなく、その後、長い間、功徳を修め、集めた後、「燃燈佛」という「最初如来」に値遇することができて、初めて菩薩となられたと、述べておられます。

釈尊ご自身が根本的な願いに立たれておられればこそ、そこから「燃燈佛」が現出されたというべきでしょう。「燃燈佛」とは、お釈迦様自らの宿業を通された、ご自身の姿であると拝せられます。

本願の「本」とは、根本ということですが、本願はまた「宿願」とも訳します。「宿」（プールバ）とは、「先から」、すなわち「我々に先立って」という意であります。


正行寺の十三世住職・竹原嶺音法師は、年少のころより求道への願心が高く、家庭のこと、宗門のこと、国家の行く末を憂い、それを解く道は佛法であると心に決め、菩提の道によってそれを証すべく発心されました。「自利利他円満」こそ己の修すべき道と、文字通り、寝食を忘れ、生命がけで求道に取り組んだ結果、孤独・寂寞・慄《おのの》きの極に至り、ひたすら如来の救済の声を仰がれました。その瞬間に、「我は汝の為に居る」（今我為汝説者真是佛法〔今我汝が為に説くものは、真に是れ佛法なり〕）（『大智度論』参照）との声がして、ただちに念頭に浮かび出てくださったのが、

其れ衆生有りて、斯の光に遇ふ者は、三垢消滅し、身意柔軟に、歓喜踊躍して、善心生ず。若し三途《さんず》勤《ごん》苦《く》の処に在りて此の光明を見たてまつれば、皆休息を得て、復苦悩無く、寿終るの後、皆解脱を蒙る。

（『大無量寿経』上　聖典四五頁）


（意訳）もし衆生がこの光に遇えば、貪欲・瞋恚・愚痴の心身を汚《けが》す苦しみが消え、心は柔らかくなり、心踊る歓びと力がわいてくる。たとえ地獄・餓鬼・畜生の大難の中にあっても、この光明を見たてまつれば、心は息《やす》まり、苦悩が消え、命終われば皆解脱をこうむることができる。

という経の一節でありました。

この一節は、阿弥陀佛四十八願中の第十二「光明無量」の願成就文といわれる大切なところです。

大行院嶺音法師の天地が逆転したような体験から、二十年の永い歳月を潜《くぐ》って、師が表されたお言葉があります。上記三首の和讃のテーマである「大菩提心」の要を、以下の告白に見ることができます。

「私の心中の転変は、始めの程は、腹をも立て、或は悪し様の、事を犯しては、すまぬ〳〵の、念々に称名して、常に懺悔の、日送り」であったが、いつの間にか、無慚無愧《むざんむぎ》の日送りに立ち戻っている自己に気づいたのだ、と。

その時の落胆と驚愕《きょうがく》を告白されて、第二の重要な転機を迎えられます。

　即懺悔と云ふは、南無阿弥陀佛を、称ふるは、即ち無始よりこのかたの、罪業を、懺悔するに、なると申すなりに至って、ハッと復活した……（中略）……

　誠に念々の称名は、常懺悔であった、法然上人の、念々不捨者の、理《ことわ》りも知られて、全く御恩の生活に入った。

（竹原嶺音『入信録』）

「常懺悔」「念々不捨者」の珠玉の法句は、上記三首の和讃を明瞭に映し出していただく、またとない鏡であります。

大行院法師の二十年にわたる永い年月の精進、隠忍、そして進展、それらあらゆる求道の過程を越えて継続されたもの、その結果は必ずしも華々しいものではありませんが、「常懺悔」とは、三恒河沙値佛の再現であり、無上の功徳であります。どこまでも「未解深義」の凡夫の求道でありますが、たまわった感恩の深さは、文字通り無上涅槃の悟りを開く、あの「難思議往生」の慶喜の土壌であります。

第二章　二尊二教の興廃

一　興廃自然

(17)像末五濁の世となりて
釈迦の遺教かくれしむ
弥陀の悲願ひろまりて
念佛往生さかりなり

御左訓

「像末五濁」
ざうぼふのよ、まちほふのよとなりにたりと　しるべしとなり　［草稿本］

「遺教」
しやかののこ（残）りのみのり（御法）なり　［正嘉本］
（しやかののこれるみのり）しやかのみのりののこりたまひたる、みだ（乱）りう（失）せい（入）りたまひにたりとしるべし　［草稿本］

意訳　像法・末法の五濁の世となって、釈尊が遺された聖道の諸教は隠れてしまった。弥陀大悲の本願のみが弘まって、本願に誓われた念佛往生は盛んとなる。

「悲泣」する他なき身

第十七首を、香月院師は、「大段の替わる処」と位置づけられています。

上来の十六首は、釈迦の遺法が衰えることを明かし、以下第三十首までの十四首は弥陀の悲願が盛んとなることが明かされます。

まさに、釈尊の教えから弥陀の本願への分水嶺と言えますが、それは単純に釈迦教から弥陀教への変遷、その転換点を示す歴史観が陳べられているわけではありません。

まず、第一句・第二句には「像末五濁」の四字をもって、釈尊の遺された佛道実践の過程が押さえられています。

「像末」とは、「正・像・末」三時の中の像法・末法を挙げて、真実法である「法」が衰えたことを明かし、「五濁」の語によって衆生の機根である「機」の濁りの相を述べています。

ここに明かされる、釈尊の遺教から弥陀の本願への次第は、単に時間的な次第を示すだけではなく、むしろ遺教の衰えと本願が表裏している関係だと、香月院師は示唆しています。

しかし弥陀の本願は、必ずしも遺教の退廃を要件とするものではありません。

聖人がこの和讃を製作なさっている時代の状況からいえば、決して世の中に念佛が溢れていたわけではなく、念佛を知る学生《がくしょう》（今日の知識人）の多くは、むしろ謗《そし》る人々であったともいわれます。

「像末五濁」の世の体認を通して、聖人は初讃のごとく、「悲泣」する他なき身であることを、肌で感じておられました。

また「悲泣」することのみが、三時を貫く真実として肯かれるのです。「如来の遺弟悲泣せよ」の一句によって、かえって疑いなく佛道の疑雲が晴れ、「正直」の心が確かめられたのでしょう。それによって、われら凡愚の身にも、深く染み入ってくださるのです。この和讃をもって分水嶺と見る時、それまでは薄闇の道をひたすら歩み続けてきた行者が、あたかも峠の頂上に至って、突然清涼の月を仰いだ風情です。

聖人は、常に師・法然上人の足跡を仰ぎ続けてこられた方であります。よく知られている法然上人作のお歌があります。

月影の　いたらぬ里は　なけれども　眺むる人の　こゝろにぞすむ

この平易なお歌に込められたお心は、私どもに言葉に尽くしがたい感銘を与えます。もちろんこの歌は、「光明　遍照十方世界　念佛衆生　摂取不捨」の『観経』「真身観」（聖典一四六頁）の御意を酌んで表されたものです。この世界のどんなところにいても、触れることができる光明です。それはまた、「称名正定業　順彼佛願故」（称名は正定の業なり、佛の本願に順ずるがゆえなり）と、釈尊の遺教である一代蔵経を八度まで披閲された後に、聖道・浄土の佛道を貫く「正・像・末」の三時の全業縁を貫いて、弥陀の本願に到達された、法然上人のお姿を重ねて拝むことです。これはいつ、いかなる時でも、呼びかけてくださる「いのち」の鼓動を聞くことです。

下二句の「弥陀の悲願ひろまりて　念佛往生さかりなり」については、聖人は『教行信証』「信巻」に、他力信の本源を第十八願とし、「念佛往生の願」の願名をまず掲げられ、次に「選択本願」の名を挙げておられます。申すまでもなく、この二つの願名は、法然上人が善導大師のお意を受けて命名されたものです。「諸行を選捨して、専称佛号を選取す。故に選択と云ふなり（布施持戒などの諸行を捨てて専ら阿弥陀の名を称えることを選び決定するから、選択というのである）」（『選択集』本願章）とありますように、法然上人の前半生四十年の真実探求が、身に凝縮された体認の顕現です。

法然上人の身の上においても、冒頭の「悲泣」を通してこそ、称名念佛にまで導かれたのです。

聖道という正統佛教は、諸佛菩薩が千数百年に亘って培い、歩みつづけてきた佛道です。

真実の佛道は、時間を追って次第するのではなく、現実と表裏するという香月院師の示唆は、釈尊成道の源を求め、歴史の経緯を経て、証果に到る道ではなく、すでに真実は明かし終わっていることを知るがゆえに、そのことに気づけない事実を「悲泣」するのです。如来の本願に帰するならば、思いもよらぬ証果が輝き出します。

いわば、「裏」に籠もる本願を、正直に領受すれば、自《おの》ずから「表」の証果が開かれてくる道理です。しかし、それは徒《あだ》にして疎《おろそ》かな道ではありません。されどそこを通ってこそ、これまで隠れていた世界が、悲願成就の世界として露わとなります。悲願の世界は、諸佛同行の証誠したもう世界であり、そして報恩の世界です。

「特留此経　止住百歳」

浄土真宗依用の根本のお経は『大無量寿経』であり、その結びである「流通分」には、「当来之世　経道滅盡　我以慈悲哀愍　特留此経　止住百歳（当来の世に、経道滅盡せんに、我慈悲を以て哀愍し、特に此の経を留めて止住すること百歳せん）」（『大経』下　聖典一二二頁）と説いてあります。

この『大経』「流通分」の内容が、まさに「正像末和讃」には解き明かされているのだと思われます。

「経道滅盡」の経道とは、あらゆる佛の教えのことで、その佛教がことごとく滅するという意味です。佛教が滅亡するその時はいつかということについて、二説あることを香月院師は紹介しています。

一説は浄影寺慧遠《じょうようじえおん》師（五二三－五九二）の説で、正法五百年、像法千年、末法万年が終わった時点で、滅亡する。それからなお百年間、この『大経』が留通《るずう》するというものです。

もう一つの説は、新羅の法相宗の僧侶憬興《きょうごう》師（生没年不詳）が紹介する説で、懐感《えかん》禅師の『釈浄土群疑論』によって、慶友尊者が伝える佛説として示されます。

それによると、末法万年が終わった時、人間の寿命は十歳になり、身の丈は二肘《ちゅう》（六〇センチくらい）までになる。それから増劫に入り、寿命が百年に一歳ずつ、段々に増し、七万歳の時、如来は衆生がなお五濁極苦にあることを見そなわし、衆生にこの「時」を報せ、これを厭離せしめる慈心を施し、賢劫千佛（多くの賢人が出生して衆生を救う長い期間のこと）の後、諸佛を出世せしめる。

諸佛の出現によって、浄法が説かれ、浄土に生まれることが勧められ、「経道滅尽　特留此経　当に此の時なり」とあります。

この二説の「経道滅尽」の説相から、人間の外的な衰頽が原因ではなく、衆生の自覚と教えが接する「時機」というものがあります。

たとえ二千年余の佛教の歴史に終わりがきても、なお遺り得る佛説、それは如何なる真実であるかということが、問いの眼目です。

私の直感で恐縮ですが、それは親を亡くした子が念ずる世界だと思うのです。万が一私が、最も大切なものを失う、不幸な経験をしたとしても、その事実のみでなく、一度《ひとたび》この世に生まれ出たものとして、その存在意義が問われてくることがなくてはなりません。

それを保ち、支えてくださるものは親であり、その親を思う心によって、生まれてきた根源の生命が甦ってくるのでしょう。

親が子に先だって旅立ち、たとえ今は目の前に会うことができなくても、親の存在が子にとって薄れることは決してありません。親の身は亡くなっても、子にとってその魂は、決して亡くならないのです。今日は長寿社会で、両親ともに健在である場合が比較的多い時代です。しかし、それは暫しのこと、いずれ片親を喪い、両親とも必ず別れねばなりません。また子どもが早世する、悲しい逆さごともあるかもしれません。

私どもは、辛い思い出は忘却の彼方に押しやって、日常の茶飯事に取り紛れて生活しています。それでも親を亡くした子は、辛く心が痛むことで、初めて心底が動きます。人生長生きしても百年（「止住百歳」の佛意を領受する機縁）という真実に、気づきます。あるいは正気づくとでも言うべきかもしれません。ここが、私どもの念佛をいただく原点に違いないと思われます。

念佛がわからない、実感がない、というのは、この心がわからないからではないかと思います。この実感こそが、「特留此経」というキーワードに対応する相ではないでしょうか。

親に死に別れた子に関して、私ども佛教徒は、釈尊の母君摩耶夫人《まやぶにん》と釈尊との別れを思い出さずにはおれません。形はもたぬが、願いをもった生命の存在が、現実に生きる私どもに直接的に影響を及ぼす具体的な例です。

ここで、釈尊成道後の行実について少し触れてみたいと思います。

釈尊は、勤苦六年の苦行を捨てて、尼連禅河《にれんぜんが》のほとりで沐浴し、スジャータという牧女から乳粥《ちちがゆ》の供養を受けて、体力を快復されます。

それより吉祥天の護念に力づけられ、正覚を得るまでこの座を離れまじと、金剛不壊の大決心の下、成道に至られます。時に十二月八日の黎明、東天に明星が瞬《またた》いていました。

釈尊は、覚りを得てからただちに布教に出発されたわけではありません。覚りを開かれてから七日過ぎて初めて三昧から立たれ、爾後、七日毎に座を移しながら、なお覚りの本質を確かめつつ、七七、四十九日の間、瞑想を続けられたと伝えられます。

二〇〇三年三月十五日、私は初めて、釈尊成道の聖地ブッダガヤを訪れました。

ブッダガヤの地に立った時、強く心を打たれたことがありました。それは成道後の第二の瞑想地で、石龕《せきがん》の中に佛母の摩耶夫人の像が立っているのを見た瞬間でした。そこは釈尊が大覚を得られた金剛宝座からわずか二〇から三〇メートルのところで、まさに眼と鼻の先でありました。このことで、釈尊は佛母の眼によって、覚りを再確認されたに違いないと思いました。

佛母摩耶夫人は、佛陀を生んで七日後に亡くなられ、兜率天《とそつてん》に往生されました。佛は成道後、四月十五日から一夏九十日間、兜率天に向かって、母上のために説法をなさったと善導大師は述べておられます。

「親の身は亡くなっても、その生命はなお生き続ける」、と前述しましたが、このことを重ねて考えてみますと、聖人が仰せになった「法蔵比丘、超世無上のちかひを発して、弘くひろめたまふとなり。『超世』は余の佛の御誓にすぐれたまへるとなり。『超』はこえたりといふ、うへなしといふなり」（『唯信鈔文意』三　聖典六一七頁）のあのお言葉が、私には重くいただかれてきました。

釈尊の成道は、佛母の願いに基づくものであることがここに表されています。

「特留此経」について、『大経』では、「当来の世に、経道滅尽せんに、我慈悲を以て哀愍し、特に此の経を留めて止住すること百歳せん」とありますから、経を留めうる根本とは、慈悲であり、私どもの身辺に準《なぞら》えれば、親心（父祖の心）でありましょう。

第十七首の後半句に「弥陀の悲願ひろまりて　念佛往生さかりなり」とあります。香月院師はここを、前句を結んで後句を導く（結前生後）ところであるが、むしろ「結前正示」、すなわち弥陀の本願があからさまにされていると説かれています。

弥陀の本願とは、すなわち第十八願の念佛往生でありますから、前半句の「釈迦の遺教かくれしむ」に対して、「念佛往生さかりなり」と、明白に顕されたのです。

たとえ経道が滅尽しても特留したまう弥陀の悲願を、釈尊と佛母の間に通う親心を通して味わわせていただきましたが、さて聞法者の身の上においては、「特留」の慈悲がどのように用いてくださるのであろうかと思いをいたしておりましたところ、次のような法話にあわせていただくことができました。

当山では、聖人七百五十回御遠忌法要を半年後に控えて、諸準備に慌ただしい山内外ですが、定例の聖人御逮夜や法座を、特別な思いをもって、門信徒が迎えようとしています。

先般のお会座では、僧伽における信心聴聞、教学探究、荘厳法式等々、自らの聞法を中心に六十年間一筋に歩み続けてこられたE師が、御遠忌を期して、文字通り一期一会の覚悟の下、ご法話を準備されました。

師は十五、六年前から、難病の「脊髄進行性筋萎縮症」に罹られ、日々徐々に進行する症状と闘いながら、一時も精進の手を緩めることなく、歩み続けてこられました。

この日、題材に採られたのは、聖人ご晩年の御消息集である『末燈鈔』でした。

ことに『末燈鈔』第三章の「第十九、第二十願の御あはれみ」（聖典六三一頁）という御詞に触れた時、絶句され、後での述懐に、電光に打たれたごとく思考が止まり、凡愚無知の身を懺悔され、同時に独り落在の喜びに安らいでおられました。

喘ぎ、喘ぎの一時間余の法話も、あっという間に終わりに近づき、最後に、長い聞法生活の中でなぜか、青年期以来感銘が薄れることもなく続いてきた親鸞聖人と恩師・法然上人との邂逅《かいこう》の尊さが偲ばれると、『法然上人行状絵図』の「流罪の時、門弟に示されける御詞」を拝読され結びとされました。

『法然上人行状絵図』（三十三）には、次のように記されています。

門弟等なげきあへるなかに、法蓮房申されけるは、「住蓮・安楽はすでに罪科せられぬ。上人の流罪はたゞ一向専修興行の故云々、しかるに老邁の御身、遼遠の海波におもむきましまさば、御命安全ならじ、我等恩顔を拝し厳旨をうけ給ことあるべからず。又師匠流刑の罪にふしたまはば、のこりとゞまる門弟面目あらむや。かつは勅命なり、一向専修の興行とゞむべきよしを奏したまひて内々御化導あるべくや侍らん」と申されけるに、一座の門弟おほくこの義に同じけるに、上人の給はく、

「流刑さらにうらみとすべからず、そのゆへは齢すでに八旬にせまりぬ。たとひ師弟おなじみやこに住すとも、娑婆の離別ちかきにあるべし。たとひ山海をへだつとも、浄土の再会なむぞうたがはん。又いとふといへども存するは人の身なり。おしむといへども死するは人のいのちなり。なんぞかならずしもところによらんや。しかのみならず念仏の興行、洛陽にして年ひさし、辺鄙《へんぴ》におもむきて、田夫野人《でんぷやじん》をすすめん事、年来《としごろ》の本意なり。しかれども時いたらずして、素意いまだはたさず。いま事の縁によりて、年来の本意をとげん事、すこぶる朝恩ともいふべし」

（『法然上人絵伝』下　一〇五頁）

（意訳）　門弟たちが上人の遠流を嘆き合っていた中に、法蓮房信空は上人に申し上げた。

「住蓮と安楽の処罰はすでに終わりました。上人が流罪となったのは一向に専ら念佛を称える法門を広めているからです。ご高齢の上人が遙々《はるばる》遠く海路を渡っていかれることは、あるいは一命に関わることになりかねません。もし万一のことがあれば、われら門弟は恩顔を拝し、尊い教えを承ることができなくなります。

また、師匠が流刑の罪に服したとあっては、後に残された門弟たちが世間に会わせる顔がありません。何分にも勅命ですから、表向きは一向専修の法門を広めることを中止する旨を上奏し、内々で教えを説いて教化なされてはいかがでしょうか」と。

その場に居合せた弟子たちも、法蓮房の言葉に賛成した。しかし上人は仰せになった。

「流刑にあったことを決して恨みに思ってはならない。なぜなら齢がすでに八十に近くなっている。たとえ師弟が同じ都に住んでいたにしても、この世の別れは近いと言わなくてはならない。たとえ山や海を隔てたところにいたとしても、浄土で再会できることを疑いなく信じている。

またこの世を厭っていても、寿命が尽きなければ、存命するのが人の身である。この世を惜んでいても、急に死ぬかも知れないのも人の命である。老少不定の人の身は必ずしも住むところによって変わるものでない。そればかりでなく、念佛の法門を都で説き始めてから年久しくなる。いつかは田舎に赴いて農夫や素朴な人たちに念佛の教えを勧めたいというのは、長年の願いであった。しかし機会がなくてこの願いが果せなかったのである。今このような因縁によって、年来の望みが遂げられることは、すこぶる朝恩といってよいのである」

ともに同じ師をいただき、聞法させていただいた法友の至情と、無上の感謝のすべてが、この一節に託されておりました。私どもが等しく抱えている「生老病死」の実相から、「像末五濁」の時機を如実に知らしめてくださった、かけがえのない時間でありました。

「弥陀の悲願」とは、次讃に「大悲の本」と表されていますが、たとえ師弟は山海を隔てて別れても、浄土の再会を疑わないならば、大悲の用きは必ずいよいよ盛んとなります。

光明の願いは、どこまでも影を差し、寿命の願いはいつまでも到り届くもの、確かにそのようにいただけてまいります。

第三章　弥陀悲願の利生

第一節　悲願の本源

一　大悲根本

(18)超世無上に摂取し
選択五劫思惟して
光明寿命の誓願を
大悲の本としたまへり

御左訓　なし

意訳　この上なく三世の諸佛に超えすぐれた本願は、五劫の間の思惟によって、選取選捨され、光明無量、寿命無量の誓願をもって大悲の根本となさったのである。

「超世無上に摂取し」

前第十七首は、釈尊の遺教と弥陀の本願の興廃を示す、分水嶺と申しました。またそれは、表裏するものであるとも見ることができます。これまで顕在してきたものが薄れ、内在していたものが現前し、さらに遍満《へんまん》してくる相です。

第十八首には、その光景を生み出す根源が示されています。それは、他ならぬ弥陀の本願ですが、その本願から大悲へ、大悲から悲願となって、五濁悪世の凡夫へ、差し迫ってまいります。

キーワードは「超世無上」という言葉です。弥陀の本願はどうしてこの上なく世に超え勝れているのかが、大切なところです。

『唯信鈔文意』に「法蔵比丘、超世無上のちかひを発《おこ》して、弘くひろめたまふとなり。『超世』は余の佛の御誓《ちかひ》にすぐれたまへるとなり。『超』はこえたりといふ、うへなしといふなり」（聖典六一七頁）とあります。

佛教語としての「超世」には、

一、世の常に超えまさること。

二、前地（修行者、すなわち菩薩が五十二の階位を上る中、前四十地の段階までを指す）を超えて、十地以上を無漏の位（聖位）であることを指す。

の二意があります。

中国の浄影寺慧遠や嘉祥大師吉蔵《かじょうだいしきちぞう》（五四九－六二三）などの大家は、第二の意を挙げますが、法然上人・親鸞聖人は、世を超えた本願とは、あらゆる世界を超える大いなる誓願、三世の諸佛に超え勝れた本願のことであると仰せられます。

法然上人は「彼の佛（阿弥陀の因位である法蔵菩薩のこと）も、〈我建超世願〉となのりたまへり。三世の諸佛も未だ是の如きの願をば発したまはず。十方の薩埵《さった》（生きとし生けるもの）もいまだ此等の願はましまさず」（『黒谷上人語灯録』「大正蔵」八十三　一七二頁）と述べておられます。

諸佛を超えているということは、たとえば『大経』に、「光赫焜耀《こうかくこんよう》にして、微妙奇麗なり。清浄に荘厳して、十方一切の世界に超踰《ちょうゆ》せり（盛んに照り輝く光は、言語を超え、澄んで清らかである。清浄を以て世界を象《かたど》り、十方のあらゆる世界を遥かに超えている）」（聖典四三頁）とあり、『大経』の異訳『無量清浄平等覚経』には、「無量清浄佛（阿弥陀佛に同じ）の光明は、諸佛光明の最極尊なり。無量清浄佛の光明は、諸佛光明の寿《いのち》の明りにおいて無極なり」（「大正蔵」十二　二八二頁）に見えます。

根本聖典である『大経』の本旨（「宗致」）は阿弥陀佛の本願を説くことであり、同時に経の本体（「体」）は弥陀の名号であると、聖人は述べられています（「教巻」聖典二六八頁）。

諸佛は、各々にその願があり、菩薩が因位において願を発して、それを成就して佛（覚者）となります。阿弥陀の因位である法蔵菩薩は、願を発したのではなく、むしろ深く感得したという意味があります。諸佛が建立したそれぞれの願の根底を穿って、そこを深く汲みとられた世自在王佛と法蔵菩薩は、まさに佛々相念の師弟です。

したがって、法蔵菩薩の師佛・世自在王佛が真実を説きたまう時、法蔵菩薩もすなわちこれを同時に聞きたまうのです。換言すれば、法蔵菩薩が聞きたまうその時が、すなわち世自在王佛が説きたまう時となります。法蔵菩薩の発願の様子を『大経』には、「時に彼の（法蔵）比丘、（世自在王）佛の所説の厳浄の国土を聞きて皆悉く覩見《とけん》し、無上殊勝の願を超発せり」（聖典一三頁）と表されています。

厳浄の国土とは、清浄の国土ということですが、必ずしも浄土に限るのでなく、浄土も穢土も、師佛の説かれた通りに、悉く見とどけるということです。

当讃には「超世無上に摂取し　選択五劫思惟して」とありますが、和讃の音節の制約上、「摂取選択し」と続くはずのところを「摂取」と「選択」が離れた形になっています。聖人はよく「摂取」と「選択」を熟して用いられました。たとえば「大経讃」では「十方浄土のなかよりぞ　本願選択摂取する」の語順で示しておられます。

二百一十億の佛土から、選択摂取されるわけですが、穢悪《えお》を選び捨てるに留まらず、浄善なるものからもなお選取選捨されました。

つまり「選択」するという意味では、諸佛の次元での方法で、「摂取」こそ佛の本意でありましょう。したがって「選択摂取」という場合の「選択」は、私ども衆生のための「選択」であって、大悲による「選択」の意味です。

「光明寿命の誓願を　大悲の本としたまへり」

旧佛教の祖師たちは、「寿命無量」は阿弥陀佛の真理の相（法性法身）であり、「光明無量」は阿弥陀佛の慈悲が用く相（方便法身）と領解することが通例でありました。香月院師は、それは正鵠《せいこく》を射たものではないと述べます。

「光明無量」「寿命無量」ともに慈悲門で方便法身であり、「真報身の果体」と見るのが、聖人の御意に叶っているとします。

さらに「五劫思惟」に関しては、発願修行としてではなく、本願を立てるために、あらゆる工夫、精励、思惟を重ねてなされる悲願成就への姿勢そのもののことです。この心構えにおいて「超世無上」であることが表明されます。

香月院師によると、『法華経』『大智度論』などの説では、「報身」、つまり願いによって名を表し、言葉となって衆生の機に赴く如来の本体は、「光明無量」であり、「寿命無量」とされ、これは諸大乗教の通説となっているとされます。

それが「超世無上」とされるのは、阿弥陀の本体がそのまま、衆生を救うための本願とされるからです。「光明無量」「寿命無量」を如来ご自身の覚りの果となさるところが、諸佛と根本的に異なるところです。ここをもって「大悲の本としたまへり」とされるのです。

『御本書』「真佛土巻」に、

謹んで真佛土を按ずれば、「佛」は則ち是れ不可思議光如来なり。「土」は亦是れ無量光明土なり。然れば則ち大悲誓願に酬報《しゅうほう》するが故に、「真の報佛土」と曰ふなり。既にして願有《いま》す。即ち「光明・寿命之願」是れなり。

（聖典四一〇頁）

（意訳）謹んで、真実の佛とその浄土について考えてみると、佛とは、不可思議光如来であり、浄土もまた、量り知れない光につつまれた浄土である。

したがって、このような佛身・佛土と考えられるとき、それらは広大な慈悲の誓いに応えて、その報いとして完成されたものであるから、真の報佛と名づけ、真の報土と呼ぶのである。

とあります。

すなわち「大悲の本」とは、大悲に報いる根本ということです。これは佛が、衆生と出会い、また衆生を救い遂げる「土」を建立して、如来ご自身の目的とされるという願いを意味します。

ここに「身土一如」、いわゆる「自他不二」である浄土建立がなされ、これが大悲の本源であります。浄土とは単なる弥陀の国土ではなく、衆生と佛が出会う「場」であり、衆生が縦横（竪には三世、横には十方）にはたらける場を設《しつら》えることです。浄土が願心荘厳の世界であるといわれる所以《ゆえん》です。

また、願心荘厳が私どもの身近に用きだす相を、『大無量寿経』の序分に、釈尊と阿難の対話によって見ることができます。

『大経』の本旨である本願が説かれる機縁となったのは、常随昵近の弟子である阿難が、お仕えしている釈尊に、いまだかつて感受したことがなかった五つの威徳（「五徳現瑞」聖典一四頁）を直視して、驚き立ったことです。

やがて阿難は「唯《やや》、然り。願楽して聞かんと欲す」（聖典一六頁）と懇請するようになり、釈尊は世自在王佛と法蔵菩薩の佛々想念の核心を説き明かされます。

師佛の「汝自当知《にょじとうち》（汝自ら当に知るべし）」と、弟子法蔵の「非我境界《ひがきょうがい》（我が境界に非ず）」の応答の中に、超世の大願の始終は凝縮されています。

善悪浄穢《ぜんまくじょうえ》を貫いて聞き得た法蔵という修行者の出現があって、久遠実成《くおんじつじょう》の本願が世自在王佛を通して相承され、用き出すのです。

この師と弟子の邂逅《かいこう》は、浄穢二土を隔てなく聞き得る凡愚の心によって開かれ、同時に超世の本願が説き出されるのです。

ここには、救われることと救うことが不離一味となっている点で、諸佛には見ることのできない光景があり、それゆえ「超世無上」と表されます。

先に引用した「大経讃」をもう一度味わってみたいと思います。

南無不可思議光佛　饒王《ねうわう》佛のみもとにて
十方浄土のなかよりぞ　本願選択摂取する

饒王佛とは、世自在王佛のことです。因位の法蔵菩薩が、果上の名である阿弥陀佛を称することは奇異に見えます。

しかし、法蔵菩薩の本体は、一切衆生を救うことを願い続ける師佛と一体となって、無上菩提を求め続ける菩薩であり、同時に救われるべき衆生と同体になって、呼び続ける佛であります。

法蔵菩薩は、まさしく常に五濁悪世の涯底にあって、常に十方衆生をお導きくださるみ佛であります。

翻って法蔵菩薩の発願は、同時にまた師佛・世自在王佛の誓いであります。すでに法蔵の願いの中に師弟の誓願は一味となっています。

したがって法蔵菩薩は師から、「汝自ら当に知るべし」と全幅の信頼を受けた時、「斯の義弘深《ぐじん》にして、我が境界に非ず」と、告白する他はなかったのであります。

釈尊の場合も成道後、成道の喜びを伝えたいという強い願い（本願廻向のこころ）をもって、かつて師事した二人の恩師アーラーラカーラ仙人と、ウッダカ仙人を相次いで訪ねられるのですが、釈尊六年間の苦行の間に、二人はすでにこの世の人ではありませんでした。しかし、このことによって、成道の勝果は少しも減ぜられることはありません。それは時間を超えたものであり、超世の本願であることを示しています。

そのご心中を拝する時、法蔵菩薩が、生きとし生けるあらゆるもののため、阿弥陀と同一の佛となれるように、その国土を建立しようと、兆載永劫《ちょうさいようごう》の修行をなさったことが深く肯けてきます。形を取らぬ深い願いが直接私に届けられるのは、蓋《けだ》し「光明無量」の願いであり、「寿命無量」の願いでありましょう。

光明は私どもに正しい方向を指し示します。根本的方向を示すことが、真実の智慧を生み出します。寿命とは、一歩一歩、歩み続ける生命を今現在たまわっていることでありましょう。一息一息呼吸できることです。そこには自ら感恩の念が、称名念佛となって湧いてきます。

釈尊は生誕と同時に、現行《げんぎょう》七歩されました。そして涅槃の瞬間まで歩き続けられました。前進できる喜びは、かけがえのないものです。前進する喜びは、値遇の喜びがある故に他なりません。値佛は自ら、称名念佛となります。

第二節　廻向の信相

一　大菩提心

(19)浄土の大菩提心は
願作佛心をすゝめしむ
すなはち願作佛心を
度衆生心となづけたり

御左訓

「浄土の大菩提心」

よろづのしゆじやう（衆生）をほとけになさむとおもふこゝろなり　［草稿本］

「願作佛心」

たりき（他力）のぼだいしむなり　ごくらく（極楽）にむまれてほとけにならむとねがへ、とすゝめたまへるこゝろなり　［草稿本］

みだのほんぐわんなり　［正嘉本］

「すなはち願作佛心」

みだのひぐわんをふかくしんじて、ほとけにならむとねがふこゝろをぼだいしむ（菩提心）とまふすなり　［草稿本］

「度衆生心」

よろづのうじやう（有情）をほとけになさむとおもふこゝろなりとしるべし　［草稿本］

このこゝろは、うじやう（有情）をほとけになさむとするこゝろなり　［正嘉本］

意訳

浄土の大菩提心とは、衆生に佛にならんとする心をすすめられるのである。その「願作佛心」は、そのまま「度衆生心」と呼ばれる。

「大菩提心」

前第十八首では、「悲願の本源」という名目によって、弥陀の本願が発されてくる根源が示されました。阿弥陀如来自身を成立せしめる二願、すなわち「摂法身《しょうほっしん》」の願として、第十二「光明無量の願」と、第十三「寿命無量の願」が示されています（浄影寺慧遠《じょうようじえおん》『無量寿経義疏《ぎしょ》』による）。

「摂法身」とは、如来自身を成就せしめる本願の意であり、阿弥陀四十八願の中、第十七「諸佛称名の願」とともに三願が挙げられます。

第三十一「国土清浄の願」と第三十二「宝香合成の願」の二願が「摂浄土の願」といわれ、他の四十三願は全て「摂衆生の願」とされます。大乗佛教においては、佛は、一切の衆生を救うことが、佛の佛たる所以であります。

上来、釈迦の遺教が隠れてゆく様相を、「時」と「機」の視点から明かしてきました。

第十八首では、「光明」と「寿命」とをもって、阿弥陀如来ご自身の本体が明かされ、聖人はこの方便法身を顕す二願を「大悲の本《もと》」として、和讃に掲げられました。

如来の実相真如としての法性法身を挙げ、ここでは方便法身として、末法五濁の世に迷う我ら凡愚の心底に直接してくる契機が示されます。

佛が衆生、すなわち有情という存在の深淵で値い、そこには、いまだかつて表されたことのない「光明無量」の本願成就の相が示されています。

香月院師は、上の二首において「本願の相」を明かし、以下第十九首から第二十一首の三首において、本願を信ずる「信心の相」を讃ず、とされます。

菩提心は原始佛教以来、完全な智慧、宗教的目覚めを意味し、その菩提を体得した人を佛陀といい、菩提を求める人々を菩提薩埵《ぼでいさつた》（菩薩）と称してきました。聖道門では解脱、涅槃を求めることが、究極の目的となっていたため、「菩提心」は大乗佛教思想のキーワードでした。

ここに表される「大菩提心」の語には、従来の菩提を求める姿勢と、根本的に異なる転換がなされます。一言でいうならば、菩提心は「信心」の中にこそある、ということです。

「浄土の大菩提心は　願作佛心をすゝめしむ」

第十九首の意の根拠は、曇鸞大師の『浄土論註』下巻「善巧摂化章《ぜんぎようせつけ》」にあります。そこに「此の無上菩提心は、即ち是れ願作佛心なり。願作佛心は、即ち是れ度衆生心なり。度衆生心は即ち是れ衆生を摂取して有佛の国土に生ぜしむるの心なり（この無上の菩提の心は、そのまま直ちに佛になろうと願う心であり、佛になろうと願う心は、とりもなおさず衆生を救済しようとする心である。この衆生を救済しようとする心とは、衆生を救いとって佛ましますの国土に生まれさせせんとする心である）」（聖典三四八頁）と示されます。

本来、「願作佛心」とは、自ら佛になりたいと願う自利の心をいい、他の衆生を済度する利他の心を「度衆生心」といいます。

しかし、曇鸞大師は浄土への願生心を、特に「此の無上の菩提心」として意を注ぎ、従来言い慣わされてきた「菩提心」とは一線を画す「無上の菩提心」として示されたのです。

「善巧摂化」とは、（法蔵）菩薩においては、すべての荘厳は、実《さとり》の相《すがた》でないものはないが、同時に方便《てだて》である廻向の門を成就する。水に影が宿るのは、水が清らかで静かでなければならないように、実《さとり》の相《すがた》を知ることによってこそ、三界の衆生の虚妄《まよい》の相《すがた》を知るということです。

衆生が虚妄《こもう》であることを知れば、菩薩にはおのずから真実の慈悲の心が生じる。また、真如たる法身を知れば、自ら真実の帰依がおこる、と「慈悲」と「帰依」の関係が述べられます。

「正像末和讃」第十八首から第十九首への展開は、「大悲」から「信心」への展開です。『論註』の「善巧摂化章」における「慈悲」から「帰依」への展開と、相呼応していることがわかります。

「菩提心」から「浄土の大菩提心」へという意味を、私どもに引き当ててみましょう。

およそ佛道においては、成佛得道せんと願う者は、まず「菩提心」を発さねばなりません。しかしながら、自力聖道の「菩提心」を成就することは、「発願して佛道を求むるは、三千大千世界を挙ぐるよりも重し」（龍樹菩薩「易行品」）とありますように、末代の凡夫にとっては到底叶わないことであります。

思い立っても、何事も成就が叶わぬということですから、この世は仮の住処と諦めねばなりません。諦めるといっても、生きていることが無意味になっては、生きている所詮もなくなります。仮の住処を仮の住処として意味を持たせる、根拠がなければなりません。ここを踏まえて蓮如上人は、「後生の一大事を心にかけよ」と仰せになりました。

今ここに生きている我ら凡夫にとって、日常の日送りのもとで、「一大事」として取り組まねばなりません。「後生」の他に助かるところはないとなれば、佛になりたい、浄土にまいりたいと一心に願うことです。それが「願作佛心」であります。しかし、自らの努力ではありません。

ここを聖人の御左訓では、「他力の菩提心なり。極楽に生まれて、佛にならむと願へ、と勧めたまへる心なり」（草稿本）、また「みだの本願なり」（正嘉本）と明確に示しておられます。

「願作佛心」と我らに彰《あら》われるもの、それはまさに弥陀の本願なのです。

聖道の菩提心が転ぜられる機縁を、成就が叶わぬという側面からのみ申しました。限りがある私ども有情には、必ず生死という限界が厳然としてある。それが菩提心を発す根底です。そこで現世を生きつつも、生きる所詮、すなわち受生の本懐を見出したいという切なる願いも起きてきます。また、「生」と「死」の間には、「病い」もあり「老い」もあります。思いもかけない無常、非常の事態が襲ってきます。

身体は健常で順調にいっているように見えていても、信条や信念（誠や責任）の崩壊によって生きていく根拠が失われた時は、生きながら死んだのも同然の状態に多々陥《おちい》ります。

このように、常時非常時にかかわらず、現世を生きている間、私どもが企図している菩提心という希望は、虚しく断たれていくのです。

加えて、人生における一進一退の退屈な繰り返し、そして生死を重ねてとどまることを知らない輪廻の苦痛からは、一刻も早く解脱したいと願わざるを得ません。

「すなはち願作佛心を　度衆生心となづけたり」

第十九首では、「度衆生」の心を求めるのではなく、まず「願作佛」の心を勧められるのはどういうことでしょうか。

そこに「度衆生」の困難さ、ひいては「度衆生」ということの、深さがあります。

『歎異抄』第四章には、「慈悲に聖道・浄土のかはりめあり。聖道の慈悲といふは、ものを憫《あわれ》み悲み育むなり。然れども、思ふが如く助け遂ぐること極めて有りがたし。（また）浄土の慈悲といふは、念佛して急ぎ佛に成りて、大慈大悲心をもって、思ふが如く衆生を利益するをいふべきなり」（聖典六六七頁）とあります。

自と他の関係は、そのまま私ども人間としての在り方の根本問題です。私どもの悩みは、全て自他の食い違いから起こってくるといっても、過言ではありません。

先に「度衆生心ということの深さ」と申しました。

『歎異抄』には「憫み、悲み、育む」と表現してありますから、一般的自他関係ではなく、親子関係、あるいは親しい友人関係など、自と他が深く交わらねばならぬ関係が想定されています。

「度衆生心」といえば、人が他者に対して一方的に慈悲をかけて救うように聞こえますが、もっと濃く、深い自他関係であるならば、悩める他者を一方的に救うというケースは、そうザラにあるわけではないでしょう。

ここも、母親と子供の悩みを例にとれば、わかりやすいと思います。

ある北陸門徒の、母子家庭の娘さんの話を聞いたことがあります。

父親は事故だったのか、蒸発したのか確かに記憶していませんが、まだ小学生のころから母親と二人暮らしでした。

苦労続きの母親がいつも念佛しながらも「世の中、一寸先は闇だものね」と口癖のようにいっていたのを、娘さんは忘れることができませんでした。その娘さんにとっては、その母の言葉は、暗い憂鬱《ゆううつ》な記憶としてのみ残っていました。

長じて家庭を持ったのですが、夫のことで、やがて母親と同様の苦労を背負わなければなりませんでした。その時、愚痴として聞いていた母親の言葉が思い出されました。しかし今度は、自分を導き、勇気づける言葉に聞こえてきたというのです。

「一寸先は闇だもの」と言いつつ、念佛によって生き抜いてきた母の声が、その娘さんには一縷《いちる》の光明となって、肉親の母親を超えて、佛の声として響いてきました。

前に進む者が後を導き、後の者は前の人によって手引かれて、極楽浄土に生まれるという、善光寺本堂下の回廊めぐりを思い出させます。

自他一如の大乗佛教の命題は、浄土門においては、共業《ぐうごう》の体得、また諸佛の発見によって、悲しみも喜びも私有化しない、報恩の世界として転じられます。

千歳《せんざい》の闇室《あんしつ》に、光至れば

平成二十二（二〇一〇）年十月に放送された、ＮＨＫ「ハーバード白熱授業＠東京大学」という番組の再放送を、大晦日《おおみそか》が迫った歳の暮れにたまたま観ました。

互いに深い業を荷っている人間の自他の問題を、深く考えさせられた番組でした。

ハーバード大学のマイケル・サンデル教授が自ら司会をしながら、千数百人の学生や一般聴衆を相手に、数時間にわたって熱のこもった授業を展開されました。

この日の授業では、日本の戦争責任について活発な論議が交わされました。

賛否が明確に分かれ、双方を対峙させ、激しい論議へと導くため、教授はあえて論題にセンシティブなテーマを取り上げます。案に違《たが》わず、非常に緊張感のある討論となりました。

サンデル教授は、双方の主張の問題点の糸口を提示し、具体的で身近な例え話を引きつつ、議論を高めます。西洋で訓練し、洗練された対話術が、所々に光っています。

サンデル教授は、さらに突っ込んで質問をし、東大安田講堂に集った千人余の聴衆に投げかけました。

「戦争における道徳的な責任は、世代を超えるものであろうか。現在の日本人は一九三〇年代にアジアで犯した罪に対し、公けに謝罪する責任があるのだろうか」と。

この問いに対して、賛否はほぼ真二つに分かれました。

「責任はない」という人たちの意見は、概ね次のような論調でした。

「日本人が今、一九三〇年代に起こしたことを謝罪するのは間違っている。今の世代は、今やっていることには責任はあるが、過去に対しての責任はない」

「過去の罪は、歴史として認識しておかなければならないが、昔の話に対して、際限なく謝り続けることは不条理である」

「一度は賠償すべきだと思う。しかし賠償し続ける意味はない。さもなければ次の世代は選ぶ自由がなくなる。未来永劫謝罪する必要はない」と発言した青年に対して、賛同の拍手が起こりました。

一方、教授の呼びかけに、マコトと名のった学生は、謝罪すべきだと言いました。

主旨は「当時、戦争に反対した人も、世代として責任を負った。共同体の責任は、個人の意志によらず負うものである。これは現代の問題だ。文化は連続している。企業の不祥事では、担当者が交代しても、組織の責任は残る。共同体が継続する限り、責任もなくならないと考える」と答えていました。

皆一理あって、なかなか密度のある論議であると感心して見ていましたが、その中でナオコと名のった女性の応答に、なぜか眼が開かれる思いがしました。

その内容は次の如くです。

「私の祖父は戦争に参加しました。私はその祖父と繋《つな》がっています。祖先なくして現代の私たちの存在はないように思います。したがって、痛みを感じる被害者がいる限り、相手が痛みを忘れるまで謝るべきだと考えます。痛みが薄れ、消えていけば、謝罪の必要もなくなります」と結びました。この意見に対しても、多くの人から拍手が湧き起こっていました。

なぜ、聖人においては、「度衆生心」より「願作佛心」を先に挙げられるのかという問題から、かなり回り道をしてしまいましたが、自己と他者との関わりは、一時的な対応で解決できるものでないことが、改めて理解されます。

対面する一人ひとりは、それぞれ善悪の宿縁を荷って生きています。救うという解決策の前に、その宿業を拝める姿勢こそが、重要なのでありましょう。

ナオコという女性の、その宿業を痛みとして見る眼と、痛みは必ず消滅するものであると信じているところに感銘を受けるのです。

天親菩薩の「佛慧《ぶつえ》明浄《みょうじょう》の日は、世の痴闇《ちあん》の冥《やみ》を除く」（聖典一九一頁）という一句を、曇鸞大師は解釈して、「譬へば千歳の闇室に、光若し暫く至れば、即便《すなわ》ち明朗なるが如し。闇、豈《あに》室に在ること千歳にして去《さ》らずと言ふことを得ん耶《や》（たとえば、千年このかたの闇室に、もし光が少しでもさしこめば、その時たちまち明るくなる、というようなものである。闇が室に千年あったからといって、どうしてその闇が室をはなれないということがあろうか）」（『浄土論註』上　聖典三八七頁）と、述べておられます。

ある時、親鸞聖人が、「夜が明けてから日輪が出てくるのだろうか、それとも日輪が出てから夜が明けるのだろうか」と、門弟に問われました（『執持鈔』　聖典六八六頁）。

門弟が、「夜があけてから太陽は出ると思います」と答えたところ、聖人は「いや、そうではない」と仰せになり、「日輪という他力が用かなければ、我ら凡夫の闇が破せられることはない」とお説きになりました。

如来本願の世界は、自利と利他とが同時に完成された世界です。衆生の自他二元の世界は、惑・業・苦の雲霧に覆われ、どこまでも無明の世界です。無明が破られることは適《かな》わず、そこより出離することは不可能です。ただ他力によってのみ破すことが可能であり、そこにのみ清浄の日光を拝し得るのです。私どもの夜明けの期待と喜びは、ひとえに如来他力の信心ひとつにかかっています。

二　自利成就

(20)度衆生心といふことは
弥陀智願の廻向なり
廻向の信楽うるひとは
大般《だいはつ》涅槃《ねはん》をさとるなり

御左訓

「度衆生心」
たりきのぼだいしむとまふすなり　［草稿本］
じやうど（浄土）のだいぼだいしむ（大菩提心）なり　［正嘉本］
よろづのしゆじやうほとけになさんとなり　［文明本］

「如来智願」
みだ（弥陀）によらいのひぐわんをまふすなり　［草稿本］

「廻向の信楽」
みだのぐわんりき（願力）をふたごゝろ（二心）なくしんずるをいふなり　［草稿本］

「大般涅槃」
みだによらいとひと（等）しくさとりをうるをまふすなり　［草稿本］

ただし、「草稿本」の二句目は「如来智願の廻向なり」となっている。

意訳　あらゆる衆生を助けたいという心は、弥陀智願から与えられる。この如来廻向を二《ふた》心《ごころ》なく信ずるひとは、如来と等しい大般涅槃の覚りを得る。

弥陀智願の廻向

この第二十首は、「智願」という語に焦点を当てて、味わってみたいと思います。第十九首・第二十首・第二十一首の三首は「廻向の信相」として、ひとまとめにしました。この三連首によって、浄土の大菩提心を明かすために、まず「願作佛心」が示され、「願作佛心」こそが「度衆生心」であると説かれます。当讃では、「度衆生心」をテーマにして鑽仰されています。次の第二十一首では、「願作佛心」を得た人は、他を救うということにおいて限りがないと示されます。

この三連首に底流しているのは、確かに「度衆生心」です。聖人にとっては、一般的な大乗佛教の救済論ではなく、解決を迫る実際問題に直面されていることが、文脈から強く伝わってきます。門弟のこと、遠く隔たっている東国の念佛僧伽のこと、そして身近な善鸞問題、依然孕《はら》んでいる家庭のことども。在家生活を聞法の場とする念佛の僧伽においては、どれ一つをとっても、信心問題の埒外にあるものはありません。

聖人は、関東の地で、浄土往生を願う人々が、心から安住できる浄土の法門を構築されました。爾来二十年を経て、その根底を揺るがすような出来事が、次々にまき起こってきます。

ここで留意すべきことがあります。この第十九首以下の三連首の前にある第十七首は「草稿本」第七首より移され、第十八首は新たに編入された和讃であるということです。

第十七首・第十八首は、私どもが依用《えよう》しているこの「文明本」（「正嘉本」も含めて）へと調えられてくる過程をうかがうには、重要なところといえます。

聖人は八十四歳の五月二十九日に、子息善鸞を義絶され、約一年後の八十五歳の二月九日に、「弥陀の本願信ずべし……」という夢告をお受けになりました。

聖人七十六歳の頃に「浄土和讃」「高僧和讃」は完成していたと思われますが、その後、「夢告」をこうむれる少し以前から、「浄土」「高僧」の前二帖のままで、一代佛教よりこうむった恩徳を鑽仰し終えたとすることは、忍びないと思われたことでしょう。強い信心の反省と進展を感知しておられたからであろうと拝察されます。

こうして我々が拝誦させていただく「正像末和讃」は、聖人の心底に長く蔵され、伏流し、沸騰し、やがて凡夫のために、形となってあらわれたご和讃です。これによって今日、聖人の強靱《きょうじん》なご信心に触れさせていただける私どもは、果報に思います。

四十首からなる未完成のご和讃である「草稿本」和讃には、その第十七首（「文明本」第十六首に相当）の結句が「大菩提心おこせども　さとりかなはで流転せり」で終わっていて、次の「草稿本」第十八首（「文明本」第十九首）は「浄土の大菩提心は……」で始まり、第十九首へと連なっていました。

つまり「草稿本」は第十五首（「文明本」第十四首）から第二十三首（「文明本」第二十四首）まで連続しているのですが、その中程の「草稿本」第十七首（「文明本」第十六首）と第十八首（「文明本」第十九首）の間に、「文明本」（「正嘉本」も）の第十七首・第十八首が挿入されているのです。その挿入が何を意味するのかを再考してみる必要があります。

第十七首は、釈尊の教えから、弥陀の本願へと移る結節点ですので、先に分水嶺と申しました。

第十八首は、佛教徒のメルクマールである菩提心が、末法五濁の私ども衆生にどのような形で用くのかということを示した一首で、「大悲の本」として、その根源に光明寿命の誓願をかかげられています。

未だ二首が著《あらわ》されていない、「草稿本」和讃の段階の次第ですと、菩提心の成就はおろか、菩提心を発すことさえなくなってしまった末法濁世の嘆きが示されます。そして、「文明本」（「正嘉本」も）第十八首から一転して、第十九首に「浄土の」という形容詞が付された「大菩提心」によって、弥陀の本願が弘まることが示されてきます。

「草稿本」では流転の原《もと》とされる聖道の菩提心と、本願他力廻向の用きとしての浄土の菩提心が、連続して示されるので、聖道の菩提心が他力廻向として転換する点は、捉《とら》えにくくなっています。

そこで「超世無上に摂取し　選択五劫思惟して　光明寿命の誓願を　大悲の本としたまへり」と、凡夫においては、量り難い佛誓願の領域からの讃歌が、表されるのです。これを眼にするという感動は、何にも喩えようがありません。

先ず「超世無上に摂取し」と、濃縮された呼び掛けがあり、それに触れ得た凡夫は、図らずも如来の悲願を眼前にして立たせられます。同時に衆生を摂せんがための、如来の五劫思惟のご苦労が身に迫ってまいります。

ここは「本願文」から「成就文」が開かれてくる、いわば「正像末和讃」における源泉である「大悲の本」が示されています。

本願文とは、第十八願文です。法蔵菩薩は、「十方のすべての人が、真心（至心）から、信じ喜び（信楽）、わが国に生まれたいと望んで（欲生）、わずか十遍でも念佛（十念）するならば、浄土に迎えて救いとげたい」と願って、成佛することを誓われました。

願成就では、「諸有衆生　信心歓喜　乃至一念」と示されています。すなわち、あらゆる衆生が阿弥陀佛のみ名を聞いて信心をおこし、喜びに満たされた一声の念佛を称えるということです。「聞其名号」の「聞」とは、善知識に遇って、「如来他力」によって、往生を決定する道理を聞き定めることであると、覚如上人はお説きくださいます（『最要鈔』『真宗聖教全書』三　五〇頁以下）。

私どもは、阿弥陀如来は菩薩として精進し、その結果、自らの力で成佛されるのであろうと思いがちですが、「如来他力」といわれるように、師佛・世自在王佛の下にある時から、すでに他力であります。

この阿弥陀如来の本願を、そのまま凡夫の私どもが受けとらせていただくのが「他力信心」です。ここを「聞其名号」の「聞」といいます。

この如来他力の本願を、衆生が他力信心でお受けした瞬間が、如来様にとっての「本願成就」です。この瞬間の光景が経釈に記されています。同じく『大経』下巻「東方偈」では、「其の佛の本願力、名を聞きて往生せんと欲《ねが》へば、皆悉く彼の国に到り、自ら不退転に致らん」（聖典七〇頁）とあり、また『大経』「流通分」には、「其れ彼の佛の名号を聞くことを得て、歓喜踊躍し、乃至一念すること有らん。当に知るべし。此の人は大利を得《う》と為す」（聖典一二〇頁）とあります。

そして本讃の「弥陀智願の廻向」の出拠である、善導大師の『往生礼讃』「初夜礼讃」では次の如く、釈しておられます。

「弥陀の智願海は、深広にして涯底《がいてい》無し、名を聞きて往生せんと欲《ねが》へば、皆悉く彼の国に到る」（『真宗聖教全書』一　六五八頁）と。

聖人は「如来智願」の御左訓に「弥陀如来の　悲願をまふすなり」（草稿本）と施されています。それを領受する衆生にとっての「廻向の信楽」の御左訓には、「弥陀の願力を二心なく信ずるをいふなり」（草稿本）と施しておられます。

弥陀の悲願が、衆生の信心となって成就する原動力は、「光明無量」「寿命無量」の願として表されます。

その本は善導大師の「弥陀の智願海」であり、さらにその出拠は『大経』下巻の「如来智慧海　深広無涯底（如来の智慧海は、深広にして涯底なし）」（聖典七一頁）です。

「智慧」とは、つまり「用き」のことです。像末五濁の只中において用くので「智慧」といいます。

「海」について

曇鸞大師はこの『大経』下巻の説く意味を次の如く解説しておられます。

「〈海〉とは、佛の一切種智は深広にして崖《かぎ》りなく、二乗（声聞縁覚）雑善の中・下の死尸《しし》（死骸）を宿さざることを言ふに、これを海のごとしと喩《たと》ふと。この故に〈天人不動衆　清浄智海生〉とのたまへり」（『真宗聖教全書』一　三〇二頁）と、衆生が惑・業・苦の一点の余残もとどめず、救われるすがたが示されます。衆生から申せば、帰依心こそが佛智と相応し、冥意に契《かな》う要めであります。

一方、善導大師のこの讃文には、如来の深広の本願から流れ出て、末法五濁の衆生が発起した信心に流入されるいきさつが表されています。

「智」は如来の宿願力を「因」として発《おこ》り、本願成就の如来の「果」のお相として拝されます。

ちなみに「智」に関して辞書には、次のごとくあります。

一、世の中に向かって発現するもの、差別相対の世界において用くもの。

二、智とは俗諦《ぞくたい》を知るの智。

三、あれはあれ、これはこれと分別して、おもひはからふによりて、思惟に名づく。

また「海」は「海の十相」（『華厳経』）という十種の徳が説かれるように、結局は、あらゆるものを「摂する」こと、あらゆるものを「生み出す」ことの二点に集約されるといえましょう。

聖人の「海」に関しての比喩を列記してみましょう。

「唯説弥陀本願海」「智願海」「慈悲海」「誓願海」「徳海」「大宝海」「一乗海」「一実真如海」「諸佛大会衆海」「五濁悪時群生海《ぐんじょう》」「生死海」「無明海」「諸有海」「煩悩海」など、二十余に及びます。

これらの中で、「本願海」と「群生海」を結ぶものが「智願海」でありましょう。

「正像末和讃」第二十四首に、

弥陀智願の廻向の　信楽まことにうるひとは
摂取不捨の利益ゆへ　等正覚にいたるなり

とあり、ここに「智願海」の消息がわかりやすく表されています。

三　利他成就

(21)如来の廻向に帰入して
願作佛心をうるひとは
自力の廻向をすてはて、
利益有情はきはもなし

御左訓

「如来の廻向」
みだのほんぐわん（本願）をわれらにあたえたまひたるをゐかう（廻向）とまふすなり　これをにようらいのゐかうとまふすなり　［草稿本］

「願作佛心」
じやうどのだいぼだいしむなり　［正嘉本］

「有情」
よろづのしゆじやう（衆生）をうじやうとはいふなり　［草稿本］

意訳　弥陀如来が我らに与えたまうご廻向の本願に帰入して、浄土に生まれんと願う人は、自力の計らいを捨て去って、衆生利益の用きは極まることがない。

「利益有情はきはもなし」

「廻向の信相」で括《くく》った第十九首から第二十一首の三首の和讃の根底には、「度衆生心」という利他の想いがあると申しました。しかし我身を省みれば、「小慈小悲もなき身にて　有情利益はおもふまじ」（「悲歎述懐和讃」五）と告白せざるを得ないのが現実です。この「おもふまじ」には、「思うまいとしても思わざるを得ない」という、切ない響きが聞こえてまいります。

善鸞大徳との義絶の事実を思えば、聖人のご心中は容易に想像がつきますが、この和讃の後半は「自力の廻向をすてはて丶　利益有情はきはもなし」と、私どもの想像を遙かに超えた飛躍転換の語が掲げられています。

「利益有情」に関して、香月院師は二つの意味合いをあげておられます。第一は、この世における利益（現益）、第二は、浄土の悟りを開いた暁に現す利益（当益）です。現生に得る益を、聖人が「現生十種の益」（「信巻」末　聖典二五二頁）として十カ条掲げておられる中で、その第九番目が「常行大悲の益」となっています。

他力信心を賜った念佛者にも、一切衆生を救済しようというような大心はないけれど、賜った信心は如来大悲の廻向の信である故に、知らず覚えず、常に有縁の衆生を利益する、ということもあります。いわゆる、還相廻向の利益として、未来に「神通方便をもて、まづ有縁を度すべきなり」と『歎異抄』（聖典六六八頁）に示されていますが、私どもは果たして、どこでこの和讃の響きを実感することができるのでしょうか。今少し確かめてみたいと思います。

「すてはてゝ」という強い語勢に思わず驚かされるものがありますが、ここは聖人が感受されている廻向の手強《てづよ》さから触発されたものとも感じられます。

また「利益有情はきはもなし」の一句には、深い歓喜と満ち足りた感銘が伝わってきます。衆生自力の放棄と、佛無上の大利とが対句《ついく》となった言葉は、私どもの日常語の次元を遙かに超過しています。しかしながら、凡夫は自身と他人の間にあって、いつも格闘して生きています。自他の問題がなかったら、ご信心も必要ないかもしれません。

人と人の間には闘いも生じますが、佛様も人と人との間から現れてくださると、かつてご説教で伺ったことを思い出します。

人間の心の解放、自由とは、人の只中にあって追求されていくものに相違ありません。すなわち、人間の自由は「ひとり」のためにはない。背後には必ず、

一、他人がいて、

二、我が生命の支えがある、
という条件が具《そな》わっていなければなりません。

善導大師の有名な四句偈があります。

自信教人信《じしんきょうにんしん》　難中転更難《なんちゅうてんきょうなん》
大悲伝普化《だいひでんふけ》　真成報佛恩《しんじょうほうぶつとん》

自信し、人を教えて信ぜしむる、難きが中に転《うた》た更に難し。
大悲伝えて普く化する、真《まめやか》に佛恩を報ずるに成る。
（『往生礼讃』「初夜讃」『真宗七祖聖教』四三七頁）

この四句について蓮如上人も、真宗信心の奥義を示しながら、日常生活の中で如来の用きが生き生きと繰り広げられる経緯を示した金言として、『聞書』（十九条）にお取り次ぎくださっています。

「自信教人信」という自他の課題が解決されていない間は、対面する全てが「難中転更難」でありますが、自他の問題が自分のためであったと肯けた時は、すべてが「大悲伝普化」です。

そして「願作佛」の心によって、他力による「度衆生」へと転じて、自在な用きとなってくるのが「真成報佛恩」です。

「報佛恩」とは、自他、いずれの方から取り組んでも、細大漏らさず達成されて、その歓びに充たされる功徳成就のあり方です。

この和讃の焦点を「利益有情はきはもなし」の一句を中心に注視してまいりました。

この難題を解明するには、一人のお同行の事跡を以てするのが適切であると思い、ここにその一端を紹介いたします。

絶対に助からぬ身が、絶対に助かる

二〇〇九年十二月三十日、八十五歳の生涯を閉じられた医師S先生が往生されるまでの信心の歩みは、当讃の内容を証明する実事であると思います。

S先生は三百年来の医家の家系に生まれ、「身体を医するを知り、心を医するを知らず」と三十八歳の折、夫人の実家の問題を機として、医家累代の業縁を通し、積もれる宿罪に目覚め、佛縁を中心としての人生の再出発をされました。

精魂を傾けてきた医業を、七十五歳の折には長男に任《まか》し、それ以後は、念佛同行を友として佛法三昧の日々を送られました。ことに医家初代の故地《こち》である京都を懐かしみ、京都で宗門の学校に通う青年たちを相手に、朝夕の勤行、聖教拝読を嗜《たしな》み、伝統工芸の職人さんたち等々にも開かれた会座を催し、お世話することを何より楽しみとしておられました。

ところが、ご往生の一年二カ月前に、舌癌という難病に罹《かか》られていることがわかり、聞信の姿勢を、以前にも増して急速に深められました。手術を受けてより、闘病生活に入られましたが、素《もと》より医師であるS先生は、自身の病状や予想される経緯については、看病する人たち以上に正確に理解して、病に向き合っておられました。

S先生は手術の前に、親鸞聖人の恩師・法然上人が鎮《しず》まりたまう知恩院「勢至堂」に参詣して、「たとひ法然上人に賺《すか》されまゐらせて、念佛して地獄に堕ちたりとも、さらに後悔すべからず候」(『歎異抄』聖典六六六頁)との聖人の他力信心の玄義《げんぎ》に改めて驚き、信順の念を深め、後日、あの時いよいよ心が定まったと語られました。

しかし、苦しい闘病の様子は、専門家であるS先生の日記を借りれば次の如くです。

最近は夜眠れなくて困っている。ハルシオンが殆んど有効でない。夜中に殆んど三乃至四回は起きる。しかも唾液の出方がひどいので、その処置に追われる。

舌癌手術後、九ヶ月足らずで再発し、再入院して放射線療法を行い、その治療を極限まで行ったが、結果は不透明。

要は、誰しも同じ道をたどるが、今の状態即ち口腔からの食事は殆んどとれず、嚥《えん》下《げ》困難にして誤嚥《ごえん》の危険性は常に高く、一生涯この崖っぷちを歩むことになる。

又、食事は胃瘻《いろう》からの栄養剤での補給が九割以上で、経口食の楽しみは先ず考えられない。

気管切開も生涯つきまとうものであり、隔日の交換も苦しみの一つである。

考えてみると業な病気をしたものだ。私の知る限りでは、周りの癌患者の中で、舌癌は私だけで、手術しても衣食住の中の一番生活に密着し、又常に変化のある楽しみを奪われる、出来なくなる。癌におかされるという事は、余程私の前世は悪業に満ちていたものと思う。

同日付の日記はさらに続きます。

むしろ心の世界では、ご住職から往生の一大事を常々教わってきていたことが、今生かされ、後生への日々の心と浄土へのあこがれで生かされている。

そして後に残る人たち、特に若い人達に自分の病気にかかる生命観や、佛教に対する考え方、感じ方を話し、自力無効にして、すべて他力に帰してゆくこと。そのことの具体的な体験、日常生活における念佛の用きの考え方、感じ取り方、又その結果等をおり混ぜて話し、伝えてゆくことが今の私の命と考えている。

この日記が書かれた二カ月後に往生されることになるのですが、二カ月の間に、S先生が最も楽しみにしていた、聖人報恩講御取越（親鸞聖人の忌日《き》を記念して、在家宅で報恩感謝を捧げる佛事）があり、S先生は自らその案内状を書かれました。この中にS先生の堅固で、かつ豊かな信心がよく書き留められています。

昨年の御取越の時には、再びこの座に会うことはないとの思いで出席していました。今再び、出席は叶わぬものの、聖人のごおんに御礼申せるとは、全く予期せぬことでした。何と幸せなことか、佛様のおはからい、善知識、諸佛のご廻向としか思われません。

丁度一年前より、闘病生活にはいり、身に滲みて感じますことは、今迄の私は、如何に自分本位に生きてきたかということです。

死の病を得て、死すべきところを、こうしてまだ命を頂いているということは、与えられた命であったことを、感謝する以外にありません。観念的な生死観しか持ち合わせなかった私が、生死を越えた世界から今の私を見るとき、佛様から私にかけて頂く願い、大悲によっての今のいのちの重さを感じます。

この佛恩に対して、如何なる身体の状態であっても、蒙《こうむ》った恩徳に、身を粉にして報謝のまことを尽くしたいとの思いが切であります。

身体はご存知の通り、だんだん弱ってゆきますが、これは定命《じょうみょう》ですので〈おまかせ〉しかありません。毎日が後生の一大事の生活です。常々のお教えの通りです。折々に念佛に遇わせていただくだけであります。

私の病気もご廻向です。さけられぬ業です。受くべき業には正面から受けねば、避けては通れません。したがって、死を前にしていても心は明るく、毎日与えて頂いた命を前向きに生きてゆくことができます。

今迄蒙ったお育てのお慈悲に対して、報恩謝徳の念は、単なる言葉では表現することはできません。

聖人の御恩徳に、ただ称名念佛させていただくのみであります。　合掌

死を前に病室に、折々、男女老少の幾人もの同行が訪ねましたが、ことに青年たちと信心の一義を語ることを、生き甲斐として感じておられました。

青年僧には、「絶対に助からないという病を得て、絶対助かるという心をいただいた。いずれも我が計らいではなかった。お念佛の用きがあった」と言い残されました。

ある青年の「S先生が遺された言葉に、僕らは誰一人残らず感銘しない者はいなかった」という言葉が示すように、若い人たちに、かねてより聞法してきた佛語が、疑いない得心《とくしん》となり、心底に刻銘《こくめい》されたのは明白でした。

先生亡き後、日一日と時間が経ち、もう一周忌も勤め終えましたが、折につけ、一人ひとりの信仰体験を進展せしめる重要な手がかりとなり、常にかけがえのない証誠を与え続けてくださっていることです。

「自力の廻向すてはて、　利益有情はきはもなし」の一節に関して、これが至上の聖句であるといただける、かけがえのない機縁をこうむったことでした。

第三節　信心の勝益

一　直入報土

(22)弥陀の智願海水に
他力の信水いりぬれば
真実報土のならひにて
煩悩菩提一味なり

御左訓

「弥陀の智願海水」
みだのほんぐわん（本願）をちゐ（智慧）といふなり、このほんぐわんをたいかいにたとへたるなり　［草稿本］
ほんぐわん（本願）をたいかい（大海）のみづにたとへまふす也　［正嘉本］
みだのほんぐわんをうみにたとへまふすなり　［文明本］

「他力の信水」
しんじちのしんじむをみづにたとへたるなり　［草稿本］
まことのしんじむ（信心）をみづにたとえたるなり　［正嘉本］

「真実報土」
ごくらく（極楽）をほうど（報土）とまふすなり　［草稿本］
「煩悩菩提一味」
われら（我等）こゝろと、ほとけのおむこゝろとひとつになるとしるべし　［草稿本］
あんらくじやうど（安楽浄土）にむま（生）れぬれば、あく（悪）もぜん（善）もひとつあぢ（味）わいとなるなり　［正嘉本］
ぼむなうとくどくとひとつになるなり　［文明本］

意訳　大海に川の水が流れ込むように、弥陀智慧の本願に他力の信心の流れが入れば（本願を信ずれば）、真実報土の用きによって、煩悩と菩提が一つになる（信心の勝れた利益である）。

智願海水と他力信水

香月院師の指南によって、第二十二首から第二十七首までの六首を「信心の勝益」として、ひとまとめに見ることといたします。

弥陀本願の本源は、「光明無量の願」「寿命無量の願」から発せられており、第十八首ではそこから「超世無上の大悲」の展開が示されます。それが、聖人が初めて見出された、他力廻向の世界です。

これまで、如来の廻向を我ら凡愚が受けとめる相を「廻向の信相」として、第十九首から第二十一首までの三首によって表されました。

それは「浄土の大菩提心」として、全ての衆生を佛になさしめんと思い立たれた、弥陀誓願の根源から出ていることが知られます。

それに続いてこの六首は、如来と衆生はいかにして出会い、衆生はいかにして救われ、阿弥陀如来はいかに本願成就されるのか、その核心を究《きわ》めんとされる思《おぼ》し召《め》しが示されるところでありましょう。

和讃の上で、如来と衆生の交わりが端的に示されている言葉といえば、「煩悩菩提一味なり」です。しかしながら、ここの意趣が容易に私どもの腹底に落ちてきません。

香月院師は、煩悩菩提が一味となる理由である、前二句「弥陀の智願海水に　他力の信水入りぬれば」について、先学の方々の意見を種々引用して講じています。

ところが、凡夫が如来よりの救いを獲《え》られるのは、凡夫自力の信心でなく、他力廻向の信心であるはずなのに、この和讃は一見、本願海に帰入する前から、他力の信心を得ているように見えます。

そこである学説では、「弥陀の智願海水」とは、阿弥陀そのものを表すのであるから、他力信心の衆生が命終わって浄土に往生する砌《みぎり》、改めて弥陀同体の覚りを得るという意であるとされますが、これではわざわざ海水と信水という喩えを用いて示さんとされる、如来と衆生の接点の機微が、まったく見えてきません。

またある説者は、大海の水は、雲となり、雨水となって四天下の大地の下に流れ込んでいる。海へ流れこむ川水は、源《もと》をたどればことごとくが海の水である、と『華厳経』を援用《えんよう》して、一見科学的に説明しています。しかし、この考えでは、行者は昔から他力の信心を得ている存在で、それが今顕在化したのが行者帰入のすがたであるということになります。

この領解と軌を一にするのが「西山義《せいざんぎ》」といわれる信心の在り方で、蓮如上人はこれを「十劫安心《じっこうあんじん》」の異安《いあん》心《じん》として却《しりぞ》けておられます。

『御文』一帖目第十三通には、「当流の信心をよく知りがほの体に、心中に心得おきたり。その言にいはく、『十劫正覚の初より、我等が往生を定めたまへる弥陀の御恩を、忘れぬが信心ぞ』、といへり。これ大《おおき》なる過《あやまり》なり。そも弥陀如来の正覚を成りたまへる謂《いわれ》を知りたりといふとも、我等が往生すべき他力の信心といふ謂を知らずば徒事《いたづらごと》なり」（聖典七九七頁）とあります。

真宗の信心を心得ているという人の中には、阿弥陀様が成佛なさった十劫の昔から、衆生も助かっているのであるから、我々はその阿弥陀様のご恩を忘れないように心がければよい、という人もいるということです。これは全く心得違いで、阿弥陀如来が正覚を得られたことを、知識として知っていても何の助けにもならない。私どもが心得るべき肝心な点は、浄土に往生できるのは、ただ他力信心のみであるということなのです。

本願海へ帰入するまでは自力であるが、本願海に入り終ったら他力の信心であるという信心の了解は、如来他力の世界に入らんとする人々にとって、共通の大きな壁であり、この点を誤って領解したのが「三業惑乱《さんごうわくらん》」という真宗史上、未曾有の大紛乱を巻き起こした異義でした。

これは一念の信心だけでは足らず、身口意の三業を挙げて帰命すべしと、自力を励ます信仰へと偏向してしまったものです。自力に対するまことに根深い我々の迷いが露《あら》わにされた、歴史上の教訓といえます。

深い惑いから解き放たれることが困難な私ども凡愚ですが、我が身を慮《おもんぱか》っては、善因善果、悪因悪果の因果の制約から離れられず、佛を憶《おも》っても、その因徳、果徳にかかずらい、真実信心への進展が叶いません。

ここで心に留まって離れぬのは「他力の信水」です。廻心の成就、不成就にかかわりなく、本願海へと向かってひたすら流れていっている事実です。

煩悩菩提一味

ある折、婦人ばかりの「正像末和讃」会座で、ご高齢のS婦人のありのままの回顧談が、会座の進展にすばらしい転機を与えてくださいました。

今年八十二歳になったS婦人は、九人兄姉の末っ子として、博多の商家で育ちました。末っ子のSさんを生んだ母親はその時、既に四十二歳でした。この時代としては、八十四歳まで長生きしてくださったので、親との縁は薄いということもなく、多才な個性に恵まれた兄姉の生長ぶりを、若年ながらよく観察することができてもいましたし、Sさんを育てる母親のしつけには、むしろ円熟味が加わっていました。

「小姑たちが集まっても、母は他人の悪口は一切言いませんでした」と、Sさんの思い出は蘇《よみがえ》ります。そしてSさんが十四、五歳の時から母上は、娘たちが他家に嫁入りした時のためと、「私の愚癡をたしなめ、しっかり躾《しつ》けられました。その親心が、今はことのほかありがたいです」と、念佛されます。

思いつくまま、他の婦人お同行と娘時代のことを互いに思い出しながら、漏らされる言葉の一つひとつが快く、参席の人たちの心が洗われました。

数年前にご主人を亡くした時のことが話題になりましたが、Sさんの顔から笑顔が消えることはありませんでした。

その中で、筆者の心に残る言葉がありました。

それは「主人が亡くなってから、悪いことを何一つ思い出さないことは不思議ですね。主人と一緒にやっている時は、頑張らねばならなかった時も多かったので、苦しいことも沢山ありましたが、苦しいままが、思い出となっています」という言葉でした。

「煩悩菩提一味」を、教相の当面からいえば、五濁悪世にある私どもにとっては、この境地は「当益《とうやく》」、すなわち往生の暁《あかつき》に獲得される利益ということになります。

ところがこの第二十二首で、聖人が詠じておられる御意を推し計るならば、単純に「当益」として片づけられないものを感じるのです。

「現生十種の益」の第三に「転悪成善の益《てんあくじょうぜんのやく》」（聖典三五二頁）が挙げられ、「曇鸞讃」には、

罪障功徳の体となる　こほりとみづのごとくにて
こほりおほきにみづおほし　さはりおほきに徳おほし

とあるように、「煩悩菩提一味」の中にも、大いに「現益《げんやく》」の意を含んでいると思われます。

そのキーワードが「味」です。味は表現すれば一つの味ですが、必ず数種の味が集まって「味」を成すのではないでしょうか。

S婦人がご主人と歩かれた人生の回想は、一つの味わいとして表現されますが、S婦人の淡々とした言葉の中には、多くの子供たちを育てられた、母親の数え切れない苦労の数々から、染《し》み出てくる慈愛と滋味を伺うことができます。

料理の味に関して、「隠し味」という言葉がありますが、味にはもとより多くの味が隠されています。

また「おふくろの味」など、広く世に膾炙《かいしゃ》される言葉がありますが、これも一味ではない。料理研究家のレシピとは全く異なる味わいというものです。えもいえない味、デリケートな味、曰《いわ》くいいがたい味、人知れず含みのある味等々。それに時間を経た熟成の味も加わっています。

「味」に関して、我が「正像末和讃」会座は思わぬ盛り上がりを見せました。

Ｙ婦人は、このように仰っていました。

「私の父は四十六歳で亡くなりました。夫の父親も四十九歳で亡くなっていますので、夫婦とも父親には恵まれていませんでした。息子は大学に入るなり、ずっと関西にいて、大手の製薬会社で、夜遅くまで働いています。

その息子から、突然〈お母さんの漬けてくれた白菜の漬け物が食べたくなった……〉と言ってきました。今更の申し出に、ビックリしました。

息子は家庭をもって久しく、孫も大学を出てすでに医者になっているくらいですから、その漬け物を息子が憶えているはずもないと思っていましたので、思わず〈三十年も前の味を憶えていたの！〉と叫んで、涙がこみ上げてきました」と。

こんなエピソードもありました。

会社を無事定年退職したＯ氏が、故郷の山陰の雑煮と煮物の味の懐かしさを思い出しました。

息子や妻に食べさせたくて、作ってみたのですが、なかなかその味が再現できなくて、故郷の母に、件《くだん》の「おふくろの味」について直接聞いてみたところ、味の素の「ほんだし」を使っていたとのことでした。使ってみたら、見事に再現することができました。

昔、女手一つで一人息子のＯ氏を育てていたので、出し汁など取る余裕もなく、インスタントの味付けだった。「おふくろの味」には、こんなケースもあるのです。

「正信偈」には「如衆水入海一味」（衆水、海に入りて一味なるが如し）との一節がありますが、「一味」の中に、このように無数の味がこめられているのでしょう。

Ｙ婦人の親の味、ご苦労なさったと推察されるＯ氏の母親の味、「おふくろの味」は、母親に思いを寄せる人の思い出の中で、醸《かも》しだされてきます。

佛が『華厳経』を説かれた時に入られた三昧は、「海印定」といわれています。印とは「しるし」、シンボルのこと、大洋に諸々の事象が涯《はて》なく深く写し出されることです。一切のものが、過去・現在・未来を通じて心の中に投影されているのです。華厳の世界では、すべてのものが、この三昧によって現れているとされます。

曇鸞大師が『浄土論註』（衆功徳成就）で「海」について、

〈海〉とは、佛の一切種智は深広にして崖《かぎ》りなく、二乗雑善の中・下の死尸《しし》を宿さざることを言ふに、これを海のごとしと喩《たと》ふと。この故に、〈天人不動衆　清浄智海生〉といへり。〈不動〉とは、かの天人、大乗の根を成就して、傾動すべからざるを言うなり。（『真宗聖教全書』一　三〇二頁）

（意訳）海とは、一切をきわめつくされた佛の智慧が深広で涯《はて》がなく、二乗の浅い寄せ集めの善にもとづく縁覚声聞などの残骸《ざんがい》は全くとどめない、ということで、これを海に喩えたのである。だから（天親菩薩は）〈天人不動の衆は、清浄の智海より生ず〉といわれたのである。不動とは彼の国の天人は、大乗の本性を全うしていて、決して動じないということである。

と述べておられます。

佛と衆生の接点は、衆生の業縁の深さから知らされてくるように思われます。

冒頭の論題「智願海水と他力信水」に戻ります。

「一味」ということを推求《すいぐ》してきて、気づくことは、海水に喩えられる誓願が根本であるということです。

聖人の「高僧和讃」には「悲願」（曇鸞讃）という語が出てきますが、「正像末和讃」においては、「悲願」と共に「智願」という語が出てきます。

「智願」と表示してある和讃は、第二十首「弥陀智願の廻向なり」、第二十二首「弥陀の智願海水に」、第二十四首「弥陀智願の廻向の」、第三十九首「弥陀智願の広海に」の計四首です。

四首を整理すると、第二十首・第二十四首が「如来の廻向」に関してのものであり、第二十二首・第三十九首の二首が「願海帰入」に関して示されたものです。四首の意をひとまとめにすれば、衆生の身心にわけ入って発覚せしめようとされる、如来の生命を賭したご苦労を示す要語であります。

私どもの会座の談義に照らせば、ああでもない、こうでもないと、子のために心を砕く、親のやるせない精励ぶりを見るようです。そこに心を至せば、聖人の深奥の御意も自ら頷《うなず》けてまいります。

「智願」とか「智慧の」という言葉の背景に、「如来の用き」があることに留意して聞き取ると、その核心が容易に得心できます。

二　憶念不断

（23）如来二種の廻向を
深く信ずるひとはみな
等正覚にいたるゆへ
憶念の心はたへぬなり

御左訓

「如来二種の廻向」

みだによらいのほんぐわんのゑかうにわうさう（往相）のゑかう・ぐゑんさう（還相）のゑかうとまふしてふたつのゑかうのあるなり　［草稿本］

「等正覚」

しやうぢやうじゆのくらゐなり　［草稿本］

しやうぢやうじゆ（正定聚）のくらゐなり　［正嘉本］

しやうぢやうじゆのくらゐなり　［文明本］

意訳　如来の往相還相二種の廻向によって、深く信心を得た人は、正覚にも等しい位に至る故に、本願を憶う心は絶えないのである。

等正覚にいたる

香月院師は、第二十二首以下六首は、他力の念佛者の現在の利益《りやく》及び未来の利益を明かす、と示されます。それは「夢告和讃」の後半二句に、「摂取不捨の利益にて　無上覚をばさとるなり」とあったのを、ここで六首の和讃として開き明かされたものとされます。

そこで注目したいのは、第二十四首の後半二句では、「摂取不捨の利益ゆへ　等正覚にいたるなり」となっていることです。

「夢告讃」の「利益にて　無上覚をさとる」と、第二十四首の「利益ゆへ　等正覚にいたる」の違いは、何を示しているのかを考えてみたいと思います。

「夢告讃」の「にて」は、「摂取不捨」の利益が「無上覚」という、最高至上の佛果へと、貫き導き入れられる利益であることを示します。聖人が善悪浄穢の艱難《かんなん》の只中にありながら、期せずして得た夢告という直入《じきにゅう》の体認《たいにん》を表されています。

翻《ひるがえ》って衆生現実の身について感受される「摂取不捨」の利益は、衆生が救われているという明らかな証です。往生浄土の一道を、もはや決して後戻りはしないと心底が定着する。それで「等正覚にいたるなり」という喜びを伴った、確固たる力をたまわるのです。

「夢告讃」における摂取不捨の骨身に徹する感銘が、佛果を求める力を与えます。それ故に即下の利益を表すものとして、第二十三首・第二十四首では「等正覚にいたる」という言葉が示されるのです。

ここで「等正覚」について、多少の説明が必要かと思います。

善導大師の『往生礼讃』「日中讃」に「蒙光触者心不退」（光触を蒙る者は、心不退なり）という大切な言葉があります。

また『教行信証』には、曇鸞大師の『讃阿弥陀佛偈』が引用され、そこには、「佛を又〈無辺光〉と号す、光触を蒙る者有無を離る、是の故に平等覚を稽首《けいしゅ》したてまつる。光雲《ひかりくも》の如く無碍なること虚空の如し、故に佛を又〈無碍光〉と号す」（聖典四二八頁）と示してあります。

光に触れる者は、不退転に住し、もはや心が揺らぐことがない。光触、すなわち光明に遇う人は、黒闇《こくあん》の中を生きてきたという背景があったはずです。

よって、光に触れるということは、行くべき方向がついたということでしょう。方向がつけば、人はもはや迷わなくてよい。闇の中を散々さまよってきたが、決してその過程が怖かったのではない。己の行方が知れないのが、最も怖かったのです。

方位がわかるということは、立脚地がわかるということです。それは安易な開放感に浸ることではなく、いよいよ、足下を見つめて歩む力をつけることでありましょう。

「等正覚」という語について「草稿本」の御左訓に、「正定聚のくらゐなり」とあるように、私どもが依用している旧訳の『大無量寿経』では、「正定聚」とあります。

ところが聖人は晩年、「等正覚」と訳されている新訳の『大経』、すなわち『如来会』（正しくは『無量寿如来会』）を多く用いられました。

『如来会』では、第十一願の願文の訳が「若不決定　成等正覚　証大涅槃　不取菩提」（若し決定して、等正覚を成じ、大涅槃を証せずば、菩提を取らじ）とあり、『大無量寿経』では、「不住定聚　必至滅度者　不取正覚」（定聚に住し、必ず滅度に至らずば、正覚を取らじ）（両訳とも「証巻」引用　聖典三九二頁）となっています。

ここで我々の理解を少々むずかしくしているのは、『大経』上巻に、法蔵菩薩の師佛・世自在王佛を「佛の十号」をもって請《しょう》じ奉《たてまつ》り、「佛有《ぶつましま》しき、世自在王・如来・応供・等正覚……」と佛号の第四に「等正覚」という訳を与えていることです。

この点について香月院師は、『大経』におけるこの「等」の訳語は、平等の義。『如来会』の「等」は、「等覚補処」、すなわち佛を補う意味合いであり、佛果と等斉《とうさい》ではないが、正覚の信に等しいという意であると解説しています。

一般には「正定聚」は「不退」の意であり、長く定着していたはずの正依《しょうえ》の聖典である『大経』の「正定聚」という訳の方ではなく、異訳の「等正覚」を聖人が用いられたのはなぜでしょうか。

そしてなぜ、聖人は衆生が現世で得る益《やく》として、容易に理解できる『大経』の「正定聚」でなく、未来の益と混同しやすい「等正覚」を、あえて用いられたのでしょうか。

今一度、第二十二首の和讃に立ち返って、「等正覚」を強調される底意《そこい》を窺《うかが》いたいと思います。
第二十二首の前半の二句には、「弥陀の智願海水に　他力の信水いりぬれば」とあり、後半の二句には、「真実報土のならひにて　煩悩菩提一味なり」とあります。煩悩と菩提、それは交わる以前から、超世の因縁として用きかけ、感応し続けてまいりました。

「海」の譬え、そして海に流入する「水」の譬えをもって、衆生が他力の信を得る前から、そこには衆生における佛の因縁が説かれているように窺えます。

「信水」は、必然的に海に向かう在り方であり、「海水」は迎えとる在り方、衆生の存在そのものの根源を、知らしめるものであります。

聖人が、「海」を譬喩《ひゆ》として用いられる時、衆生が生きる現実の世界である「生死海」で、如来が用かれる魂を「智願」といい、その活動の場を「本願海」と見なせば、よくわかります。

聖人には二十種に近い「海」の用法があることは、前に述べました。

「信水」は菩薩が未来へ従因向果し、「海水」は菩薩が未来・現在から過去へ従果向因し、限りない命の源泉において直結される、ここを「一味」というのでしょう。

従果向因の世界は、衆生の表面に見ることはできませんが、感応道交の深い世界として感知されるものです。それは宿善として感得されると言えます。

聖人のあの「御臨末の御書」を思い出します。

我が歳きはまりて、安養浄土に還帰すといふとも　和歌の浦曲《うらわ》の片男波《かたおなみ》の、寄せかけ〳〵帰らんに同じ。
一人居て喜ばは、二人と思ふべし。二人居て喜ばは、三人《みたり》と思ふべし、その一人は親鸞なり。

（聖典九七四頁）

片男波となって砕ける白波の情景に、如来と衆生の限りなき出会いが窺われます。

大谷派の碩学の双璧である、曾我量深先生と金子大榮先生の深い交流の談話を聞いたことを思い出しました。曾我先生は九十七歳にして、身体の激しい痛みに襲われ、一週間断食して入定《にゅうじょう》しようと試みられたことがありました。

他力信心を旨としてこられた曾我先生が、「自分の仕事は皆終わった」と意図的に入涅槃を決心されたことに、慌てた家人やお弟子の方々が、「何とぞ、私たちのために薬餌を摂ってください」と懇請されました。

しかし容易に聞き入れてもらえず、頭を悩ませたご家族は、思い留まってもらうべく、金子先生にお見舞いにきていただくことを懇請されました。

金子先生は、慰留の言葉こそ口にはされませんでしたが、ただ、病の苦痛に同情され、経験してこられた身体の実態や、担う力のない人間が担わねばならぬ責任や義務について、曾我先生と言葉を交わされているうちに、曾我先生はみるみる元気を回復されたといいます。いつの間にか、往還二廻向に話が及び、生々とした話が展開されたそうです。

「聖人が往相還相の廻向ということをおっしゃる。（ことにご晩年の還相廻向は）それは法然上人にお遇いになったことを生涯、お忘れにならないから」だと、目下肌で感じ取られている所感を、曾我先生は率直に述べられました。

『大経』の成就文の「聞其名号　信心歓喜」（其の名号を聞きて、信心歓喜す）とは、「聞く」ことと「信ずる」ことは一念同時である意だと、古来いわれてきました。

そのことを聖人は「『きく』といふは、信心をあらはす御法なり」（『一念多念証文』聖典六〇一頁）と仰せになっています。

一見、覚束ない、我ら凡夫の日常生活の中に、往《おう》となり還《げん》となって廻向される、如来の智慧の用きを知らしめられるのです。ここをもって衆生が「深く信ずる」ということができるのです。

「深く信ずる」とは、善導大師が『観経疏』「散善義」において、「此心深信由若金剛（此の心深信せること、金剛の若《ごと》くなるに由りて）」（「信巻」聖典二二八頁）と述べておられます。

三　成等正覚

（24）弥陀智願の廻向の
信楽まことにうるひとは
摂取不捨の利益ゆへ
等正覚にいたるなり

御左訓

「信楽まことにうるひと」
　しんじちのしんじむをうるひと丶いふなり　［草稿本］

「摂取不捨の利益」
　しんじむのひとをみだによらい、おさ（摂）めと（取）りたまふとまふすなり　［草稿本］

「等正覚」
　しやうぢやうじゆのくらゐにいたるとしるべしとなり　［草稿本］
　しやうぢやうじゆのくらゐなり　［正嘉本］

意訳　弥陀の智慧の本願の用きによって真実の信心を得る人は、摂め取って捨てられることがない光明の利益をこうむる故に正覚と等しい位に至るのである。

摂取不捨の利益

第二十四首の要の句は「摂取不捨の利益」でありましょう。

先述のように、「摂取不捨」とあるのは、「正像末和讃」中、「夢告讃」と、信心の勝益《しょうやく》を示すこの第二十四首の二カ所のみです。

この和讃では「夢告讃」の「摂取不捨」に照らして、凡夫の身の上における実感にアクセントが置かれています。第二十二首の「信水」の喩え、第二十三首の「ふかく信ずる」行者、そして当讃の「信楽」を得る、皆、然りです。

「摂取不捨」は「弥陀智願の廻向」により、まさしく信心を賜ったすがたのことです。『愚禿鈔』では「真実浄信心は、内因なり。摂取不捨は、外縁なり」（聖典五三六頁）とありますから、信心の具体的なすがたです。さらに佛教の究極である「無上覚」に至る最も近い道です。

聖人は御消息の中で、

如来の誓願を信ずる心の定まると申すは、摂取不捨の利益にあづかる故に、不退の位に定まると御心得候べし。真実信心の定まると申すも、金剛の信心の定まると申すも、摂取不捨の故に申すなり。さればこそ、無上覚に至るべき心のおこると申すなり。これを「不退の位」とも申し、「正定聚の位にいる」とも申

し、「等正覚に至る」とも申すなり。　（『末燈鈔』聖典六三五頁）

（意訳）阿弥陀如来の誓願が疑いなく信ぜられるようになったということは、摂取不捨の利益をいただいたということであり、もはや退転することがなくなったと心得てよいでしょう。

ここを真実の信心に定まったとも、金剛の信心に定まったとも、言うことができるのです。それは摂取不捨の利益にあずかることができたからです。そういったわけで、無上覚に至る心がおこる、とまでいえるのです。これを不退の位に至ったとも、正定聚に入ったとも、等正覚にいたったとも言い得るのです。

この御消息に照らして申せば、金剛の信心とは摂取不捨の事実から出ています。

善導大師が、「深信すること、金剛の若し」とされるのと同意です。

さらに「摂取不捨」のもつ内容が、他力信心の行者にとっては、今後いかに発展していくのか、そのことを念頭に聖人の著作を尋ねたいと思います。

『文類聚鈔《もんるいじゅしょう》』の「総結勧信」の文中の「信を勧め疑を誡める」一節に、目が見開かれました。

噫《ああ》、弘誓の強縁は多生にも値《まうあ》ひ難く、真実の浄信は億劫にも獲叵《えがた》し、遇《たまた》ま信心を獲《え》ば、遠く宿縁を慶べ、若《も》し也《また》此の廻《たび》、疑網に覆蔽《ふくへい》せられなば、更《かえ》りて必ず曠劫多生を逕歴《きょうりゃく》せん。摂取不捨之真理、超捷《ちょうしょう》易往《いおう》之《の》教勅《きょうちょく》、聞思して遅慮すること莫《なか》れ。　（聖典五一八頁）

（意訳）ああ、広大な誓いをたてられた阿弥陀佛のご縁は、衆生が何度この世に生まれ出ても遇い難く、まして、真実清浄なる信心は、永遠に獲《え》られないものである。図らずも、このたび信心を獲ることができたならば、量り知れない前世より結ばれている宿縁を慶ぶべきである。もしここで、疑いの網の目に陥ち、本性を失ってしまえば、永久に幾生も経なければならない。

今、ここに摂取不捨の真理に遇うということは思いもよらぬことで、そして容易に、速やかに往生させていただく教えである。よくよく耳を傾け、なお重ねて聞きなおすことを躊躇《ためら》ってはならない。


とあります。

もちろん、聖人の主著『教行信証』の「総序」（聖典二六六頁）にも、ほぼ同文が掲げられていますが、『文類聚鈔』は、聖人晩年の著作で、八十三歳に選述、八十八歳に再治清書され、「正像末和讃」と同時期に書かれたものです。

広略関係にある両本の微《かす》かな差異の中に、「正像末和讃」ご製作の意図の一端を推察することができます。一例を挙げれば、「行信」から「信心」へ。ここでは教相から信心へと改めて焦点が絞り直されています。また「摂取不捨の真言、超世希有の正法」から、「摂取不捨の真理、超捷易往の教勅」へと革《あらた》まり、「等正覚」「無上覚」へと直接する、聖人の熟成された玄奥《げんおう》を窺い知ることができます。

四　佛果速成

（25）五十六億七千万
弥勒菩薩はとしをへん
まことの信心うるひとは
このたびさとりをひらくべし

御左訓　なし

ただし、三句目には異同があり、「草稿本」では「念佛往生信ずれば」、「正嘉本」では「まことの信心うる人は」となっている。

意訳　弥勒菩薩は五十六億七千万の歳を経て成佛されるのである。真実の信心を得る人は、このたび、涅槃の覚りを実現することができる。

弥勒菩薩への想い

第二十二首から第二十七首の六首は、他力信心の人は、どのような功徳を受けるか（信心の勝益）を讃詠された一節ですが、六首の中の後半三首（第二十五首・第二十六首・第二十七首）には、いずれも弥勒菩薩の名が出てきます。

香月院師によれば、六首のうち前半三首（第二十二首・第二十三首・第二十四首）は「夢告和讃」の第三句の「摂取不捨」の利益《りやく》を述べ、この後半の三首は、「夢告讃」の第四句の「無上覚をばさとるなり」を開いて述べられた讃の意とされます。

そのいずれにも弥勒が登場してくるということは、念佛者が将来にわたって受ける利益、すなわち功徳の具体像を弥勒の相によって示されているということです。

少し本筋から逸れるかもしれませんが、「正像末和讃」の中に、弥勒が出てくる和讃が四首あります。このうち三首は「草稿本」の第一・第二・第三首に当たり、四首の中のもう一首は、「皇太子聖徳奉讃」九首の冒頭に出てきます。

佛智不思議の誓願を　聖徳皇のめぐみにて
正定聚に帰入して　補処《ふしょ》の弥勒の如くなり

「正像末和讃」全体が「夢告和讃」から開かれてきたものと見れば、「夢告和讃」が表す究極の利益は「無上覚」ですが、無上覚に至るということはどういうことかを、弥勒の上生《じょうしょう》、下生《げしょう》を通して、より具体的に示されます。

しかしそれはあくまで未来の功徳のごとくであり、阿弥陀佛の浄土の自然の徳、すなわち「真実報土のならひ」として感受されるものです。

しかし、現身において「摂取不捨の利益」を賜る念佛行者の心想は、「等正覚」によって言い当てられており、それは限りなく「無上覚」に近いと感得されるものです。「真実報土のならひ」と表される一味平等の感得であり、それが「等正覚」の味わいです。

佛滅後の佛教徒が、如来に値遇《ちぐう》したいという切なる願いを強く抱いてきたことは本然的願望としてよく肯けますが、そのような切なる願いから生まれたのが弥勒信仰です。

聖人は、八十五歳の春にして昿劫以来計らずもこうむられた、他の何ものにも比べようのない慶びを「補処の弥勒」（釈尊の再生）の語を以て表されました。

それは「等正覚」の果を導き、無上覚を開く象徴としての弥勒菩薩です。

聖人にとって昿劫以来、身に添い続けられた聖徳太子は、聖人を弥陀の誓願へと導き入れて、正定聚に帰入せしめられた方でありました。釈尊の再誕であるという意味で、和国の教主（釈尊）と呼ばれ、たまわった功徳はまた「補処の弥勒の如くなり」と親しまれたのです。「太子讃」には、釈尊入滅のその魂の空白を補って余りある他力信心の機縁をこうむったことに対する、限りない感動が表れています。

弥勒信仰の歴史

今日では浄土信仰というと、ほとんどの人が、阿弥陀の浄土を思い浮かべます。ところが来世に赴くべき浄土として、かつて古代インドには、東西南北等、十方諸佛浄土の思想がありました。代表的なものとして阿閦《あしゅくぶつ》佛の東方妙喜浄土や、阿弥陀佛の西方極楽浄土（西方浄土）、それに弥勒佛の兜《と》率天《そつてん》などが挙げられます。

しかし、その後の研究の結果、民間の信仰として現実に存在したのは、弥勒浄土と阿弥陀浄土の二つを出ることはなかったであろうといわれています。

歴史的に、釈尊在世のころには、過去七佛の信仰があり、釈尊はその第七番目の佛と見られていたのですが、そのことが弥勒信仰となっていく基盤となったのかもしれません。

しかしながら、佛滅後ただちに弥勒信仰が興ったわけではありません。

松本文三郎博士（一八六九－一九四四）の研究によると、「佛在世の時、上天の思想は既にあり、佛滅後に至って、過去佛の信仰は確かに生じたけれども、佛滅後、なお約三百年の間は、現世釈迦佛に対する帰依の情は甚だ盛んであって、苟《いやしく》も佛に関係あるものは、舎利遺物から、菩提樹、卒塔婆《ストーパ》に至るまで、悉《ことごと》くこれらを礼拝すること、宛《あたか》も佛在世の時における佛に対するが如きものがあった。

この間において、釈迦佛以外の、他の将来佛に対する憧憬《どうけい》のようなものは、生じえなかった。将来佛としての弥勒の信仰は、早くとも佛滅後三、四百年以後に起こったものといわねばならぬ」（『弥勒浄土論・極楽浄土論』）とされます。

さらに松本博士によると、法顕《ほっけん》（三九九―四一三、渡天）と玄奘《げんじょう》（六二七―六四五、渡天）の記述から推して、弥勒信仰は西暦四百年から五百年の間には、インド中央部、インド西北部の末端より南インド、セイロン島に至るまで、一般に行われていたと見られています。

後世に大勢力となった阿弥陀信仰の記事は、法顕・玄奘両三蔵の旅行記には一度も表れず、阿弥陀像が建てられているのを見なかった、とありますから、これに比べれば、当時にあって、いかに弥勒信仰が一世を風靡《ふうび》したかが想像されます。

弥勒信仰、そして阿弥陀信仰

『法顕伝』には、ある小国に羅漢がいて、兜率天の弥勒菩薩の姿を写し、生地に還ってそれを木に刻んで像を作った。長さ八丈、足趺《あし》八尺。身口意の三業を清浄にする精進日には、その像はいつも光明を放ち、諸国の王が競って供養をしたと伝えられています。

法顕はインド北辺を旅行中に弥勒像を見て、この像は佛涅槃後三百年余りたって建った像で、大乗が宣法されたのは、この像から始まったともされていると記しております。法顕の約二百年後にインドに渡った玄奘は、その弥勒像は依然、存立していたと記録しています。ガンダーラ・カシミール地方には阿育王《アショーカ》の時、初めて佛教が伝えられたといわれますが、布教僧として派遣されたのが末田底迦《マッジャンティカ》（阿難尊者の弟子で、阿育王の伝道師）

ですから、開拓の当初から建立された像と考えられます。しかし、弥勒信仰がこの地で盛んに行われていたわけではありません。

一方、中インドにおいては、未来佛としての弥勒信仰がすでに行われており、ベナレス鹿野苑《ろくやおん》（釈尊初転法輪の地）の北に、弥勒授記《じゅき》のところがあると『法顕伝』は記しています。

玄奘も釈尊成道の地、迦耶《がや》を訪ねた時には、弥勒像が建てられていたと記しています。佛成道の菩提樹からやや遠ざかったところに重閣があり、その外門の左右にある各々の龕《がん》室には、左に観自在菩薩、右に慈氏（弥勒）菩薩の像が安置してあったそうです。

『佛伝』によると、佛は兜率（歓喜満足の意）天から白象となって、摩耶夫人の胎内に宿り、十月《とつき》の歳月を経て、釈尊という佛身となり、娑婆世界の導師として降誕《ごうたん》されました。

弥勒信仰の特色は、佛は兜率天からこの世に来還されたということが基底になっている点にあります。

つまり、佛の功徳を育む天上界に焦点が当てられており、これを知る人々は、いきおい弥勒菩薩の功徳を慕って兜率往生を願うという心情が生まれてくることになります。

『弥勒経』については、古来、『弥勒六部経』と言われてきた経説があり、後には『浄土三部経』に対して『弥勒三部経』が取り上げられてきます。それらは次下の三経です。

一、『観弥勒菩薩上生兜率天経』一巻　北涼の沮渠《そこ》京声《きょうしょう》訳（劉宋《りゅうそう》孝建二年＝四五五）

二、『弥勒下生経』一巻　西晋の竺法護《じくほうご》訳（大安三年＝三〇三）

三、『弥勒大成佛経』一巻　後秦の鳩摩羅什《くまらじゅう》訳（弘始四年＝四〇二）

ここで弥勒菩薩の三様の相状《ありかた》について示しておきましょう。

一、上生の弥勒

『観弥勒菩薩上生兜率天経』に説かれているように、若いバラモン青年の弥勒は充ち足りた生活環境にありながら、人の苦悩を我が苦悩とし、出家入山、釈迦入滅の十二年後に命終して兜率天上に上生し、天上において昼夜六時に説法を行います。

広隆寺の弥勒菩薩像は、半跏思惟像《はんかしゆいぞう》として有名ですが、これは中国では思惟苦悩する成道以前の釈尊（悉達《シッダル》多《タ》太子）を象《かたど》った尊像で、それがやがて未来の釈迦の相としての弥勒と重なり、弥勒を象った像となり、韓国・日本へと伝わってきます。

二、兜率天上の弥勒

閻浮壇金色《えんぶだんこんじき》、天宝の冠を着け、摩尼殿の獅子座に化生《けしよう》し、また花座に坐して、人間界から兜率天に上生してくる衆生に対して、昼夜六時に説法をされます。中国の雲崗《うんこう》や龍門の石窟にある交脚《こうきやく》弥勒像は、天上の弥勒の姿といわれます。

三、下生の弥勒

「一生補処の菩薩」としての弥勒は再び下生して、龍華樹《りゆうげじゆ》（枝が宝龍に似た菩提樹）の下で佛の正覚を得、如来となって、かねてよりの釈尊の請託《せいたく》に応えます。

ちなみに、弥勒が人間界に下生するまで、釈尊の入滅以来、五十六億七千万年かかると言われていることは、周知の通りです。

やや脇道に逸《そ》れますが、「五十六億七千万年」の拠《よりどこ》ろには少し触れておかねばなりません。

釈尊の入滅から弥勒菩薩の成佛までの年数の出拠となる経典は、五、六種を数えますが、聖人は専ら『菩薩処胎経』を用いられました。

弥勒は、兜率天に上生し、一生の間、天上で修行され、佛を補うべく徳を磨いて、兜率天上の内院に住んでいる天人に説法をされます。

菩薩は五十六億七千万年を経て、ついに我々人間の住む娑婆界に下生され、華林園の龍華樹の下で成道されます。その下で三会《え》にわたって説法をされますが、第一会に九十六億人、第二会に九十四億人、第三会に九十二億人と結縁し、第二の釈迦として、衆生救済を全うされます。

弥勒菩薩の成佛までの年数ですが、『倶舎論《くしゃろん》』によると、兜率天の住民の寿命は四千年で、一日は人間界の四百年に当たります。一年、三百六十日を人間界の年齢に直して計算すると兜率天の寿命は、四〇〇〇×三六〇×四〇〇＝五七六〇〇〇〇〇〇、「五億七千六百万年」となります。

インドには、かつて単位としての「億」に四等の別があって、たとえば十万の単位を「億」と称する場合、百万を「億」と称する場合、さらに千万を「億」とする場合などがあったそうです。

ここでどの「億」が正しいか判断はできませんが、聖人は千万を億とみる『菩薩処胎経』を用いられたので、それに従って計算すると「五十七億六千万」となります。

この「五七六」の数字の並びが「五六七」に変わったのは、何かの誤伝に基づくものと考えられますが、どの論疏《ろんしょ》もそのことは会通《えつう》しかねていると香月院師は説明します。少々煩雑な話となりました。

さて本項は、弥勒信仰と阿弥陀信仰に関して話を進めてきましたので、さらに両浄土信仰の、その後について見てみたいと思います。

中国における弥勒・阿弥陀の両信仰を見ても、やはり弥勒信仰の方が阿弥陀信仰に先行していたようです。

昔の佛教学者の多くは、弥勒信仰は道安（三一二－三八五、中国佛教の基礎を固めた学僧）に始まり、阿弥陀信仰は、その弟子の慧遠《えおん》（三三四－四一六、廬山《ろざん》の慧遠。その創設した白蓮教団は中国の浄土佛教に方向性を提示した）に始まるとしてきました。

『弥勒経』は三〇〇年のはじめに竺法護《じくほうご》によって訳され、『阿弥陀経』は四〇二年に鳩摩羅什《くまらじゅう》が訳出しており、民間信仰としての成立という点でも、弥勒信仰が先行していたようです。

日本においても同様です。日本佛教は、中国から朝鮮半島を経て伝わりました。推古天皇の頃は、朝鮮佛教界では、弥勒信仰が頗《すこぶ》る盛んでした。

聖徳太子の師であった高麗の慧慈《えじ》が、本国に帰って太子の死を聞き、悲嘆の余り「死して法王に浄土で会わん」といった浄土も、また、橘大郎女《たちばなのおおいらつめ》が織らせた天寿国曼荼羅《てんじゅこくまんだら》繍帳《しゅうちょう》も、弥勒浄土であったと言われています（松本文三郎博士）。

敏達《びたつ》天皇十三（五八四）年、佛法が日本に伝わった折、弥勒信仰も相ともに伝来しました。

一方、日本における阿弥陀信仰は、推古天皇の時に入隋留学していた恵隠が、新羅の使者と共に帰ってきて、白雉三（六五二）年、宮中において『無量寿経』を講じた記録があり、これが我が国において弥陀浄土思想が現れた最初です。

弥勒思想が伝えられた時から約七十年後のことになります。

以後、二百年もするうちに、阿弥陀信仰が次第に盛んとなり、法然上人・親鸞聖人の登場によって、概して弥勒思想の影が薄くなり、ついには阿弥陀信仰が圧倒的に凌駕《りょうが》するようになります。

こう見てくると、インド・中国・朝鮮・日本といずれの国においても、弥勒信仰がまずはじめに起こり、しかる後に阿弥陀信仰が盛んとなってきた歴史があります。

このことは、何を示唆《しさ》しているのでしょうか。弥勒の浄土が明らかになって、ここに初めて弥陀浄土の内容が究められていくという、必然性がありそうです。

聖人がなぜ、最晩年に及んで弥勒菩薩を取り上げられ、「補処の弥勒に同じ」と詠懐されたのか考えてみたいと思います。

聖人と弥勒菩薩

先ず、結論的なことを申し上げ、しかる後に聖人のご深意をうかがっていきたいと思います。

弥勒信仰の出現から阿弥陀信仰への変遷は、生身の佛陀を喪《うしな》った佛弟子たちの悲しみから、さらに佛陀の再生、再誕を待望するという、信仰の限界へと立ち至ります。

そこで一連の『弥勒経』においては、佛在世中に教えを聞いた佛弟子の一人であるバラモンの弥勒が、無上菩提心を発し、兜率天に上《のぼ》って、釈尊の佛徳を身につけ、人間界に戻り、釈尊の再臨となると説かれます。

しかし一般的には、釈尊が再臨されたことを証する人格を、客観的に確認することは不可能です。釈尊の遺教は、すぐれて個人においてこそ、有意味だからです。

数ある『弥勒経』（弥勒成佛経・上生経・下生経）の中でも、弥勒信仰を最も鼓舞《こぶ》したのは『弥勒上生経』であったといわれるのは、佛弟子たちの焦点が、佛身の再生を祈ることから、佛心を聞信することに移っていったことを示します。佛身から佛心へ、それに応え得たものこそ、まさに阿弥陀佛の「本願」でありましょう。阿弥陀の本願を最も深く掘り下げ、末法に生きる衆生に浸透《しんとう》せしめられたのは、他でもない、法然・親鸞の両聖人であります。

佛心、すなわち阿弥陀の本願が釈尊の真意に相当し、別けても親鸞聖人は五濁悪世の現実の只中に身を置いて、佛意を深く聞き質《ただ》され、用きとして現前する佛心を見出されました。この如来の用きこそが他力廻向であり、廻向として明かされてくるものが、還相としての「佛身即佛心」であります。

聖人は、還相廻向の形として、一生補処の弥勒菩薩をご覧になりました。

『観経』には「佛身を観ずることを以ての故に、亦佛心を見る。佛心とは大慈悲是れなり」（「真身観」聖典一四六頁）とあり、また「正信偈」には「往還の廻向は他力に由る、正定之因は唯信心なり」（聖典二一二頁）とあります。

そのような妙用《みようゆう》により、佛心すなわち如来の本願力が、五濁中の私どもの現実に直接用きかけてくることを肯《うなず》かざるを得ません。それは佛身の顕現にまで発展する佛心に値い得た感動でありましょう。

ここを聖人は還相廻向として、次のごとく述べられます。

「還相の廻向」と言ふは、則ち是れ利他教化地の益なり。則ち是れ「必至補処之願《ひつしふしよ》」より出でたり、亦「一生補処之願」と名《なづ》く、亦「還相廻向之願」と名く可《べ》きなり。（「証巻」聖典三九五頁）

（意訳）如来の慈悲によって、浄土に生まれた人が、この娑婆《しやば》世界に再び立ち還ってくるすがたを「還相廻向」というのは、世の人を教え導いて、恵みを与えることのできる地位がもたらす利益である。すなわち第二十二願の「必ず佛を補う位に至る願」による用きで、「一生を経過して直ちに佛の位を補う願」とも名づけ、また「再度、娑婆に還って有縁の人々を救う願」とも名づけることができる。

ここに、阿弥陀信仰の出現によって姿を隠していた弥勒信仰の意義が、再認識されてくることになります。

浄土教の根本聖典である『大無量寿経』では、下巻の「悲化段」「智慧段」以降、「経」を説く対手（対告衆《たいごうしゆう》）が、阿難から弥勒へと移り、末代までこの「経」を伝持すべきことを託す、いわゆる流通《るずう》分の対手は弥勒菩薩となります。

『大経』が、現生においては阿難に対して説かれ、未来にかけては弥勒に託するという構成になっていることは考えさせられます。
弥勒の浄土であれ、阿弥陀の浄土であれ、往生の確かな果を獲得するには、ともに「易往而無人」という現実が、願生者に立ちはだかります。そこで『大経』では、願生行者の心相に深く切り込んで、三毒五欲の行者の実相を説き明かし、それが疑惑の心であり、佛智を了《さと》らない心、罪福心に惑う衆生の心に他ならぬことを、浮かび上がらせます。

この実相を哀れみたまう如来の悲心に触れた時初めて、衆生は「易往而無人」の難関を超えることができるのです。

而《しこう》して弥勒菩薩の「一生補処」は、大悲摂化に浴せしめんとする如来の本願と、表裏一体となって味わわれてきます。

釈尊がお隠れになって二千数百年を経た現在も、生身の佛を失った事実、佛弟子の佛滅後の空しい心情は、永遠に失われるものではありません。弥陀大悲の本願に触れて初めて、心底から充たされることになるのです。

五、同証涅槃

(26)念佛往生の願により
等正覚にいたるひと
すなはち弥勒におなじくて
大般涅槃をさとるべし

御左訓

「等正覚」

しやうぢやうじゆのくらゐをいふなり　みろくをとうしやうがくとまふ（申）すなり　［草稿本］

しやうぢやうじゆのくらゐなり　［正嘉本］

意訳　第十八の念佛往生の本願によって、等正覚ともいうべき不退の位を得る人は、弥勒と同じであって、必ず大涅槃のさとりに至る。

六　同得菩提

（27）真実信心うるゆへに
すなはち定聚《じょうじゅ》にいりぬれば
補処の弥勒におなじくて
無上覚をさとるなり

御左訓

「無上覚」

だいはちねはん（大般涅槃）をまふすなり　［草稿本］

ただし四句目は、「草稿本」では「無上覚を証すべし」となっている。

意訳　真実信心を得れば、すなわち正覚に至るに定まった仲間に入るので、未来佛である弥勒菩薩と同じく無上覚（佛果）をさとるのである。

「次如弥勒」

さて、第二十六首・第二十七首においても、念佛者は弥勒と同じであると示されます。第二十六首では法の側面から、第二十七首は信心の側面から、その功徳が明かされます。

弥勒についての聖人の基本的なお考えは『教行信証』「信巻」の「横超《おうちょう》の大益」に示されています。

真《まこと》に知んぬ。弥勒大士は、等覚の金剛心を窮《きわ》むるが故に、龍華三会之暁、当《まさ》に無上覚位を極むべし。念佛の衆生は、横超の金剛心を窮むるが故に、臨終一念之夕《ゆうべ》、大槃涅槃を超証す。故に〈便同〉と曰《い》ふなり。

（聖典二六二頁）

（意訳）ここに至って初めて明らかに知られる。すなわち、弥勒菩薩は佛を継ぐ位〈等覚〉で、自力によって金剛心を窮めた方であり、龍華樹のもとで、三回の説法を行う時、必ず最高至上の佛の位を極められるのである。念佛の人は、長い時をかけずに横さま〈横超〉の他力の金剛心をいただいているから、命が終わるその瞬間に、一足飛びに佛の証りを得るのである。だからそのままで弥勒と同じ位になる〈便同〉のである。

つづいて、弥勒菩薩のような長い修行でなく、一念の間に佛の覚りの功徳を頂戴できることに関して、聖人はあの底下の凡夫の代表者である韋提希夫人《いだいけぶにん》が、ただちに喜び（喜）と、さとり（悟）と、信心（信）の三つの安らぎの境界を獲《え》たのと同じであるとも示されます。

これは、浄土に生まれるために如来から廻向された真実心が、すみずみまで行きわたっているからであり、不可思議の本願の賜です。

注目すべきは、聖人はことに晩年に至って、弥勒（慈氏）菩薩について格別の関心を寄せ、多くの著作に記しておられることです。

ご製作の順に申しますと、『教行信証』『文類聚鈔』『三経往生文類』『愚禿鈔《ぐとくしょう》』『往相還相廻向文類』『一念多念証文』「正像末和讃」、そして御消息です。特に『末燈鈔』及びその他の御消息には、二十数回にわたって「弥勒」の名が認められます。

聖人八十三歳の夏、恩師・法然上人のご示寂とほぼ同年齢の年を過ぎられたころ、改めて師より習われた大切な聖教の大要と眼目を整理しておられます。

それが二巻の『愚禿鈔』となって著されました。

さらにその翌年、八十四歳の五月に、子息善鸞を義絶せねばならぬ大事件がおこります。

同年に『往相還相廻向文類』を著され、さらに年が明けて、聖人八十五歳二月九日のこと、思いがけなくもあの「正像末和讃」を導き出した「夢告讃」をこうむられます。そのわずか八日後に書かれた著述が続いて挙げる『一念多念証文』です。

この『一念多念証文』における「次如弥勒」の一節は、改めて弥勒菩薩を取り上げられた、聖人のご境地の背景が凝縮して述べられています。

然れば念佛の人をば、『大経』には〈次如弥勒〉と説きたまへり……（中略）……〈次如弥勒〉と申すは、〈次《し》〉はちかしといふ、つぎにといふ。〈ちかし〉といふは、弥勒は大涅槃にいたりたまふべき人なり、この故に〈弥勒〉の如しと言《のたま》へり。念佛信心の人も大涅槃に近づくとなり。〈つぎに〉といふは、釈迦佛のつぎに五十六億七千萬歳をへて、妙覚の位にいたりたまふべしとなり。〈如〉はごとしといふ、〈ごとし〉といふは、他力信楽《たりきしんぎょう》の人は、この世のうちに不退の位にのぼりて、必ず大般涅槃《だいはつねはん》のさとりを開かんこと弥勒のごとしとなり。

（『一念多念証文』六　聖典六〇二頁）

〈意訳〉真実の教である『大無量寿経』には、念佛の人を〈次如弥勒〉と説かれている。……（中略）……〈次いで弥勒の如し〉というのは、〈次〉は近いということで、近いとは、弥勒菩薩は証りに至るにちがいない人であるから、弥勒のごとしと仰せられているのである。つまり念佛信心の人も、佛の証りに近づくということである。

また〈次に〉というのは、釈迦佛の次に、五十六億七千万年を経て、佛の証りの位に至るというのである。

〈如〉はごとしということ。ごとしというのは、他力の信心の人は、この世にある間に、佛になると決まった不退の位にのぼって、弥勒のように、かならず佛の証りを開くだろう、ということである。

弥勒と念佛の人を結ぶキーワードは「等正覚」です。そしてそれをさらに平易に説かれた言葉が「次如弥勒」です。

「次」を「つぎに」と読めば、釈迦の次に大涅槃を得る弥勒のことであり、「ちかし」と読めば、主に念佛の人が、大涅槃に近づくという意が濃厚に含まれてきます。

さらに「如」の字を介して、念佛者はあたかも弥勒のごとくであるとされます。これが「便同弥勒《すなわちみろくにおなじ》」のわけがらです。

佛に等しいという「等正覚」を、私どもの日常の卑近な言葉にすれば、「今一息で佛になる」という大悲本願の息吹とでもいうべき意《こころ》でしょうか。「等正覚」の「等」は、佛に等しいと解するならば、逆に永遠に遠い距離となります。

「等」は、佛が我々の宿業の只中へと入ってくださる故に「等」なのであります。

かねて法然上人が「偏《ひとへ》に善導一師に依る」と私淑された善導大師は、「深心《じんしん》と言《のたま》ふは、すなわち是れ深信之心なり」（『散善義』聖典三二五頁）と喝破《かつぱ》されました。

深く信ずるということは、あらゆる支えが取り払われた時に生まれる、疑いない在り方です。

聖人ほど深い心を究められたお方はありません。常人の及ばぬところまで深められたにもかかわらず、「このことは間違いない」というような、確信的心象とは次元を異にしておられます。もし確信と言うならば、他力信においては、浅い信ということになります。八十五歳の春に感得された「夢告讃」の前夜に至るまで、聖人は我が子の義絶や門徒の異義など、これまでのかけがえない成果や大切な人々の支えを、全てといってよいほど失われました。

推するに、その時、善き師・法然上人の教誡の一つが浮かび上がってきたのかもしれません。

法然上人の常の仰せといわれる言葉の一つに、「本願の念佛には、ひとりだちをさせて、すけ（手助け）をさゝぬ（さしはさまぬ）なり。すけといふは、智恵をもすけにさし、持戒をもすけにさし、道心をもすけにさし、慈悲をもすけにさす也。（乃至）念佛せん人は、佛の御心に叶《かなふ》べし。かなはぬ物ゆへに、とあらん、かからんと思ひて、決定心おこらぬ人は、往生不定の人なるべし」（『法然上人行状絵図』二十一巻）とあります。

常の仰せは、上人の下に師事する間、何遍、いや、何十遍となく耳にされた言葉のはずです。四十年余の歳月を経た今、それが雷鳴のように響流《こうる》してきます。
聖人は智慧光として、あたかも恩師が再臨された如くに感じられ、遺誡《ゆいかい》の言葉を噛《か》みしめられたに相違ありません。

かくして「正像末和讃」の一首一首が編み出されたのでしょう。

同年の十月十日、八十五歳の聖人が、性信《しょうしん》房に宛てられた御消息があります。

『大経』には〈次如弥勒〉とは申すなり。弥勒はすでに佛に近くましませば、〈弥勒佛〉と諸宗のならひには申すなり。しかれば弥勒に同じ位《くらい》なれば、正定聚の人は〈如来と等し〉とも申《もう》すなり。浄土の真実信心の人は、この身こそ浅ましき不浄造悪の身なれども、心は已《すで》に如来と等しければ〈如来と等し〉と申すこともあるべしと知らせたまへ。（『末燈鈔』三　聖典六三二頁）

（意訳）さて『無量寿経』には、「弥勒につづくものである」と言いますが、弥勒がすでに佛に近い位におられるので、諸宗では弥勒佛と言いならわしています。ですから、浄土に生まれるときまった人は、弥勒と同じ位なのですから、如来と等しいというのです。浄土の真実の信心を得た人は、その身こそ浅ましい穢《けが》れと邪《よこしま》にまみれた身ではあっても、心はすでに如来と等しいから、如来と等しいということであるとご承知ください。

また、同月同日付で、高田の真佛《しんぶつ》房にも御消息が送られています。

信心を獲《え》て殊によろこぶ人を、釈尊のみことには〈見敬得大慶　則我善親友〉と説きたまへり。（乃至）

願成就の文には、〈よろづの佛にほめられ、よろこびたまふ〉と見えたり。少しも疑ふべきにあらず。
（『末燈鈔』四　聖典六三三頁）

（意訳）信心を獲て、特に喜ぶ人を、〈見て敬い得て大いに慶《よろこ》ぶならば、そのときこそ、その人はわたしの善い親友である〉と説かれました。〈乃至〉

さらに願の成就を示す文には、〈すべての佛にほめられ、およろこびになる〉と見えています。これらのことを、少しも疑ってはなりません。

「正像末和讃」が何故《なにゆえ》に、かくも深く我々の心に染みわたってくるかを思います。

聖人の主著である『教行信証』ご製作の底流には、善知識である法然上人との対話が存在しています。さらに『御消息集』は、門徒の疑問に答える形において、聖人と門徒の対話が主流になっています。

他方、「正像末和讃」は、門徒の人々に、平易に信心の肝要を伝えることを目的としています。

しかし、その背後には猶予を許さない諸問題が出来《しゅったい》し、それに対応せねばならぬ火急の時でもありました。法然上人・聖人・門徒の三者が感応道交しつつ、同時に解決が図られねばならなかった、そのダイナミックな力用《りきゆう》がはたらいているのが「正像末和讃」です。

三者一体の解決はまた、過去・現在・未来の三時を解決していく原動力と普遍性《ふへんせい》を有しています。そこには自《おのずか》ら深く共鳴しあい、発信し続ける和讃として編まれた意味が籠《こ》められています。

いずれにしても、五濁悪世の娑婆界の只中において、浄土の建立がなされていく事実を拝させていただける無上の聖教であります。

第四節　信心の勧讃《かんさん》

一　引古勧今

（28）像法のときの智人も
自力の諸教をさしおきて
時機相応の法なれば
念佛門にぞいりたまふ

御左訓

「時機相応の法」

ときと　しゆじやうと　あいかなへるほふといふなり　〔正嘉本〕

意訳　像法時代の智者たち（龍樹・天親菩薩）でさえも、自力の諸教をさしおいて、時と人の機に叶っているのでと、念佛門を行じられた。

像法の智人

第一門では釈迦の遺教がかくれ、弥陀の悲願が弘まってゆくことを三十首にわたって示されていますが、この節は上来の意を結び、信心を勧めるところですので、「信心の勧讃」と示されます。

聖人の教相の根幹である他力の信と、それをたまわる衆生の大功徳が示されています。

内には衆生の機が深く究められ、他方、歴史的には佛滅後の永い昏冥《こんめい》から、あたかも補処の弥勒のすがたが浮き彫りになるように、末法濁世の衆生の功徳が客観的に詳《つまびら》かにされてきました。

弥陀の本願が、末法濁世という「時」と、果報が衰えた衆生の「機」の中に、念佛となって顕現してきます。ここで「像法のときの智人」と、像法時代の聖者を出されるのも、末法という時代が如来の本願に相応するからではなく、もはやごまかしが利かない末法の「時機」が、如来の真実に相応するからです。つまり如来真実が、末法の「時代」に応じて現れたのです。

香月院師は、当讃の意を「引古勧今《いんこかんこん》」（古えを引いて今を勧むる）とし、往古の像法時代の智人の遺徳を挙げることが所詮でなく、末法の現在に喘《あえ》ぐ衆生へと、一貫した他力信心の流れを伝えることに目的があると示唆しています。

「智人」とは、「末代の愚人」に対しての「智人」であるといえます。

衆生の機が明らかにされることによって、像法の智人の思召しが初めていただかれてくるという意でもあります。

無智なる者が無智と知る

そこで、像法時代の聖者方、わけても聖人が七高僧の第一・第二として挙げられた、龍樹菩薩・天親菩薩のご心底においては念佛が支えとなっていたということです。

末法の私どもが、像法時代の聖者方と接し得るところは、事実における「真実」という点においてであります。

およそ、真実の存在を疑う凡夫が、無智なる者が無智と知り、無能なる者が無能と思い知った瞬間、初めて佛の「智慧」に目が開かれてきます。

不可能を不可能と知らせてもらうのも「佛智」でありましょう。

「佛智」によって愚人であることを知らしめられ、その上で初めて末法の世にある我が身も自覚せしめられます。

「像法のときの智人」とは、この内容を示す聖者の姿です。

八宗の祖といわれる龍樹菩薩は、「易行品《いぎょうほん》」に「願はくは、我れ佛の所《みもと》において、心常に清浄なることを得ん」(『真宗聖教全書』一　二六一頁)と、直ちに極楽浄土に生まれんことを願っておられます。

千部の論主と称される天親菩薩も、『浄土論』を著《あらわ》して、「我一心に、尽十方無碍光如来に帰命して、安楽国に生ぜんと願ず」(『真宗聖教全書』一　二六九頁)と浄土を願生されました。

上来、末法の「世」と「人」の実相を明かされた「正像末和讃」が、当讃において、突如「像法の智人」を示されるのは、「正・像・末」三時の底に「像《かたち》」に幻惑されない一つの真実が貫かれているからです。

時機相応

末法において「愚かさ」を知った凡夫、そして像法において、「自力」の及ばぬことを覚った智者が、そこに「真実」を見たということは、佛道における大いなる光明でありました。

その真実は、事実の「真実」を知ったことであり、そのことが「時機相応」という四文字で表されています。事実を事実と知ることは、「時」と「機」をそのまま受納できた人であり、そこには初めて真実の「教」が甦ってきます。

古えの孔子の言葉に「温故而知新　可以為師矣（故《ふる》きを温《たず》ねて新しきを知る、以て師と為《な》るべし）」（「為政篇」二　十二）、とありますが、ここを『蓮如上人御一代記聞書』には、「今の人は古《いにしえ》をたづぬべし。また、古《いにしえ》人《びと》は、古をよく伝ふべし」（四十四条）と示されます。

外典の『論語』の一節からも、我々の受け取る姿勢として、改めるべき要が示唆されています。これも同じく、古きものが新しく甦るということです。

我々佛教徒の立場で言えば、「時」「機」の事実を、確かに受け止め得るならば、古典も甦ります。浄土の念佛門は、こうして混沌とした世から生まれ変わって、新しい佛道となったのです。

末法における「愚」の体認、像法における「自力」の内省は、凡聖《ぼんしょう》を貫く真実ですが、次に示すお同行のお披瀝は、その眼目を身近なものとして伝えます。

「愚」に気づく

八十歳を迎えたIさんは、大手の会社役員まで勤められた方です。自らの人生を振り返ると、家庭的には決して幸せであったとは言えませんが、しかし得難い気づきをされました。

Iさんの所感です。

「本年私は八十歳を迎えることになりました。亡き両親への想い、友と生死を分けた戦争体験。こまめに働き詰めだった妻が、つい先年『お先に』と言い残して逝《い》ってしまいました。とても短い言葉でしたけれど、思いもしなかった尊い言葉を私に遺してくれました。安らかな往生でした。どういう訳か私自身、その後今日まで落ち着いてこれました。今は仕事に就くこともままならない病身の長男と暮らし、戦後の混乱を通して人生の意義を内省しています。いく度考えても、考えても、難儀な人生だったと思われますが、それでも、とことん落ち込んでしまうこともなく、かえって無智無明の愚かな自分を生かせていただいたと、思わぬ力を感じるのが不思議です」

戦前戦中戦後を通して、奇跡的復興を遂げてきた日本を、現在の成功裡に導いてこられた代表的日本人です。そこには末法の実感が深く滲《にじ》み出ています。Iさんのように、自らが生きて来た時代と、今置かれた現実を「真実」と受けとめる時、「弥陀の悲願はひろまりて　念佛往生とげやすし」(「正像末和讃」第十七首「草稿本」三・四句)と詠われた、聖人のお心に頷《うなず》かざるを得ない力を感じます。

今一人、Kさんという婦人同行の「愚」の気づきについて記します。

Kさんは、嫁に来た若い時代、義母《はは》にしたがって田の草取りを手伝っていました。その時、お寺から大先達のご婦人が、お寺の法座へ参るように母親を案内に来られました。

これまで何度かこういう光景に出会っていたので、心中では「しつこいお方」と身を固めて、横目で見ていました。

その時、そのご婦人が畦道《あぜみち》を降りて来て「若嫁《およめ》さん、あなたもきっとお念佛が聞こえるようになるよ」と声をかけられました。

それがお寺との深いご縁となって、後半生は寺域内の庵で、恩師の身の回りのお世話をしながら、余生を聞法して送る人となりました。

お寺の庫裡《くり》のお勝手で仕事をしている時に、師からの突然の問いかけがあり、びっくりしました。

「Kさんよ！　あんたは、これまでシッカリ聞いて来てきたつもりやろうが、〈末代無智〉とは何かわかる？」

返答に窮して黙していると、師は言葉を接《つ》いで、「今、あなたは精魂込めて私を支えてくれている。今度生まれ変わる時は、少しはマシな人間に、と思っておるじゃろ。しかし、何度生まれ替わっても、バカはバカということよ」と。親しげに独り言のように仰言いました。仰言っていることはわかりましたが、Kさんは正直びっくりしました。

決して法門に通じているわけではなく、そちらの方はどちらかというと、苦手の方でした。

しかし、この瞬間からKさんの仕事ぶりも、心もドッシリしたものに一変しました。

その後、Kさんは「愚かな自分を知れと教えていただいている人に、今遇っているということは、私の宝でした」と、転機となったこの日のことを噛みしめつつ、周囲の人々に何度も話しておられました。

何度生まれかわっても愚かな者という気づきは、思いの外深い真実です。そこに真実が生まれてくる源泉があると気づかずにいる、多くの修行者がいたことを、佛道の歴史が示唆しています。

ここに恩師が蓮如上人の『御文』の「末代無智」を取り上げて示されていることも、行き届いたご配慮です。

末代無智

「末代無智の在家止住の男女たらん輩《ともがら》は……」で始まる『御文』（五の一）の冒頭の四字の中に、あたかも末法の濁世に生きる凡夫の全容が表現されています。

次に続く『御文』（五の二）には、「あながちにもろもろの聖教を読み、物を知りたりといふとも、一念の信心の謂を知らざる人は徒事《いたずらごと》なり」、「一切の男女たらん身は、弥陀の本願を信ぜずしては、ふつと〈絶えて、少しもの意、不通の漢字を当てる〉助かるといふ事あるべからず」とあります。

ここには、「自力」という語こそ見えませんが、「自力の諸教」に泥《なず》んできた、行者の悪戦苦闘の中からご恩に目覚めるまでの歴史が偲ばれます。

「自力」について聖人は、「〈自力〉といふは、我が身をたのみ、我が心をたのむ、我が力をはげみ、我がさまぐの善根をたのむ人なり」（『一念多念証文』五　聖典六〇八頁）と説かれています。

真実の法は、無我であり、法無我であれば、形はないはずです。しかしながら像法の時は、像《かたち》ある法を求め、正法の像を残そうとしました。「具体」を求めることに急であって、本源を忘れた似而非《にてひ》なる修道の時代。「像法のときの智人」である、龍樹および天親菩薩は、覚りへの内省を通して、内面では大きな転換をしておられた、大菩薩でありました。

聖人の「正・像・末」の史観には、この転機となった「像法のときの智人」への深い感謝と、如来に値《もうあ》いうる強い願力を生んだ、佛道の源泉を見ておられます。

第二十八首の和讃をお作りになった聖人の御意を、蓮如上人は『御文』五帖目第一通の「末代無智」、第二通の「八萬の法蔵」によって平易に解明してくださっていると、改めていただけました。

二　憶念報恩

(29)弥陀の尊号となへつゝ
信楽まことにうるひとは
憶念の心つねにして
佛恩報ずるおもひあり

御左訓　なし

ただし一句目・二句目は「草稿本」においては「弥陀の名号となへつゝ　信心まことにうるひとは」となっている。

意訳　南無阿弥陀佛を称えつつ、真実の信心を得る人は、憶念する心が絶えぬので、佛恩を報じたいという思いが募ってくる。

三　濁世得益

(30)五濁悪世の有情の
選択本願信ずれば
不可称不可説不可思議の
功徳は行者の身にみてり

御左訓　なし

ただし一句目、四句目には異同があり、一句目は「草稿本」では「五濁悪世の衆生の」、四句目は「草稿本」では「功徳は信者のみにみてり」、「正嘉本」では「功徳は信者ぞたまわれる」となっている。

「草稿本」の「高僧和讃」末には、「已上七高僧和讃一百十七首」を総括し、七祖太子列名の前にこの一首を載せる。

意訳　五濁悪世の衆生が、諸行を捨て、念佛の一行を選び取られた弥陀如来の本願、すなわち南無阿弥陀佛を信ずれば、この名号の限りない功徳は、信ずる行者の身に満ちてくる。

憶念の心　報恩の思い

これまで末法に弥陀の本願が興る謂《いわれ》を三十首にわたって説かれてきたのですが、その区切りに相当する第二十九首・第三十首を、香月院師は「所勧の要を述ぶる」、すなわち拝読する人に対して勧めるべき要であると、科文《かもん》（文章の段落を立てること）しています。

しかし、前讃の「像法のときの智人」を味わっているうちに、これら第二十八首から第三十首までの三首の和讃には、一句一句の言葉に底流し、そこから流れ出てくる一種の感動があります。

それが第二十九首の三・四句目の「憶念の心つねにして　佛恩報ずるおもひあり」に凝縮されています。

憶念とは、普通、対象に心を留めて、それを常に忘れず思い起こすことです。

しかし、ここでは、「憶持不失《おくじふしつ》」の念とも表すべき意で、自《みずか》ら意識して相続する行いではありません。

聖人が「憶念といふは、信心まことなる人は、本願を常におもひ出づる心のたえず常なるなり」（『唯信鈔文意』三　聖典六一八頁）と述べられるように、如来の本願を受け止めている心です。

本願を思う心は「不断常」と言われ、たとえ私どもの煩悩に絶え間があっても、憶念の心には途絶えるということはありません。

あの「水火二河の喩え」の白道の如くです。貪《むさぼ》りの水波《すいは》や、怒りの火炎がどれほど迫り来り覆《おお》っても、清浄なる往生心の白道は、決して消え失せることはありません。

続く第三十首では、報恩の思いの源となる行者の「身」が高調《こうちょう》されています。第二十九首とともに「草稿本」においては、この「文明本」と同じ次第で連続しています。また、この二讃は、夢告をお受けになる以前から存在していたと見られます。このようなご製作の背景を見ると、第二十九首・第三十首の両首には、共通の配慮がはたらいていることが推測されます。

「成就文」と「流通分」のこころ

第二十九首と第三十首の両讃がこの位置に配されている意味は重要であり、先学講師が、味わい深い説を述べておられます（金子大榮師紹介）。

先ず、如説院慧剣《えけん》師は、この二首の心は各々本願成就文と流通の文によっているとします。堅苦しい説明になるかもしれませんが、ここは聖人のご自釈にかかわる核心ゆえ、出拠《しゅっきょ》となる経文をそのまま掲げます。

まず本願の第十八願文です。

設ヒ我得ンニレ佛ヲ、十方ノ衆生、至シレ心ヲ信楽シテ欲ヒテレ生レント二我ガ国ニ一、
乃至十念セン、若シ不バレ生者 不レ取ラ二正覚ヲ一、唯除ク二五逆ト誹謗正法トヲ一。

〈意訳〉もし私が佛になるならば、この世に生を享けた、十方全ての人が、真心から〈至心〉信じ喜び〈信楽〉、我が国に生まれたいと望んで〈欲生〉、たとえわずか十遍でも念佛〈十念〉するなら、浄土に迎えたい。もしそれで生まれることができないなら、私は佛にならない。ただ、五逆の罪を犯したものと、佛の教えを誹謗するものとは、救いの対象から除く。

（『無量寿経』上　聖典一八頁）

法蔵菩薩が立てられたこの本願が、衆生の上に成就したことを表すのが「本願成就文」です。成就文は『無量寿経』の下巻にあります。

諸有衆生ハ、聞キテ二其ノ名号ヲ一信心歓喜センコト乃至一念セン。
至心ニ廻向セシメタマヘリ。　願ズレバレ生レント二彼ノ国ニ一
即チ得二往生ヲ一、住セン二不退転ニ一、唯除ク二五逆ト　誹謗正法トヲバ一。

（聖典六三頁）

（意訳）すべての人が、この南無阿弥陀佛のみ名の御謂《いわれ》を聞いて、心が開けて信心の喜びに溢れ、往生のさだまる信心〈一念〉が得られるのも、阿弥陀佛の真心からそのような一切の恵みをお与えになる故である。
かの浄土に生まれたいと願うならば、即座に生まれることとなり、不退の位に住する。ただ、五逆の罪を犯したものと、佛の教えを誹謗したものとは、救いの対象から除く。

慧剣師は第二十九首を、「本願成就文」に相当する意であるとし、第三十首は、お経の「流通分」に相当するとします。
そこで『無量寿経』下巻の「付属流通」を拝読します。

佛語リタマハク二弥勒ニ一、其レ有ラン下得テレ聞クコトヲ二彼ノ佛ノ名号ヲ一、
歓喜踊躍シテ乃至一念上センコト。　当ニレ知ル此ノ人ハ為スレ得ト二大利ヲ一。
則チ是レ具二足スルナリ無上ノ功徳ヲ一。

（意訳）　佛は弥勒菩薩に語って、「かの佛のみ名を聞いて、喜び、踊りあがり、乃至《ないし》は一声でも念佛を称える〈一念〉ならば、当にこの人は大きな利益を得る。この上もない功徳を具えていることを知るにちがいない。
（聖典一一〇頁）

通常、経文の解釈に関して、科段を設けて「序分」「正宗分」「流通分」と三つに分けます。「流通」とは、経の最後の部分で、その経法功徳を明かし、佛弟子に付属し、受持させ、後世に弘く行きわたることを求めます。慧剣師は、第二十九首・第三十首が、「成就文」と「流通の文」の関係である証明として、蓮如上人の『御文』（五の六）を挙げます。この『御文』は、「一念に弥陀」の御文と呼びならわされています。

この一通には、「一念に弥陀をたのみ奉る行者には、無上大利の功徳を与へたまふ意《こころ》」（聖典八五五頁）として、文中に第三十首の和讃がそのまま挙げられています。続いて当和讃の解説が施されます。

この和讃の心は、「五濁悪世の有情（衆生）」ということは、全て一切我ら、女人・悪人のことであり、このような一生造悪の凡夫でも、弥陀如来を一心にたのめば、〈不可称・不可説・不可思議の大功徳〉が与えられると、あるいは称讃し、あるいは解説し、あるいは思議することが「不可能」であることを三度も、繰り返し強調されています。

その「大功徳」とは、過去・現在・未来の三世にわたっての業障《ごっしょう》が一瞬に罪消える、それは弥陀をたのむわれら衆生の一念に、如来御自ら功徳の全てを廻向してくださるからである、とされます。

そして、『御文』では、次のご和讃一首を引かれます。

弥陀の本願信ずべし　本願信ずるひとはみな
摂取不捨の利益ゆへ　等正覚にいたるなり

この和讃については、正確に申せば、三句目・四句目の傍点部が、聖人のご和讃と異なっています。しかし、蓮如上人が祖意を汲まれ、「夢告讃」と「正像末和讃」（第二十四首）を合揉《ごうじゅう》された一首です。聖人が夢告で感得された和讃が、我ら五濁の只中にある凡夫の胸底《むなぞこ》にまで届いてくださる時、このような和讃になるということです。

聖人夢告における「無上覚」は、現世の凡夫の上においては「等正覚」となっています。聖人といえども、この世においては「無上覚」は望めませんので、如来廻向の信心に摂取される「等正覚」でも、文字通り夢のような大功徳です。

如来の真実が、凡夫のただ「たのむ一念」の真実によって、たとえ三世の業障の只中にあっても、虚しいものは何一つない、大功徳となって成就します。

龍樹・天親菩薩の恩徳

さて、香月院師の説によると、第二十九首は、龍樹菩薩の「易行品」に拠るものです。こちらも、原文そのままを出すことが、正意を歪めることなく感得していただけると思い、漢文のまま掲げます。龍樹菩薩の『十住毘婆娑論』第五「易行品」の一節です。

若シ人念ジレ我ヲ称シテレ名ヲ自ラ帰スレバ、即チ入リテ二必定ニ一
得ン二阿耨多羅三藐三菩提ヲ一。是ノ故ニ常ニ応ニ二憶念ス一。

（聖典二八〇頁）

（意訳）もし衆生が我れを念じ、わが名を称えて自ら帰依するならば、即時に不退転に住し、無上正覚に至る。それ故に常に憶念するのである。

同書の他の一節に、

人能ク念ズレバ二是ノ佛ノ無量力功徳ヲ一　即時ニ入ル二必定ニ一
是ノ故ニ我常ニ念ジタテマツル○　（聖典、前出）

（意訳）衆生がこの阿弥陀佛の無量力功徳を念ずるならば、即時に不退転に住する。この故に、私は常に念じたてまつる。

とあります。

次に、右と同様に第三十首の拠り所となっている天親菩薩の『浄土論』を引用します。

観ズルニ二佛ノ本願力ヲ一　遇ヒテ無シ二空ク過ル者一　能ク令シム三速ニ満二足セ　功徳ノ大宝海ヲ一　（聖典、前出）

（意訳）阿弥陀如来の本願力に遇う人は、空しく見放されることはなく、速やかに大いなる宝の海の如き功徳に満たされる。

龍樹菩薩は、言うまでもなく「空」の思想を確立した祖聖です。「易行品」の中の「我れを念じ、名を称して、自ら帰すれば、すなわち必定に入る」という一句には、三界を勝過する無限の力が秘められています。菩薩の「無自性」「空」の縁起の背後には、礼拝・帰命・恭敬・供養などの行業が必ず具されており、そこから憶念報恩の念力が生み出されてきます。

菩薩の「念」は「常念」であり「常憶念」で、「念」はすなわち「不失の念」です。ここに佛滅後に教法の再生を生んだ真骨頂があります。

聖人は龍樹菩薩の力用《りきゆう》を自《みずか》ら全領されて、「正像末和讃」の第二十九首をご製作なさいました。「尊号となへつゝ」、そして「信楽まことに」と行信の順序にしたがって、本願成就の意が明白に表現されています。

この一首は、『三帖和讃』として完成された「文明開版本」においては、『三帖和讃』全てが凝縮されている核心の巻頭和讃として、冒頭にも掲げられています（ただし「巻頭讃」では「尊号」が「名号」に、「信楽」が「信心」になっている）。

「像法のときの智人」の第一の龍樹菩薩が八宗の祖として、「有」や「無」という人間の執心を打破して、「空」の思想を打ち建て、佛教を再生されたことは、周知の通りです。

一方、第二の天親菩薩は、それを承けて、人間の自己存在を対象として、緻密《ちみつ》な人間心想の分析によって、「唯識」学を確立されました。

その歴史的、社会的な実践を踏まえた究極が『浄土論』（正しくは『無量寿経優婆提舎《うばだいしや》願生偈』）という著作となりました。この教えでは、本願を信ずる者は、空しく徒らな人生を過すことから離れられることが明確に示されます。

つまり、五濁末世の泥凡夫《どろぼんぶ》が念佛を称えようと思い立った時、「我一心」と、菩提心の原点を発覚し、成就する道が開かれるのです。

第一の龍樹菩薩は、真実法の受け取り方を開発《かいほつ》し、佛法を再興されました。続く第二の天親菩薩は、真実法を受ける、人間の心の深層を解明されました。そこに用く佛願の「生起本末」が第三十首に表されて、

五濁悪世の有情の　選択本願信ずれば
不可称不可説不可思議の　功徳は行者の身にみてり

と、我ら五濁の凡夫の「身」を選び取り、摂取したまう感銘を、「行者の身にみてり」と詠われています。第二十九首・第三十首の「正像末和讃」における重要性について、妙音院了祥師の説にも、触れないわけにはまいりません。

恩師・法然上人との感応

妙音院了祥師は、第二十九首・第三十首の両讃ともにその拠り所は、「選択本願」を明かされた法然上人の『選択集』であるとします。

この後に続く「正像末和讃」の第二門「佛の本懐を明かす」十四首、第三門「弘法の恩徳を喜ぶ」十四首は、今は眼前に在《まし》さずとも、善知識である法然上人と絶えず心が通い合う実感を抜きにしては、生まれなかった和讃であろうと思われます。

聖人は多くの著作がありながら、自らのことに関しての記述は極めて少なく、また、師・法然上人の人格に関する事柄についても同様です。上人を鑽仰することで、師を相対化してしまう畏れを、聖人が懐いておられ

たからでありましょう。

師への溢れんばかりの崇敬《すうけい》の念を表す時、聖人は信の朋友である、隆寛《りゅうかん》律師や聖覚《せいかく》法印の著作を注記する形で表現されます。

隆寛律師が著された『源空聖人銘』に付された聖人のお言葉です。

〈念弥陀佛〉と申すは、尊号を称念するなり。
〈能念皆見化佛菩薩〉と申すは、〈能念〉はよく尊号を念ずといふ。よく念ずといふは、深く信ずるなり。
〈皆見〉といふは、化佛・菩薩を見むと欲《おも》ふ人は、みな見奉るとなり。
〈化佛・菩薩〉と申すは、弥陀の化佛・観音・勢至等の聖衆なり。（乃至）
〈宜哉《ぎさい》源空〉と申すは、〈宜哉《ぎさい》〉はよしといふなり、〈源空〉は聖人の御名なり。（乃至）
無碍光佛の摂取不捨の心光をもて、信心を得たる人を、常に照らしたまふ故に、〈佛光円頂〉といへり。
（『尊号真像銘文』七　聖典五九一頁）

聖人は法然上人の御事を「大勢至菩薩、源空聖人の御本地なり」（「浄土和讃」末尾）と讃じておられますので、化佛・菩薩とは法然上人のことです。

『選択集』の冒頭に、同書全十六章の総標として、「南無阿弥陀佛」の六字名号と「往生之業　念佛為本」の八字、すなわち題下の十四文字が掲げられてあります（「行巻」　聖典三〇三頁）。

名号である「南無阿弥陀佛」の六字が、まさに法然上人の信仰の根本です。

聖人は、生命である「名号」をここでは「尊号」と呼称して仰がれ、「信楽」のまことをもって受け止められました。

ここに五濁悪世の有情である我らが、「選択本願」によって他力の行信をたまわる、その喜びが発露されています。聖人は、もう一人の法友・聖覚法印の著作に拠っても注釈されています。

〈倩思教授恩徳　実等弥陀悲願者〉といふは、師主の教をおもふに、弥陀悲願にひとしとなり、大師聖人の教の恩重く深きことを思ひ知るべしとなり。（『尊号真像銘文』十五　聖典五九七－五九八頁）

ここにも選択本願の念佛をこうむった信友の言葉に裏付けられた、法然上人に対する聖人の憶念と報恩のまことが表されています。

「信ずる身」から「行者の身」に

ここでもう一度、第二十八首から第三十首までの流れを振り返ってみましょう。

「像法のときの智人」によって、佛法再興の恩徳をこうむられた聖人は、憶念と報恩の念を明確化され、それによって憶念報恩の念を一層深められました。

そして、次の第二十九首・第三十首、すなわち「浄土・高僧和讃」の完成後、聖人の身にすでに同化されていた、末法時における佛道体認の成果であるこの二首の和讃は、先述の如く、「夢告讃」が生まれる以前、聖人八十三歳の頃にはすでに成立していて、その後「正像末和讃」の第二十九首・第三十首としてこの位置に配されました。

第二十九首は、「草稿本」では、第五首目に登場しますが、「夢告讃」をこうむられる前にすでに成立していました。
第三十首は、「高僧和讃」の総結の和讃として「高僧和讃」の末尾に置かれていますが、「草稿本」では第六首目に配されています。ただし四句目の「功徳は行者の身にみてり」の「行者」のところが「信者」となっています。

この「正像末和讃」第三十首は、和讃の稿が改められるにしたがって、聖人のご信境も深められ、それとともに、変化していったと拝察されます。

第三十首の四句目は、聖人八十三歳の時には、「信ずるわがみにみちみてり」となっていましたが、夢告を得られた八十五歳では「功徳は信者の身にみてり」となり、八十六歳の「正嘉本」では「功徳は信者にたまわれる」となります。八十八歳頃と推定される「文明本」では「功徳は行者の身にみてり」となりました。

先に「浄土・高僧和讃」二帖の結びとして、二首の総結和讃が加えられていたと申しました。前讃（「正像末和讃」第三十首）は「高僧和讃」の総結でしたが、もう一首は「浄土・高僧和讃」両帖総結の和讃です。その和讃は、次のごとくです。

南無阿弥陀佛をとけるには　衆善海水のごとくなり
かの清浄の善身にえたり　ひとしく衆生に廻向せん

「草稿本」の一句目は「称ふれば」となっていますが、「文明本」では「と（説）けるには」となっています。

三句目の「かの清浄の善身にえたり」の御左訓（草稿本）には、

なもあみたふち（南無阿弥陀佛）ととなふれは　みやうかう（名号）におさまれる　くとくせんこん

（功徳善根）を　みなたまはる（給る）とし（知）るへし

とあり、まさに「不可称不可説不可思議の　功徳は行者の身にみてり」と同様のお喜びが表されています。「浄土・高僧和讃」の総結であり、いわば一切衆生に功徳を施す廻向文です。「草稿本」の次第では、本来の有情救済の象徴である弥勒に関する和讃に続いて、「廻向文」というべきこの「南無阿弥陀佛をとけるには……」の讃が連なり、続いてすでに聖人が八十三歳以前にご製作になっていた和讃の意を総括されたと思われる第二十九首・第三十首が連なっていました。ところが「正嘉本」「文明本」においては「像法のときの智人も……」が挿入されています。

ちなみに「草稿本」の第一首から第三首は「五十六億七千萬」の弥勒菩薩に関する和讃で、「正嘉本」「文明本」以降は、順序が変更されることもなく、そのまま第二十五首から第二十七首として移されています。

これが何を意味するのかを考えると、聖人が恩師・法然上人に至るまでの伝承の恩徳を讃ぜられ、次の第二門「佛の本懐を明かす」という流れをおこされるためには、まさにこの箇所が、従来の廻向文の形式を超え、如来廻向の用きとして、全く新しい展開を呼ぶ跳躍台とならなければならなかったのではないかと伺われます。よって、第二門では恩師の本地が改めて仰がれ、念佛は未来の衆生を救済する無上の法である意義が深化されてきます。

これによって第一門の最終の二首が、いずれも『三帖和讃』全体の要め石となっていることがわかります。第二十九首は『三帖和讃』の総標であり、第三十首が「高僧和讃」の総結となっていることは、八十五歳という最晩年にご製作になった「正像末和讃」が、他の聖人のご著作の全体をも包含《ほうがん》し、それらの文柱となっていることの証しであります。

第二門　佛の本懐を明かす

第一章　久遠本佛の化導

一　久遠佛化

(31)無碍光佛のみことには
未来の有情利せんとて
大勢至菩薩に
智慧の念佛さづけしむ

御左訓　なし

意訳　無碍光佛は、未来の娑婆世界の人々を教え救わんがため、勢至菩薩に智慧の念佛を授けたまう。

二　勢至流通

(32)濁世の有情をあはれみて
勢至念佛すゝめしむ
信心のひとを摂取して

浄土に帰入せしめけり

御左訓

「摂取して」

おさめとりたまふとなり 　［草稿本］

意訳　濁った娑婆世界の人間を哀れんで、勢至菩薩は、無礙光佛から授けられた念佛を勧められる。この念佛を信ずる人を哀愍《あいみん》護持して、浄土に帰入せしめられる。

二尊一致の「佛の本懐」

第三十一首から第四十四首まで、第二門「佛の本懐を明かす」くだりとなります。

第一門では、聖道浄土二門の興廃について、菩提心をもって聖者の証果《さとり》を目ざす佛法の常道が衰退し、それを受けて、弥陀の悲願によって摂受される本願が用く展開となりました。

第十七首の前半二句の「像末五濁の世となりて　釈迦の遺教かくれしむ」と、後半二句「弥陀の悲願ひろまりて　念佛往生さかりなり」のところが分水嶺となって、第十八首よりの後半は「弥陀の悲願」による救いが示されました。

正法・像法の時代、約千五百年間は、佛法者は「教」から「行」、そして「証」へと至る道を正統の道としてきました。

しかしながら、ようやく「行」の在り方への疑問が、真剣に問い直されるようになります。行者にどこまでもついてまわる獅子身中の虫である「功利性」に気づき、これを去ることは、凡夫にとって容易ではありません。不問のまま、知らず識らずのうちに佛意から遠ざかっていき、佛道の理想の境地である涅槃に到ることは遂に困難となり、実践修行の完成としての波羅蜜（到彼岸）の理想からも遠ざかっていきます。

「佛法には無我と仰せられ候」（『蓮如上人御一代記聞書』八十一条）と言われる、その「無我」の逆の行業《ぎょうごう》となってしまいます。

それでは、「功利性」を離れた我々の「行」とは何か。

それが「念」（念佛）であり、浄土に帰す他力念佛の一念において、「愚」である自身の本体に目覚めることです。

自己存在そのものがハッキリしない間は、「我」とか「無我」とかを考えても、かえって混乱を来《きた》し、とりとめがつかなくなります。我が身は「功利」から一瞬も離れられないという事実に気づくと、我が身ながら疼《うず》きのようなものが感じられてきます。この感覚は、念佛の門が開かれるまで、佛法を求める人々の心底にずっと存在し続けてきたものです。

「像法の智人」といわれる古《いにし》えの智者は、「功利」の痛みがあることをハッキリと感じ取り、「念佛」のみが、佛道を歩む自己の根拠であると自覚しました。そう感得した聖者がその思いを述べて、末法の凡愚に念佛を勧められました。

しかし、現今《げんこん》の求道者には念佛の大切さに目覚める機縁も少なく、時代と環境の波によって、徒《むな》しく押し流されていきます。

ことに佛道成就への生命線である「菩提心」の中に、この「功利性」が忍び入っていることなど、歴史上の高僧方にとっても思いもよらなかったことでしょう。

念佛の重大さに気づき、長い佛道の歴史の上に念佛の一門（浄土宗）を立てられたのが、他ならぬ聖人の恩師・法然上人でした。

あの『選択本願念佛集』の「南無阿弥陀佛、往生之業には念佛を本と為す」（『教行信証』「行巻」　聖典三〇三頁）の宣言から、浄土門建立が始まったのです。

「釈迦遺教」と「弥陀の悲願」の分水嶺となった、第一門における第十七首目の和讃の核心には、聖人が、師・法然上人の念佛にお遇いになった事実が込められています。

十九歳で出家され、爾来十年間の比叡山でのご修行、二十九歳で山を下り、上人に値遇されるまでの前半生と、それ以降の念仏者としての六十年の分水嶺として、第十七首はまさに聖人の人生の峠が象徴されていると見えます。

第一門の後半（第十八首から第三十首）では、第十七首の後半二句の鑽仰をうけて、念佛を受け止めた至幸の身証（信楽）によって、聖人は阿弥陀様の悲願の本源を推求されます。

かくして、末法五濁の凡夫にまで届けられた如来の用き（廻向）と、限りなき他力信心の利益《りやく》をこうむることが示されました。それは釈尊滅後を補う未来佛である、弥勒菩薩の証果と同じものです。その至高の境地を「等正覚」と表され、「便《すなわ》ち弥勒に同じ」と表されました。

第一門は、釈迦の遺教より弥陀の悲願へ、という次第で讃ぜられ、ここに至って初めて念佛（弥陀の尊号）に目が開かれ、この上ない信心の喜び（信楽）が生まれます。

これより以下、第二門では、釈迦・弥陀がご一体となってのお慈悲が讃詠《さんえい》されます。つまり二尊一致の「佛の本懐」です。

第三十一首・第三十二首は、久遠本佛のご化導、つまり佛が久遠劫来から五濁の只中にいる凡愚の我らを憐れみ続けてこられた大悲が讃《さん》ぜられます。

第三十三首から第三十九首までは、生死大海に長く沈淪してきた凡夫を哀れみたまう、阿弥陀佛の大悲の願力を中心に讃嘆されます。

法然上人のご本地

第三十一首・第三十二首は、先に久遠劫来よりのご化導を表す和讃と先に述べましたが、それも、現前値遇の善知識・法然上人を通じてこそ、仰がれる久遠本佛の慈悲です。

その直前の二讃（第二十九首・第三十首）は、全佛道の功徳が、まさに上人との値遇に凝縮され、名号を称えることは、すなわち如来との値遇に他ならなかったことが表されます。凡夫の上に成就した他力金剛の信心は、憶念の心と、報恩の念となって発動します。

したがって、第二十九首は、「自信教人信」のご求道の全内容と、自ら赴くところ「勧信報謝」の意であるゆえに浄土和讃の「巻頭和讃」として掲げられます。

第三十首は、「摂取不捨」という望外の功徳を蒙った、五濁の有情の感動を表されたご和讃で、永劫の佛道の流れに与り得た無上の喜びを、三国七祖伝承の証しとして信受された「高僧和讃」の総結となっている一首でもあります。

これに続く第三十一首の和讃を香月院師は、「巻頭和讃」に対して、「巻軸《かんじく》和讃」と称しています。巻軸とは巻物の芯《しん》であり、内容の核心です。

前二首がいずれも、恩師・法然上人を通して確かめられた和讃でありますから、その源泉を窺う時も、法然上人の本地の勝徳を追慕するのが自然です。

しかし、一代蔵の「経・律・論」の三蔵、深広なりといえども、恩師との値遇は、久遠劫来のお哀れみであったという聖人の感懐と合致する経文を見出すことは容易ではなかったかと思われます。

『首楞厳経』への眼差し

果たせるかな、聖人は長年渉猟《しょうりょう》なさったであろう八万の法蔵の中から、ご心中にぴたりと符合する経文の一節に出会われました。

その経典の名は『首楞厳経《しゅりょうごんきょう》』（略して『楞厳経』）であります。

「浄土・高僧和讃」の二帖の和讃を撰述された七十六歳の折にはすでに、この経をご覧になっていたと考えられますが、八十三歳から八十六歳の間に、御己証の「正像末和讃」のご製作に当たって、深く再確認なさったと思われます。

そして『尊号真像銘文』というご著作で、『首楞嚴経』について述べられました。それは、聖人が「正像末和讃」ご製作の時期と重なる、ご晩年においてです。

『尊号真像銘文』は、ご本尊である阿弥陀佛のお名号、及び真宗諸祖の御影像に、讃銘として書かれた銘の要語を集め、これに注釈を加えられた著述であります。この『銘文』には「略本」と「広本」の二種があり、「広本」では、「略本」に掲《の》せられた銘文にさらに四文が加えられています。

以下に述べる「大勢至菩薩御銘文」は、建長七年、八十三歳の著作である「略本」にはなく、正嘉二年、八十六歳の折に著述された「広本」に初めて見えます。

経文の原典に関して、前もって説明しておかなければなりません。

『首楞厳経』は、大乗経典としては最も古い部類に属します。経典としては『華厳経』『維摩経』『法華経』の先駆をなして成立し、今日では紀元前後から紀元一〇〇年ごろまでにできた初期大乗経典とみなされています。

現在、『首楞厳経』の訳として二訳が伝えられています。

一、鳩摩羅什《くまらじゅう》訳『佛説首楞厳三昧経』二巻は、『大正大蔵経』「経集部 二」に入っています。

他の一本は、

二、般剌密帝《はらみったい》訳『大佛頂如来密因修証了義諸菩薩萬行首楞厳経』十巻という大変長い題名のお経です。略して『大佛頂経』『首楞厳経』ともいいます。

この経の翻訳は、般剌密帝（中インドの人）が、七〇五年（唐・神龍元年五月）広州の「制止道場」で訳された訳経で、鳩摩羅什訳から三〇〇年ほども遅れています。

両本とも「首楞厳」（シュランガマ＝勇健・健行・健相）という三昧を課題としていますが、内容は、全く異なっており、今日では般剌密帝訳の方は、『大正大蔵経』の「密教部」に入れられております。

いずれにしてもこの経に聖人が特別の眼を注がれたことは、まさに慧眼《けいがん》と申すべきものがあり、このことは後に説明いたします。

法然上人のご本地としての大勢至菩薩について、『楞厳経』による聖人の言及は、「正像末和讃」に二首、「浄土和讃」末尾の「勢至讃」に八首、それに『尊号真像銘文』においてです。

聖人がご覧になられた『楞厳経』は、南宋時代の西方願生者であった宗暁《そうぎょう》の『楽邦文類《らくほうもんるい》』（『大正蔵』四十七巻 一五二頁c）からの引用であった可能性も指摘されています。

まず『尊号真像銘文』における『楞厳経』第五段末尾の一節を漢文のまま記します。

大勢至菩薩銘文

『首楞厳経』言

勢至獲タマフ二念佛円通ヲ一　大勢至法王子与ナリ二其ノ同倫ノ五十二菩薩ト一

即チ従リレ座起チ頂二礼シテ佛足ヲ一而白シテレ佛ニ言ク

我レ憶フニ二往昔恒河沙劫ヲ一有テレ佛出タマフレ世ニ　名ク二無量光ト一

十二ノ如来相継テ一劫ス　其ノ最後ノ佛ヲ名ク二超日月光ト一

彼ノ佛教フ二我ニ念佛三昧ヲ一（乃至）

若シ衆生心ニ憶ヒテレ佛ヲ念佛スレバ　現前ニ当来ニ必ズ定テ見ンレ佛ヲ

去ルコトレ佛ヲ不レ遠カラ不レ仮ラ二方便ヲ一　自ラ得二心開クコトヲ一

如シ三染香人ノ身ニ有ガ二香気一此レ則チ名ケテ曰フ二香光荘厳ト一

我レ本ト因地ニシテ以テ二念佛ノ心ヲ一入ル二無生忍ニ一

今於二此ノ界ニ一摂シテ二念佛ノ人ヲ一帰セシムル二於浄土ニ一（以上略出）

（西本願寺聖典六四七頁）

〈訓読〉

『首楞厳経』に言はく。

勢至、念佛円通を獲たまふ。大勢至法王子、其の同じき倫《ともがら》の、五十二菩薩と与《とも》なり。すなわち座より起ち、佛足を頂礼して、佛に白《まお》して言く、我れ往昔《おうじやく》恒河沙劫《ごうがしやこう》を憶ふに、佛有りて世に出でたまふ。無量光と名く。十二の如来相継《あいつ》ぎて一劫す。其の最後の佛を超日月光《ちようにちがつこう》と名く。彼の佛、我に念佛三昧を教ふ。

（乃至）

若し衆生の心に佛を憶ひて念佛すれば、現前に当来に必ず定んで佛を見ん。佛を去ること遠からず、方便を仮《か》らず、自《おのずか》ら心開くことを得。

染香人《せんこうにん》の身に香気《こうげ》有るが如し。此れ則ち名けて香光荘厳《こうこうしようごん》と曰《い》ふ。我れ本《も》と因地《いんぢ》にして、念佛の心を以て無《む》生忍《しようにん》に入る。今、此界《このかい》にして、念佛の人を摂して、浄土に帰せしむる。（以上略出）

源信僧都も『首楞厳経』に関心が深く、また、聖人の『教行信証』には曇鸞大師の『論註』から「毒箭滅除《どくせんめつじょ》の薬《やく》」の喩え（名号の功徳の喩え）としての引用（「信巻」末　聖典三八七頁）がありますが、これらは鳩摩羅什訳の『首楞厳三昧経』からの引用です。

聖人が『尊号真像銘文』や「正像末和讃」に引用なさった般剌密帝訳の『首楞厳経』の経文を、そのまま平易に和讃なさったのが、「浄土和讃」の末尾に置かれた「大勢至和讃」です。

経文の順にしたがって忠実に和訳し、讃詠されていますので、訓読と併せて拝読しますと、「正像末和讃」の第三十一首と第三十二首の二首の意味も深く読めてきます。そのまま、引き写させていただきます。

「已上　弥陀一百八首　釈親鸞作

『首楞厳経』によりて　大勢至菩薩和讃したてまつる　八首」

（一）勢至念佛円通して　五十二菩薩もろともに

すなはち座よりたゝしめて　佛足頂礼せしめつゝ

（二）教主世尊にまふさしむ　往昔恒河沙劫に
佛世にいでたまへりき　無量光とまふしけり
（三）十二の如来あひつぎて　十二劫をへたまへり
最後の如来をなづけてぞ　超日月光とまふしける
（四）超日月光この身には　念佛三昧おしへしむ
十方の如来は衆生を　一子のごとく憐念す
（五）子の母をおもふがごとくにて　衆生佛を憶すれば
現前当来とをからず　如来を拝見うたがはず
（六）染香人のその身には　香気あるがごとくなり
これをすなはちなづけてぞ　香光荘厳とまふすなる
（七）われもと因地にありしとき　念佛の心をもちてこそ
無生忍にはいりしかば　いまこの娑婆界にして
（八）念佛のひとを摂取して　浄土に帰せしむるなり
大勢至菩薩の　大恩ふかく報ずべし

巳上大勢至菩薩
源空聖人御本地也

和讃の流れに従って順に拝読してゆくと、師・法然上人の本地すなわち佛・菩薩としての典型である釈尊伝に照して、恩師の前生の相を追慕する想いが深化してきます。恩師の前生を想うことは、同じく師の後生に思いをいたすことでもあります。

釈尊在世のころ、佛弟子が長年の修行の結果、心が解脱位に至った時、「三明《さんみょう》」を得たとか、受戒をしたなどと喜びを露わにしていますが、そこに前生から後生へとつながっていく、自然な感動があります。

ここでいう受戒は、五戒や八戒や二百五十戒といった沙弥などである要件としての戒律ではなく、原語で「ウパサムパド」といい、「佛陀のもとに近づいて僧伽に入ること」「到達すること」「身につけること」が原義で、後には具足戒を受けることを指すようになりました。

「三明」

佛弟子が遂に到達したと歓喜する「三明」とは、きっと一度は耳にしたことがある、「宿命明」「天眼明」「漏尽明」という、いわゆる「六神通」の中の三つです。

「宿命明」は、宿世、すなわち過去の因縁を知ること。「天眼明」は、未来の果報を知ること。「漏尽明」は、現在の煩悩が尽きて得た智慧のことです。

釈尊の晩年に出家したバッダという出家者がいました。いわば遅参の少年の弟子が、成長して釈尊との生涯の出会いを回想している言葉は、恩師・法然上人を大勢至菩薩と景仰《けいぎょう》してやまぬ、聖人の心情と重なり、感銘を憶えます。

聖人と法然上人とは、ちょうど四十歳の隔たりがありました。お遇いになったのは上人六十九歳の時、聖人は二十九歳、当時としてはまさに、晩年のお弟子でありました。

バッダの回想を、経にしたがって辿ってみましょう。

わたしはただ一人の子であり、母に愛せられ、父に愛されていた。〔両親が〕多くの誓いを実践することにより、また祈願することによって、得られたのである。

父母両人は、わたしを慈しむがゆえに、わたしの利を望み、益を望んで、わたしをブッダの近くに連れていった。

「この子は、やっとのことで得られた子です。華奢《きやしや》ですが、幸せにのびてきました」――（中略）――師、勝者（ブッダ）は、わたしを出家させて、精舎に入れられた。日はまだ没していなかったが、そのとき、わたしの心は解脱した。

次いで師は、私を無視することなく、瞑想に沈潜するのをやめて、「バッダよ。来なさい」と言われた。これがわたしの受戒であった。

わたしは生まれてから七歳で、受戒することができた。三つの明知《めいち》を体得した。

ああ、教えがみごとに真理に即応していることよ。

（中村元『佛弟子の生涯』三六〇頁）

第三十一首の、

無碍光佛のみことには　未来の有情利せんとて
大勢至菩薩に　智慧の念佛さづけしむ

の和讃と重なってくるものがあります。

釈尊と少年と両親の念佛が聞こえてくるようです。

「勢至和讃」では、『楞厳経』の経文どおり、「超日月光この身には　念佛三昧おしへしむ」となっていますが、聖人の機受が深まるにしたがって、十二光（「正信偈」に「普ク放チテ二無量・無辺光・無碍・無対・光炎王・清浄・歓喜・智慧光・不断・難思・無称光・超日月光一、照二ス塵刹一ヲ」とあり）の中で「無碍光」を最も重要な阿弥陀様の光明の徳を顕す名とされるようになりました。

『大無量寿経』（聖典四五頁）の順序と同じく「正信偈」でも、十二光佛の最後は「超日月光」となっていますが、聖人は『御消息集』において、次のようにお書きになっています。

　詮ずる所は、無碍光佛と申しまゐらせ候ことを、本とせさせたまふべく候。無碍光佛は、万《よろず》のもの丶、あさましき悪き事には、障り無くたすけさせたまはん料に、無碍光佛と申すと知らせたまふべく候。（聖典六六四頁）

（意訳）　結局は、無碍光佛と申し上げることを基本としてください。無碍光佛とは、驚きあきれるほどのことを為し、道に外れたことを起こすような者をも、全て救おうとなさるお心を示すため、無碍光と申されるのだと心得ておいてください。

聖人の宿業感の深さが、可視的な「超日月光」から、内奥から照破する「無碍光」になっています。この「無碍光」こそが、智慧であり、聖人をして「智慧の念佛」を上人から賜らしめられました。

真の佛弟子となった者は、必ず三世の闇が晴れます。前述の如く、「宿命」は過去、「漏尽」は即今、「天眼」は未来の闇が晴れた光景を表します。大勢至菩薩から賜った智慧の念佛が、未来を開きます。

第三十二首では、念佛三昧が無碍光佛から勢至菩薩に授けられ、その念佛を勢至菩薩が人々に勧め、その信心の人を育て、そして浄土へと帰入せしめます。

念佛三昧とは、従来、衆生が心を一境に留めて佛を念じることですが、『楞厳経』では、如来を念ずれば、今生において見佛が叶い、未来にも必ず佛を見たてまつることができる。佛は遠くに在《まし》ますのでなく、衆生は他の方便をかりる必要もなく、自然に覚りを得る。

香ばしき香りが身に染みつくように、念佛の心をもつ人は、勢至の香りを持つようになると喩えられていいます。これは感性豊かなお経の表現ですが、聖人はこの念佛を「智慧の念佛」と表されました。

第二章　二尊一致の慈悲

第一節　二尊の慈悲

一　二尊慈悲

(33)釈迦弥陀の慈悲よりぞ
願作佛心はえしめたる
信心の智慧にいりてこそ
佛恩報ずる身とはなれ

御左訓

「釈迦弥陀のじひよりぞ」
おむすゝ（勧）めより、まことのしんじむ（信心）をたま（脱カ）としるべし　［草稿本］

「願作佛心はえしめたる」
ほとけにならむと、ちかひをしんずるこゝろなり　［草稿本］
じゃうど（浄土）のだいぼだいしむ（大菩提心）なり　［正嘉本］

「信心の智慧にいりてこそ」
みだのちかひはちゑ（智慧）にてましますゆへに、しんずるこゝろのいでくるは、ちゑのおこるとしるべし　〔草稿本〕

ただし、一句目は、「正嘉本」では「弥陀釈迦の慈悲よりぞ」となっている。

意訳　釈迦・弥陀二尊の大慈悲によって、成佛の因である大菩提心を得ることができた。（それは佛の智慧が用く信心の智慧であって、この）信心の智慧を得てこそ、他力の行者として佛恩を報謝する身となるのである。

円通

これは法然上人の本地から「円通」されたものです。「円通」とは、「勢至和讃」の御左訓に「まどかにかよふ」とあり、満ち足りて一切の法に通達することを「円通」と言います。すなわち円満融通の意で、智慧をもって一切の真如法性に通達し、その妙用が無碍自在に、因も果もともに、全てが究極的に、揺るぎなく、しっかり用くことです。

『楞厳経』においては二十五人の聖者が、各々修得した「円通」を説きますが、その中で第二十四番目の聖者が大勢至です。念佛の法によって「円通」の理に証入するので「念佛円通」と説かれます。第三十三首では、智慧の念佛を賜った衆生は、「信心の智慧」として感得し、憶念から報恩へと、力強く進展していきます。

ここに至れば、はや末法五濁の世の嘆きに留まることなく、釈迦弥陀二尊が一致した相としていただかれ、その全体が大悲となって用いてくださいます。

このように晩年に至って、聖人は善知識・法然上人の本地を『楞厳経』によって表されました。

今日、七十六歳の識語《しきご》がある「浄土・高僧和讃」（宝治本）の「浄土和讃」末尾に『楞厳経』の一節が、ご真筆として遺《のこ》されています。

それによると、

経言　我本因地以念佛心
　　　入無生忍今於此界
　　　摂念佛人帰於浄土

経に言く　我れもと因地にして　念佛の心を以て
無生忍に入れり　今此の界にして
念佛の人を摂して　浄土に帰せしむるなり

とあります（「勢至和讃」第七首・第八首に相当）。

今ここに亡き恩師が現前して用かれているお姿が見えるようです。

「勢至和讃」の八首は、「草稿本」では「現世利益和讃」の次に、「已上弥陀和讃一百八首」と讃数を結ばれた中にも、「浄土・高僧和讃」の末尾の和讃数の表記の「已上高僧和讃一百十七首」にも、「弥陀和讃高僧和讃（浄土高僧讃累計）都合二百二十五首」の文言にも算入されていません。

智慧の念佛

これまで第一門で明らかにされた、他力信心の勝れた利益（無上大利の益）は、補処の弥勒の徳を外形と見るならば、その内実は「等正覚」の徳として、如来廻向の念佛生活の上に味わわれるものです。

智慧の念佛とは、凡夫の智慧が、如来の智慧に砕かれることに他ならず、そのことを認識していても、それが身の上で明らかになることは容易ではありません。その間にある落差を、法然上人の常随の弟子・勢観房源智が受けた「無義の念佛」と、聖人の「智慧の念佛」の差違として指摘した一文（権藤正行師）によって、目が開かれるものがありました。

『一枚起請文』は、法然上人の入滅二日前に、源智の懇請《こんせい》によって、上人が自筆をもって一枚の紙に念佛往生の要義を平易にまとめ認められた遺訓《ゆいくん》です（建暦二年＝一二一二）。二百五十字余りの本文の後に、「為証以両手印」（証のために両手を以て印す）として、本文の上に両手印が押されています。

浄土宗では法然上人の最晩年の法語として重要視され、「広げれば『選択集』、縮むれば『一枚起請文』」といわれているほどです。

本文には、「たゞ、〈往生極楽のためには南無阿弥陀佛と申せば疑ひなく往生するぞ〉と思ひとりて、申すほかには別の仔細候はず」（乃至）「たとひ一代の法をよく〳〵学すとも、一文不知の愚鈍の身になして、尼入道の無智のともがらに同じて、智者の振舞をせずして、唯一向に念佛すべし」（聖典九七三頁）とあります。

聖人が法然上人から授《さず》けられた教えは、「たゞ念佛して」であり、これは「無義の念佛」に他なりません。

しかし『一枚起請文』の右の文中、「一文不知の愚鈍の身になして」や「無智のともがらに同じて」という言葉に、聖人は一点の不審を懐かれたであろうと思われます。

聖人のご心底に、『一枚起請文』では判然としない部分が残り、そのような折に、『楞厳経』の勢至念佛の文に逢着《ほうちゃく》され、文字通りそのことが氷解されたのでありましょう。

「智慧光のちから」より現れてくださって、久しく仰信《ぎょうしん》する上人に向かいたてまつる時、その本地を拝せずして、恩師との値遇の本懐は遂げられなかったのでありましょう。

『楞厳経』について

聖人が、末法五濁の自覚と体認を通して、『楞厳経』を取り上げ、「念佛往生」から「大乗至極の浄土真宗」（『末燈鈔』一　聖典六二九頁参照、建長三年、聖人七十九歳）へと進展せしめられたのは偏《ひとえ》に法然上人と値遇されたが故であります。

その恩師との出会いは、偶然ではなく、「阿弥陀如来化してこそ　本師源空としめしけれ」（「高僧和讃」源空章）と讃歎されるように、久遠劫来からの誓願の然らしむるところです。

その至願は「選択本願」の念佛に凝縮されており、聖人にとっては、まさに「親鸞一人がためなりけり」となります。

『楞厳経』によってお作りになった「勢至和讃」は、他の和讃とは異なります。あの「夢告和讃」のお心と同様、聖人におかれては「術而不レ作《じゅつしてつくらず》」（『論語』「述而」七）の意の通り、法然上人の浄土からの名告《なの》りでありましょう。

「首楞厳」とは、すべての物事に対して、その玄旨《げんし》を極め、絶対に破壊することがない（一切事究竟堅固）ということです。

この三昧を得ると、いかなる法においても自在であり、どんなに微細な無明も見ぬき、三昧による法力によって、無碍自在に法が説けるとされます。

本経はつづまるところ、善悪浄穢を離れないまま、智慧を現し、染汚体《ぜんまたい》を摧破《さいは》して清浄に転じ、全ての世界を円《まど》かに照らし出し、通ぜしむる経です。

また、この経は、中インドの般剌密帝《はらみったい》が唐代に中国広州において訳出したといわれていますが、鳩摩羅什訳の『首楞厳三昧経』に比して、後世、宋・元・明にかけて、禅は無論、朱子学・陽明学・道教に及ぶまで、衆人への流布という点においては多大の影響を与えました。

この経典は、中世から近世へと移る転換期に中国・東アジアで注目され、愛読されましたが、それに先んずること四百年前、親鸞聖人がこの経典に関心を向けられたことは、人類の時代精神に対する聖人の感性の鋭さを示す証左といえます。

今後、佛教が国際的に新しい交流を深化していく場合、浄土真宗とアジアの佛教国との重要な接点となりうる経典と期待されます。

『楞厳経』は十巻で構成され、「序分」で、多聞第一の阿難が、大幻師・摩登伽女《まとうかにょ》に惑《まど》わされ、まさに戒体を毀《こぼた》んとする時、佛は文殊師利菩薩を遣《つか》わして救護し、佛前に帰せしめ、多聞のみでは道力は得られぬことを示し、本経の所説の因縁が説き進められます。

『楞厳経』が説く特色は、人はみな常住なる真心を有しているにもかかわらず、これを覆《おお》う妄心・妄見の実態を克明に追求したところにあります。

本経は唐代に訳されたのですが、広く読まれるようになったのは宋代からであったようです。

第二節　弥陀の悲愍

一　法蔵願力

(34)智慧の念佛うることは
法蔵願力のなせるなり
信心の智慧なかりせば
いかでか涅槃をさとらまし

御左訓

「智慧の念佛」
みだのちかひをもて、ほとけになるゆへにちゑのねんぶちとまふすなり　［草稿本］

「涅槃をさとらまし」
まことのほとけになるをまふすなり　［草稿本］

意訳　佛の智慧である念佛を得るのは、法蔵菩薩の願力のなせる業《わざ》である。この念佛を身に賜る信心の智慧がなかったなら、どうしてまことの佛になることができようか。

二　灯炬《とうこ》船筏《せんばつ》

(35)無明長夜の灯炬なり
智眼くらしとかなしむな
生死大海の船筏なり
罪障おもしとなげかざれ

御左訓

「無明長夜」
ぼむなう(煩悩)をながきよにたとふ　［正嘉本］

「灯炬」
ともしび、おほきなるともしびなり　［草稿本］
つねのともしび　おほきなるともしび　みだ(弥陀)のおむちかひ(誓)を、ともしびにたとへまふす也　［正嘉本］

「無明長夜の灯炬なり」
つねのともしびをみだのほんぐわんにたとへまふすなり　つねのともしびをとうといふ　おほきなるともしびをこといふ　［文明本］

「智眼」
ちゑのまなこなり　［草稿本］［正嘉本］

「船筏」
ふね・いかだなり　［草稿本］

みだのぐわん（願）をふね・いかだにたとへたるなり　［正嘉本］
ふね　いかだ　［文明本］
「罪障」
つみ・さわり　［草稿本］

意訳　弥陀の本願は無明の長い夜の常夜灯となり、時には大きな松明となって照らしたもう故、智慧の眼が闇いことを悲しんではならない。本願は生死の大海の船であり、筏となって載せ、運びたもう故に、罪障が重いと嘆いてはならない。

釈迦は慈父、弥陀は悲母

第三十三首では、まさしく釈迦・弥陀の二尊の慈悲によって信心が得られることが表されていました。第三十四首より以後は、弥陀は悲母、釈迦は慈父に喩えられ、第三十四首から第三十九首までが弥陀の悲愍《あわれみ》について、第四十首・四十一首が釈迦の慈しみについての誡《おし》えです。

第三十一首目からの和讃の流れを復習すると、『楞厳経』によって、恒河沙劫《ごうがしゃこう》の昔に佛が出生され、超日月光（無碍光）佛となられ、大勢至菩薩に念佛を授け、大勢至菩薩の円通によって念佛の衆生がことごとく浄土に往生せしめられることが、一気に述べられました。

大勢至菩薩は法然上人の本地ですから、『楞厳経』による記述は親鸞聖人にとって、久遠劫から今日まで、念佛の衆生は全て救い遂げられることを、ご自身がこうむっているご化導の事実として明かされます。

ここで「釈迦弥陀の慈悲よりぞ」と、改めて二佛を並べてそのご化導を鑽仰されるのは、『楞厳経』を説かれたのが釈迦であり、その内容については弥陀の悲願を表しているからです。

聖人は、恩師上人から授かった「念佛円通」の事実を顧み、ただ「慈悲」の二字を思う他はなかったと拝されます。

したがって「釈迦は慈父、弥陀は悲母」(『唯信鈔文意』　聖典六二三頁)という感情が、自然に湧いてこられたのでありましょう。

なお、聖人には慈父(厳父)と悲母について、「悲願は喩へば」と設問の後、次の如き釈があります。

猶、厳父の如し、一切の諸々の凡聖を訓導するが故に。
猶、悲母の如し、一切凡聖の報土真実の因を長生するが故に。
(「行巻」　聖典三一七頁)

第一門の全三十首に関しての「二門の興廃」では、釈迦の遺教は隠れ、弥陀の悲願は顕れると、時系列的、もしくは二者対比的に、釈迦と弥陀は別の佛として、表裏に分けて説かれていました。

しかし、第二門の二尊一致の本願の鑽仰以後は、釈迦・弥陀を「慈悲の父母」と一体にして、念佛の衆生を養育せられたことが明かされます。

ことに、まず「弥陀の悲愍」として、弥陀の因位の相、つまり法蔵菩薩のご苦労の相を説き出されます。

「智慧の念佛」「信心の智慧」

「浄土和讃」中の「勢至讃」末尾の第七首・第八首には、念佛の人は大勢至菩薩の大恩によって、皆、浄土往生の功徳に対して報恩をすべきことと、本師・源空聖人（法然上人）から相承《そうじょう》された念佛往生の教義は、大勢至菩薩のご化導によることを示して、「已上大勢至菩薩　源空聖人御本地也」と結ばれています。

当第三十四首には、大勢至菩薩に授けられた「智慧の念佛」を得ることは願力の廻向によるのであるから、「法蔵願力のなせるなり」とされます。

法蔵菩薩は師佛の所《みもと》に詣《まい》ってその徳を讃え、偈文をもって自らの願いを述べられました。これが「嘆佛偈」といわれる四十行八十句の偈頌《げじゅ》です（聖典一九頁）。

そこで、まず世自在王佛の威徳を讃嘆し、次に自らも聖法王の師佛と斉《ひと》しくありたいとの願望を述べられます。

さらに佛身の光明と国土が勝れていること、衆生摂化の願いを披瀝し、師佛の証明を請《こ》いつつ、「仮令、身を諸《もろもろ》の苦毒の中に止《をわ》るとも、我が行は精進にして、忍びて終《つひ》に悔《く》いじ」と、堅固な決意を述べられます。

法蔵菩薩は、我は無上正覚の心を発したので、我がために広く経法を宣《の》べてくださるようにと懇請されます。

これに対して世自在王佛が、修行し建立しようとする荘厳の佛土は、「汝自ら当に知るべし」（「汝自当知」）とおっしゃいます。法蔵菩薩は、「そのお心は余りに弘く深い故、我が境地からは遙かに及ばぬ世界です」（「斯義弘深　非我境界」）と答えられます。

世自在王佛は、法蔵の高邁《こうまい》な志願を確かめ、二百一十億の諸佛の浄土の優劣を説き、その浄土に住むべき人々と、その善悪を数えあげ、法蔵菩薩に対して眼のあたりに、その荘厳をお見せになりました。これを「諸佛浄土の覩見《とけん》」といいます。「覩見」とは師佛・弟子一如の世界から見えた光景でありましょう。法蔵菩薩はこれより五劫の間、佛国を荘厳すべき清浄の行を思惟し、これらを全て摂り入れられます。かくして世自在王佛の所で、四十八願を発し、その誓願を実現するために、無量の徳行を積むべく「不可思議　兆載永劫」の間、修行されます。

ここで世自在王佛と法蔵菩薩の値遇の内容について、見逃してはならない重要な一点を記しておきます。師佛の「汝自当知」という言葉は、至願に向かって修行しようとする法蔵比丘に、全幅の信頼を寄せられた上で、発せられた呼びかけであること。決して弟子のあるべき試練として対応されたものでもなく、弟子の能力を見こんで自由裁量を与えられたのでもありません。

その師佛の言葉を受けた法蔵菩薩の「非我境界」という応答も、師佛との境地の隔絶を嘆じているわけではありません。ここには、師の深意を会得した上で、師を仰がれる菩薩の尊敬の至情が込められているのです。

したがって、師弟二者にして不二の真実、「一心」の源が、ここより発しています。

そこを経では、法蔵菩薩の世を超えた観察力と発願の心を「其の心寂静にして、志著する所無し」（聖典一三頁）と表現しています。

菩薩は深く、大きな志願を湛《たた》えながら、心中は一人いて寂しからず、たとえ大勢いたとしても騒がしくない。静かで、なお濶達《かったつ》な心をもって発心、見土、思惟されたのです。ここに四十八願が発されてくる源泉があります。

私どもの朝夕の勤行でおなじみの「正信偈」の第三行目に、世自在王佛と法蔵菩薩、二佛値遇の至要な経緯が示されています。

法蔵菩薩因位の時、
世自在王佛の所《みもと》に在《ましま》して、
諸佛浄土の因、
国土・人天之善悪を覩見《とけん》して、
無上殊勝の願を建立し、
希有の大弘誓を超発せり、
五劫に之を思惟して摂受す。

二行目の「世自在王佛の所に在して」の「在」の一字は、師佛の下にある法蔵菩薩の求法の姿勢を決定する文字ですので、古来、学僧方により論議されてきたところです。

香月院師は、〈在世自在〉の一句を法蔵の一句と一連して「明値佛発心」（値佛・発心を明かす）とするのは妥当ではない。それならば「詣世自在王佛所」（世自在王佛のみもとに詣《まう》でて）となるべきである。この段は「値佛・発心を明かす」のではなく、「見土し、選択を明かす」となって然るべきである。したがって法蔵自らの発心ではなく、「世自在王佛の選択本願、選択浄土なり」と明かしています。

「選択」という重要なキーワードは、佛教史上初めて浄土宗門を開かれた、法然上人の思想の基盤であります。そして何より法然上人は、阿弥陀佛の慈悲の基点として、常に「選択」を見ておられます。

聖人は「涅槃の真因は唯信心を以てす」（「信巻」本　聖典二三三頁）と示し、「真実信」を嘆じて「大信心は則ち是れ、……証大涅槃之真因……なり」（「信巻」本　聖典二二〇頁）と、念佛救済の根本として宣言されます。

その「真実信」を獲得する要点は、「信楽を獲得することは、如来選択の願心自《よ》り発起す」（「信巻」別序　聖典二一九頁）と教示されています。

私ども凡夫の身上における真実は、如来より廻向された信楽（信心）において実現されるのです。その根源は、「如来選択の願心」から直ちに衆生へと届けられるもので、これを「選択廻向之直心」（聖典三二〇頁）と表されます。

「如来選択の願心」とは、阿弥陀佛の願心によって選択された真実心でありますが、衆生のために選択されるばかりでなく、如来存在の全てを賭して発せられた「如来自身の誓い」という意味でもあるのです。

「誓い」は、四十八願文の全ての末尾に「不取正覚」（我れは決して佛にならない）と結ばれています。その誓いに貫かれている本意は、二にして「不二」すなわち「一心」の真実、「清浄」の願心であります。凡夫は一時としても真実になりえない穢《え》悪《あく》汚《わ》染《ぜん》の身であり、そのような身に「佛の願力」が、直接「真実の誠種《じょうじゅ》」として与えられるのです。

法蔵菩薩の選択は、すでに師佛・世自在王佛によって選択せられたものである故に、願生の因を一つとしてもちあわせぬ凡愚でありながら、ただ、帰命の一心によって往生浄土が成就するのです。

「浄土和讃」には、

若不生者のちかひゆへ　信楽まことにときいたり
一念慶喜するひとは　往生かならずさだまりぬ

とあります。

弥陀の誓い

ここで本題の第三十四首の和讃に戻ります。

「智慧の念佛」の御左訓には、「みだのちかひをもて、ほとけになるゆへにちゑのねんぶちとまふすなり」とあります。

聖人の晩年の書簡には、「ちかひ（誓い）」について書かれたものが多く見られます。御消息では、再三にわたって「弥陀のちかひ」が表されていますが、行者が善知識・同行に親しみ近づくことによって、徐々に無明の酔いから覚め、三悪趣《さんあくしゅ》から離れ、弥陀の哀れみを感じとれる、思いもよらぬ楽しみが得られるとあります。

このような念佛を「智慧の念佛」と称されますが、このお言葉は、その他の著述に比して、「正像末和讃」に特徴的に多く見うけられます。

行者は佛法に遇い、佛法に生きんと精進する間、種々の難関に遭《あ》い、自らの期待とは裏腹に、欺《あざむ》かれることを何度も経験します。そのような機縁に出くわした求道者は、自身の心の中に潜《ひそ》む悪を思い知らされたり、このような身の上でどうして浄土などに往生できるだろうかと訝《いぶか》り、疑心を懐くことが多々あります。

「智慧の念佛」の智慧とは、我々の不可抗力の世界に現れてくださる念佛のことです。如来が濁世の凡夫に近づくことを方便といい、この方便のことを智慧と名づけます。

ここに至って、法蔵菩薩が師佛に値《あ》って以来初めて摂取に与った時の誓いによって、一切衆生のために起《おこ》したまう法蔵の思惟と、永劫修行による願力が発動されます。ここを「法蔵願力のなせるなり」と表されるのです。

かの明法房弁円が往生の素懐を遂げたことを、聖人がお聞きになり、東国の門弟に送られた御消息がありま
す。

往生はともかくも、凡夫のはからひにて為すべきことにても候はず。めでたき智者も計ふべきことにも候はず。大小の聖人だにも兎もかくも計はで、たゞ願力にまかせてこそ在《おわ》しますことにては候へ。まして各々のやうに在します人々は、たゞこの誓ありと聞き、南無阿弥陀佛に値《あ》いまゐらせ給ふこそ、ありがたく、めでたく候。御果報にては候なれ。

（『末燈鈔』十八　聖典六四六頁）

（意訳）浄土に生まれることは、愚かな人の計らいによって得られることではなく、また勝れた知恵者が、計らってできることでもありません。

実は、大乗・小乗の聖人でさえも、何はともあれ計らいを去って、ただ如来のお誓いの力に打ちまかせてこそ、おいでになっていることです。

まして、あなた方のような人々は、ただこのお誓いがあることを聞いて、南無阿弥陀佛のみ名にお遇い申せば、有り難く、よろこばしくも幸せなことでありましょう。

かつてこんなご法話を聞いたことを思い出しました。

「もし、私が指を切って出血したとします。〈痛い〉と叫ぶのは私だけです。周りに私のことを同情してくれる親友がいたとしても、〈痛かろう……〉というのが精一杯でしょう。

〈痛かろう〉というのは、一神教宗教の神さまの理解です。痛みを受けるという見方は、神から人間を見る見

方です。絶対者は他者です。ついでに申すと、現代人は〈私の痛みを知れ〉と強要する時代にまでなってしまっています」という含蓄《がんちく》のあるお説教でした。

法蔵の願力があってこそ、佛教における行業の意義が明確になってきます。

法蔵菩薩の因位《いんに》の行願があってこそ、阿弥陀如来として成就され、本願力成就のご廻向は、私どもの心奥に深く染み込んでくださいます。

曇鸞大師の『浄土論註』には、法蔵と弥陀に関して「力願相符」（本願とその力用が相応すること）という言葉があります。

言う所の「不虚作住持」とは、本《もと》法蔵菩薩の四十八願と、今日の阿弥陀如来の自在神力とに依るなり。願以て力を成ず、力以て願に就《つ》く。願徒然《とぜん》ならず、力虚設ならず。力・願相符《かな》うて畢竟《ひっきょう》じて差《たが》はず。故に「成就」と曰ふ。

（『浄土論註』下　聖典三一三頁）

（意訳）今言われている虚しき所作でないという住持の力とは、本《もと》である法蔵菩薩の四十八願と、今日の阿弥陀如来の自在なる神力とによるものである。

願いは力を成し、力が願を全うさせるのである。願いは徒然《いたずら》なるものではない。力は虚設《むなし》いものではない。力と願いとが相符《かな》って、何時も食い違うことがないから「成就している」というのである。

ここでは法蔵は願を荷い、弥陀は神力を揮《ふる》われるという動きに見えますが、もとより表裏・因果一如の存在であると領解すべきです。

聖人著の『入出二門偈』では「一には業力、謂はく法蔵の大願業力に成就せられたり。二つには正覚の阿弥陀、法王の善力に摂持せられたり」（聖典五七〇頁）とあります。

また『入出二門偈』は聖人のごくご晩年の八十四歳に草されていますので、「正像末和讃」ご製作のころとほぼ同時期の著作です。

このころの聖人は、法蔵の大願業力に感動なさりつつ、阿弥陀の慈恩に深く浴しておられたことであろう、とご心境が拝されます。

佛道は自覚を本質とする宗教です。常に自己と、自己の身の周りに惹起《じやっき》してくる、あらゆる事態を疎かにすることはしません。

つまり、身近な生活の「苦悩」から切り離しては、佛道は成り立たないということです。したがって釈尊は覚りに至るための四聖諦《ししょうたい》の第一に、「苦」を掲げられました。また聖人ほど誠実に内面の苦悩と対峙《たいじ》された佛法者は、かつてなかったと思われます。

私は不思議なご縁で、浄土真宗の伝統的地盤で育ちながら、さる業縁の催しによって、キリスト教界に投じて神父となった方と対話をしたことがあります。

同師は、誠実にキリスト教と浄土真宗の違いを吐露《とろ》してくださいました。

「神を立てる宗教を前提とされた神の存在故に、一見他力の宗教性が予想されつつ、しかし実際においては、自力に終始する他ない現実があります。

私には、このように神を立てる宗教においては、自力の問題、自力の計いの問題が超えられないこと、あるいは、解決しえないことの理由は、非常に明解であると思えてなりません。

つまり、神を立てることによって、人間の根源的怖畏《ふい》の問題、つまり不安をその本来の在り方とせざるを得ない人間の現実、すなわち釈尊によって〈苦〉ととらえられた人間の本来的事実が、解決されているわけではないということです。

立てられた神においてかりに全てが解決されていると信じるとしても、〈苦〉が、その神においては、いかなる形でとらえられ、問題とされ、追求され、解決されているかを、私たちは、永遠に知り得ないのです。むしろ、神を立てるということによって、〈苦〉の問題に対する私たちの内省が徹底せず、妨《さまた》げられるに至ったとも言えるように思われます」と。

たとえキリスト教界に身はあっても、若い時に触れた真宗念佛の薫習《くんじゅう》が、真摯な思索《しさく》となって顕れ、止むことがない姿に心打たれます。

私どもは、かように他教の方から照射されて浄土真宗の求道の相を再認識し、強く内省させられます。求道の歩みと同時に、深められてゆく「苦」の大地の上で、煩悩具足している身であればこそ、わが心の善悪を沙汰せずに迎えたまう如来の大慈悲である「智慧の念佛」によって、さらなる進展を促《うなが》されるのです。如来のお誓いが法蔵菩薩となって、私どもの身心の善悪の業を通して、摂取不捨の利益の事実となってくださり、いよいよ、無上涅槃に至るべき心をおこさしめ、ここに、報佛恩の念が湧き出ずるのを憶えるのです。

「夏の御文」

蓮如上人の「夏の御文」四通の中に、「正像末和讃」第三十四首が二回にわたって引用されています。「夏の御文」は、蓮如上人の最晩年に認められた「御文」に属します。

上人は明応七（一四九八）年四月初旬ごろから病がちになられ、一夏中、病を忍《しの》んで認められたのが「夏の御文」です。弟子一門の人々に真実信心の肝要を託すべく、その心髄《しんずい》を抽《ぬき》んでて深い思いを込めて書かれた「御文」です。

蓮如上人のお父君・存如上人が長禄元（一四五七）年に逝去され、そのご祥月命日が六月十八日ですので、明応七年は、お父君のご往生から四十一年の星霜を経ています。前住上人の御素意、本意を窺《うかが》うお意《こころ》で、釈尊在世の「安居」に倣《なら》い、毎年「夏の座」を催しておられました。

「夏の御文」第一通には、「御心をうかゞと御持ち候はで、聞き分けられ候はでは、何の所用もなき事にてあるべく候。其の謂《いわれ》を唯今申すべく候（漫然とした心では、決して法門を聞き分けることもできなければ、何の所詮もありません。たった今、その由来を申し述べます）」（聖典八六八頁）と、余命僅かであることを自覚しておられるが故に、切迫した慈愛が看取《かんしゅ》されます。

第二通も同様に、「あらまし唯今申しはんべるべく候。御耳をすまして御聞き候へ（全体のあらましを唯今申しあげよう。耳を澄ましてお聞き願いたい）」と徴《しる》され、その肝要は、「安心と申すは、如何なる罪の深き人も、もろ〳〵の雑行を捨て丶、一心に弥陀如来をたのみ、今度のわれらが後生たすけたまへと申すをこそ、安心を決定したる念佛の行者とは申すなり（安心というのは、どのように罪深い人でも、専ら阿弥陀佛を念ずる正行以外はかえりみず、一心に阿弥陀如来をたのみ、このたびの後生をお任せ申しあげることこそが、安心が定まった行者といえるのです）」（聖典八六九頁）と明示されます。

この内容は、第一通も第二通もほぼ同様の説相となっています。

ここで注目すべきは、両通とも同様に「正像末和讃」の第三十三首と第三十四首が引用されていることです。

第二通には、「正像末和讃」第三十四首をそのまま引用して、

智慧の念佛うることは　法蔵願力のなせるなり
信心の智慧なかりせば　いかでか涅槃をさとらまし

とされていますが、第一通は同和讃の引用でありながら、第三句・第四句が改変されています。

智慧の念佛うることは　　法蔵願力のなせるなり
信心の智慧にいりてこそ　佛恩報ずる身とはなれ

となり、「正像末和讃」第三十三首の第三句・第四句が取り込まれています。

これは何を意味するのでしょうか。

法蔵願力から廻向される「智慧の念佛」こそが、大涅槃を覚らしめ、かつ佛恩報尽の大用を我ら凡夫に果たさしめるものであることを、端的に示されているのでしょう。ここに衆生の上に現れる法蔵菩薩と阿弥陀如来の願力相符の相が表されています。

さらに「夏の御文」第四通には、次のようにあります。


此夏中と申さんも、今の事にて候間、みなく〱人目ばかり名聞の体たらく、言語道断あさましく覚え候。これほどに毎日、耳近に聖教の中を選びいだし申し候へども、つれなく御わたり候こと、誠に事のたとへに、鹿の角を蜂のさしたるやうに、みなく〱思召し候間、千万々々勿体なく候。一は無道心、一は無興隆とも覚え候。　（聖典八七一頁）

（意訳）この夏の間といっても、今をおいてはないことです。どの人も人目や名聞に坐していることはもっての外、嘆かわしいことです。このように理解しやすいように、毎日聖教を選んで話しているのに、そしらぬ風情に打ちすぎることは、喩えて言えば、鹿の角に蜂がさすように心得ておられるのであろうか。

勿体ないことこの上もありません。それは一つには道心がないからであり、もう一つは建立の心がないからと見えます。

法蔵菩薩の「自覚覚他　覚行窮満」（善導大師「玄義分」『真宗聖教全書』四四三頁）の願力が、ただ今、凡夫に顕現されるのが「智慧の念佛」であり、「智慧の念佛」をそのまま領得《りょうとく》する「信心の智慧」の身になることが、報佛恩の肝要です。その目覚めは「道心」の発動と、佛法「興隆」の用きとなることを、真宗中興の師である蓮如上人は、獅子吼《ししく》なさっています。

清浄行の感得

地獄を逃れようとすれば、そこには次の地獄が待っている。こういう繰り返しこそが、我々の地獄の生活の実相なのです。地獄は、明日が知れぬ無明によって、次々に現出してきます。

しかし法蔵菩薩は、師佛にお値《あい》したその時から、地獄をも愍《あわ》れむ大悲心を知ることができました。

法蔵菩薩は師佛との出遇いよって、「不二」「一心」となる清浄行を知りました。頓《たちま》ちに清浄行を感得した法蔵菩薩でしたので、「其の心寂静にして、志著《ちゃく》する所無し」（『大経』上　聖典二四頁）の相でした。

阿弥陀佛の「ちかひ」は、この「清浄行」の中に貫かれている真実であり、その核心は、至心の体、すなわち「真実誠種」（聖典三三四頁）といわれる名号です。

たとえわれらの身は、宿業の痛みの中にあっても、この法蔵願力に蘇生する時、無明によって輪廻する地獄から解き放たれた、明日が開かれます。

清浄行を領受された法蔵菩薩の喜びは、すなわち阿弥陀の悲願成就への根元的エネルギーとなります。これが「法蔵の願力」です。この「佛願の生起・本末」(「信巻」末　聖典三五二頁)を知ることが、「信心の智慧」といわれる体認であり、「生起・本末」が受け取れたら、必ず報恩の日が始まります。

灯炬なり　船筏なり

第三十五首・第三十六首は、聖人の無二の信友・聖覚法印の法語によって、弥陀の大悲が讃ぜられます。第三十五首は、灯炬と船筏の譬えをもって情感豊かに詠われ、また次の第三十六首においては、法に則って重ねて詠われます。

聖覚法印は聖人より六歳年長でしたが、法然門下にあっては、隆寛律師と並んで聖人が最も敬愛された兄弟子でした。

聖人が六角堂の救世観世音に百日の参籠《さんろう》を遂げられた後、吉水の法然上人の御許《みもと》に参ぜようとされた折に同道をされたという言い伝えがあるほど、終生親密な仲で、聖人も大切な事がらについては、折々法印を訪れて、共に大悲の恩徳を喜びあったお同行でありました。

聖人は、門徒の人々に「よく〳〵『唯信鈔』を御覧候べし」(『御消息集』三　聖典六五六頁)と、法印の著作を拝読することを奨《すす》められ、ご自身もしばしば『唯信鈔』の書写をされ、またそれに解説を施して、門弟方に送られました。

はじめに出された第三十五首の「灯炬」と「船筏」の譬えは、聖覚法印の法然上人を追悼する「表白文」の中に出てきます。

法然上人は建暦二（一二一二）年一月二十五日にご往生されました。法印はその六・七日の中陰《ちゅういん》に、ご導師を勤めておられます。

その中の一節に、「然れば則ち、破戒罪根の輩《ともがら》、肩を加して（軋《きし》ませる）往生の道に入り、下智浅才の類《たぐい》、臂《ひじ》を振ふて（手腕を振るう）浄土の門に赴く。誠に知りぬ、無明長夜の大《おおき》なる燈炬《とうこ》なり。何ぞ智眼の闇《くらき》ことを悲まむ。生死大海の大船筏なり。豈《あに》、業障の重《おもき》ことを煩《わずら》はんや」（「聖覚法印表白文」『宗祖真蹟小部集』九二頁）とあります。

三　大悲摂取

(36)願力無窮《むぐう》にましませば
罪業深重もおもからず
佛智無辺にましませば
散乱放逸もすてられず

御左訓

「佛（願）力無窮」

ほとけのおむちから、きわまりなしとなり　［草稿本］

「罪業深重」

つみのさわり、ふかくおもしとおもふべからずとなり　［草稿本］

つみ　ふかく　おもき　［正嘉本］

「佛智無辺」

ほとけのちゑ、きわなくひろくまします、としるべしとなり　［草稿本］

「散乱放逸」

われらがこゝろのちりみだれてわるきをきら（嫌）はず、じやうどにまいるべしとしるべしとなり　［草稿本］

こゝろのち（散）りみだ（乱）る　おもふさまなるものといふ　［正嘉本］

ちりみだるほしきまゝのこゝろといふ　［文明本］

ただし、一句目・二句目が「草稿本」では「佛力無窮にましませば　罪障深重もおもからず」となっている。

意訳　本願の御力には極まりがないので、罪障が深い、重いと、嘆いてはならない。佛智は広く、片辺りの場を作るようなことはないので、心が散り、乱れ、思うままの振る舞いの者も、見捨てられることはない。

この第三十六首の出拠は、『唯信鈔』（聖典九三七頁）です。

たゞ信心の手をのべて、誓願の綱をとるべし。佛力無窮なり、罪障深重の身を重しとせず。佛智無辺なり、散乱放逸の者をも捨つることなし。信心を要とす、その他をば顧《かえり》みざるなり。

（意訳）　ただ信心の手を差し伸べて、誓願の綱《たづな》を執《と》りなさい。佛力には窮まりがなく、たとえ罪障が重くても、それを重しとはしない。佛の智慧は果てがないので、心を取り乱し、わがまま放題の者さえも、捨てられることはない。信心だけが要であり、他は問題ではない。

久遠劫の昔から今日まで、哀れみ続けてくださる「佛力」を、聖人はあえて「佛智」と表示を改められ、「罪障」を「罪業」と改められています（『唯信鈔』及び「草稿本」から「正嘉本」及び「文明本」への改訂参照）。この二首の和讃には、特に詳細な御左訓が施されています。

久遠劫来の如来の誓願力が、今は浄土に在《まし》ます恩師上人を通して深重なる業縁の身と知って、却《かえ》ってそれを縁に救われていく事実、この無上報恩の念を、無二の法友である法印と共有することは、一入《ひとしお》の喜びであり、また最上の方法であったことと想像します。

深い感情が込められた和讃に、かくも多くの御左訓を施されたのは、それだけの感動の溢流《いつりゅう》を禁じ得なかったからでありましょう。

「無明長夜」は、煩悩を長き夜にたとえ、弥陀の誓いを「灯炬」とたとえる。常のともしびを「灯」といい、大いなるともしびを「炬」という、とあります。

「船筏」は、弥陀の願いを、「船」と「筏」にたとえた意です。

そして、今、我々の罪、障りを担って生死大海を渡らんとする弥陀の願船上にあることを感取する時、もとより善悪浄穢の畏《おそ》れは霧消します。

「智眼くらしとかなしむ」我は、佛智無辺を仰ぐ我となり、「罪障重しとなげく」我は、願力無窮の大悲に生かされ、浄土に参るべき身であることを覚知《かくち》せしめられます。

四　廻向成就

（37）如来の作願をたづぬれば
苦悩の有情をすてずして
廻向を首としたまひて
大悲心をば成就せり

御左訓

「如来の作願」
　みだにようらいのひぐわんをおこしたまひしことをまふすなり　［草稿本］

「廻向を首とし」
　かしらとし、はじめて　［草稿本］
じひ（慈悲）のはじめとし、かしら（頭）として　だいじだいひしむ（大慈大悲心）をえたまへるなりとしるべし　［正嘉本］

「大悲心をば成就」
　みだのだいじだいひしむをえたまへりとしるべしとなり　［草稿本］

ただし「草稿本」「正嘉本」では、二句目が「苦悩の衆生をすてずして」となっている。

意訳　弥陀如来が本願をおこされたその由来を尋ねてみると、苦悩する衆生を決して捨てることなく、衆生に慈悲を施すことを第一として、苦しみを倶にする大悲心を完成されることにある。

五　廻向大行

(38)真実信心の称名は
弥陀廻向の法なれば
不廻向となづけてぞ
自力の称念きらはる、

御左訓

「不廻向」

ぎやうじや（行者）のゐかう（廻向）にあらず、かるがゆえにふゐかうといふ　わうじやうえうしふ（往生要集）にあかせり　［正嘉本］

意訳　真実の信心に具《そな》わる称名念佛は、弥陀因位の誓願から廻向された法であるから、凡夫の方からは不廻向の法と名づけて、自力の称名念佛はきらわれるのである。

不廻向

第三十七首も、御左訓に照らして拝誦してゆきますと、私どもの心底《しんてい》に素直に沁み込んでまいります。

「如来の作願」とは、まず「自利利他」をわが命とされる佛が悲願をおこされたこと。「廻向を首とす」とは、佛はすでに慈悲を発《おこ》されたはじめにおいて、大慈大悲を衆生が得られることを前提としておられることを示します。

「大悲心をば成就せり」とは、衆生は信心によって弥陀の大悲心を得しめられることを信知させたい、と大悲心が衆生の手元に届くまで待ち続けられているお心が述べられています。

つまり佛のお心は、始・中・終、大悲心を以て一貫されています。

第三十八首・第三十九首は、その廻向によって、行者が他力の大信・大行を獲《う》ることが明かされます。

私ども衆生が称える称名は、すべて弥陀の大悲心より廻向された名号です。

すなわち弥陀因位の昔、永劫《ようごう》の修行によって得られた全ての功徳善根を名号に収め、衆生に届けられた故に、「弥陀廻向の法」といわれます。

聖人はこれまでのご和讃では、「智慧の念佛」まで深化された念佛によって「信心の智慧」が生まれることを明かし、鑚仰されました。永劫已来の大慈大悲の歴史を、法友聖覚法印の著作を拠《よりどこ》ろにして、感激を以てかみしめられています。

内面の喜びへと深く向かわれた言葉が、ここでなぜ急に対外的戒《いまし》めに見える方向に向けられたのでしょうか。聖人が「不廻向」を挙げて自力の称念を誡《いまし》められたのはなぜか、推求する必要があると思います。

法然上人は念佛を本としてお勧めになられる際、自力の念佛と他力の念佛を峻別されました。「他力念佛は往生すべし。自力念佛は全く往生すべからず」と、自力念佛を選捨されたのです。

しかし、浄土門では、念佛に意を注ぎ、意識すればするほど、自力念佛の迷路にいよいよ迷う人々が多くいました。

如来廻向の真実大悲がいただけるためには、凡夫の計らいである自力廻向心では不可能で、衆生がたとえ「不廻向」を意識して心がけても無理です。「無廻向」ではないのです。徹底した衆生廻向心の転換が求められます。

それは我が身そのものの転換を意味します。法然上人の主著『選択集』の総結の文に「水月の譬え」という絶妙の譬喩《ひゆ》があります。そこには「浄土の教は、時機をたたいて、而も行運にあたれる也。念佛の行、水月を感じて昇降を得たるなり（浄土の教えは時と機を確かめつつ、よい機縁が巡り来るように心がける。念佛の行は、水に月を感じ、しかも昇降を得る）」（『選択集』総結『親鸞聖人全集』六 一八四頁）とあります。

我々は、清浄無漏《むろ》の世界というと、地上から月に駆け上っていくように思いがちです。ところがそうではなく、この地上の水面に実は月が映《うつ》る。人が昇り降りするまでもない。清い水であろうと、汚れたバケツの水であろうと、掌《たなごころ》に結んだ水であろうと、清浄な月は映っていると、譬喩は語ります。

水に映っている月を拝めばよいのです。「不廻向」ということを一度会得したら、これほど大切な視点はない。「不廻向」によって、無限の力が身近にあって実を結ぶのです。

聖人は、法然上人からお聞きになっていた平易な戒めに、無上の感謝を憶えられたのでしょう。まさに「智慧の念佛」と「信心の智慧」の源が明かされ、身近に証明されたのです。

聖人は、この「不廻向」を授けられた恩師のお心を確かめたかったのでしょうか、御左訓にこう記しておられます。

「行者の廻向にあらず、かるが故に、不廻向といふ。往生要集に明せり」と。

『往生要集』大文第四「正修念佛」（廻向門）において、未来はいまだ存在しないのに何を廻向するのか、という問いに対して、「未来の善根は未だ有らずといへども、今もし発願せば、願薫じて種を成じ、摂持する力の故に、未来に修する所を任運《にんうん》に衆生と菩提とに注ぎ向け、更に廻向を待たず（未来の人の善根は前もって認められないが、今発願したその願の香りは、種に薫じて保持される力がある。したがって、将来に行を修する時、発心するその衆生と菩提心は、自然に活かされているので、敢えて廻向に依る必要はないのである）」（『真宗聖教全書』八一二頁）というところがあります。

これは弥陀の誓願をもって正因とするとは明示してありませんが、あえて廻向を絶対的としておりません。

六　廻向大信

(39) 弥陀智願の広海に
凡夫善悪の心水も
帰入しぬればすなはちに
大悲心とぞ転ずなる

御左訓

「凡夫善悪の心水」
　ぜんあくのこゝろをみづにたとへたるなり　[正嘉本]
　ぼむぶのぜんのこゝろ、あくの心をみづにたとへたるなり　[文明本]
「大悲心とぞ転ずなる」

さまぐ〵のみづのうみ（海）にいりて、すなわちしほ（潮）となるがごとく、ぜんあくのこゝろのみづみなだいひのしむ（心）になるなり　［正嘉本］
あくの心　ぜんとなるを　てんずるなりといふなり　［文明本］

意訳　弥陀の涯《は》てしなく深く、広い智慧の海のような本願に、凡夫の善と悪が混じている河川が大海の潮に入れば、たちまち他力の大信心と転換するのである。

大悲心とぞ転ずなる

第三十九首の眼目は、「帰入しぬればすなはちに　大悲心とぞ転ずなる」と結ばれている、如来廻向の大信を身に受けた感懐であります。

これは二首前の第三十七首四句目の「大悲心をば成就せり」を受けた意です。

第三十七首の「大悲心」は、廻向の成就を表しますが、こちら第三十九首の讃は、それを善悪の凡愚が他力廻向の信心として領受したところに、眼目がおかれています。

御左訓によって辿ると、「凡夫善悪の心水も」と、凡夫の起こす善悪の心が水に譬えられています。善悪が混じている川の水でも、海に向かって、一筋に下っていくというのは疑いないことです。

また、「大悲心とぞ転ずなる」は、様々の水流が海に入って同一の潮《うしお》となるように、善悪の水は、一念同時に皆、「大悲心」に転ずるとされます。

「大悲心」は如来の廻向成就の意ですが、同時に信心のことでもあります。信ずる心が、すなわち如来の大悲心です。

聖人は、「斯《こ》の心は即ち如来の大悲心なるが故に、必ず報土の正定之因と成る」（「信巻」信楽釈　聖典二三八頁）と述べておられます。

ここで第二節の、以上六首の和讃を振り返ってみて、その主題というべき「弥陀の慈悲」とは、聖人の身の上においては、いかなる心想から発せられているのであろうかと想像してみました。

元祖法然上人は、建久九（一一九八）年、六十六歳の折、三昧発得され、浄土宗を建立されました。その肝要は「選択」ですが、それを以て『選択本願念佛集』を撰述され、「往生之業　念佛為本」と明白な大道を打ち建てられたのです。

上人の一宗建立以来、わが親鸞聖人が「正像末和讃」の「清書本」すなわち「正嘉本」を完成されるまで、暦がひと巡りする歳月が経ちました。

「正像末和讃」の骨格が完成した正嘉二（一二五八）年は、恩師をお浄土にお送り申して、正しく四十六年の歳月が過ぎ去っています。

この間、聖人の言語に尽くしがたい内面の苦悶、人生の波瀾《はらん》を通して、あたかも法蔵比丘が、師佛・世自在王佛から蒙った「汝自当知」の遺誡《ゆいかい》の如く、恩師から授かった念佛のみが、絶えることなく無明長夜の灯炬となって、聖人を導き続けたに相違ありません。

生前の恩師のお言葉に、「常の仰せ」と称されたいくつかの法語があります。その中で、

法爾《ほうに》の道理という事あり。炎は空に昇り、水は下りさまに流る。（乃至）
これらはみな法爾の道理なり、阿弥陀佛の本願は、名号をもて罪悪の衆生を導かんと誓ひ給たれば、たゞ一向に念佛だに申せば、佛の来迎《らいごう》は法爾の道理にてうたがひなし。

（『法然上人行状絵図』二十一　『法然上人絵伝』上　二二九－二三〇頁）

とあります。

これらの言葉から、師佛と弟子の歩みには永遠性が備わっていることが看取されます。今日の私どもにも、不可思議の願力を喚起させる感動があります。

「真実誠種」の名号が、他力廻向となって用き出してくる原点とも見えます。

永劫を尽くした業縁の歴史、そこに人と時代の興廃、佛教の僧伽、また家庭のもつ宿業の善悪を貫いて、今、この時に、真実の名号が蘇《よみがえ》ってきます。慈みの御教えは、生前も滅後も変わりありません。変わりない思い、それが大悲心です。切なる思いです。凡夫心のまま転ぜられる故に、「帰入しぬればすなはちに」と顕わされています。その感激が「大悲心」です。

況《いわ》んや、念佛をもって善知識と値遇された、法然・親鸞両聖人においては、「い（生）けらば念佛の功つもり、し（死）なば浄土へまいりなん。とても、かくても、この身には思ひわづらふ事ぞなきと思《おもひ》ぬれば、死生ともにわづらひなし」（『法然上人行状絵図』二十一『法然上人絵伝』上　二二五頁）との表白が肯けます。

また「来迎は法爾の道理にてうたがひなし」の「来迎」の語にも、業縁をみそなわす恩師の還相、応化《おうけ》の相と、大悲の心とが拝されます。

これらの用きを「智慧の念佛」といい、佛の力願を領受する行者の慶びを「信心の智慧」と呼びます。

第三節　釈尊の慈誡《じかい》

一　蓮華面経

(40)造悪このむわが弟子の
邪見放逸さかりにて
末世にわが法破すべしと
蓮華面経にときたまふ

御左訓

「造悪このむわが弟子」
しやくそん（釈尊）のみでし（弟子）のわるくなりゆくとなり　［正嘉本］

「法破すべし」
しやくそんのみのりをやぶるべしとみことにあらわせり　［正嘉本］

意訳　釈尊の教誡《きようかい》には、悪を好み、悪を造るわが遺弟の邪見放逸が盛んで、末世にわが法を破るだろうと、『蓮華面経』に説かれている。

二　誹謗苦報

（41）念佛誹謗の有情は
阿鼻地獄に堕在《だざい》して
八万劫中大苦悩
ひまなくうくとぞときたまふ

御左訓

「阿鼻地獄」
むけんぢごく（無間地獄）なり　［正嘉本］
むけんぢごくなり　［文明本］

「堕在」
おちゐるとなり　［正嘉本］

意訳　念佛を誹謗する人間は無間地獄に落ちて、八万劫の長い間、絶え間なく大苦悩を受けると、経典には説かれている（『観佛三昧経』・『十往生経』など）。

『蓮華面経』にときたまふ

第三十四首から第三十九首までは、「弥陀の悲愍」を明かし、以下第四十首・第四十一首の二首は「釈尊の慈誡」を顕わすとされ、上六首は弥陀の悲母性を、下二首は釈尊の慈父性を示す和讃として段落をつけるのが通例とされてきました。

この二首は、香月院師の表現によると、「窓から棒の様な文」とあります。上来、切実で情感が籠った弥陀の悲愍の讃詠から一転、釈尊による深刻な誡めへと変調します。この点は拝読する者が、等しく受ける感覚であろうと思われます。

善導大師が明かされたように、行者が此岸から彼岸に往生せんとする時には、水火二河《にが》を渡らねばなりません。この時東岸の釈尊は「但《ただ》決定して此の道を尋ねて行け」と勧めて、西方に向かわしめ、西岸の弥陀は「汝一心正念にして直《ただち》に来れ、我能く汝を護らん」と悲心をもって招喚したまう。

たしかに全てを摂取する弥陀は、悲心をもって、善悪を越えて子を受け入れる母親の相であり、行者に決定を迫る釈尊は、厳しい父親を象徴するものです。父としての厳しい相も、その心底には慈父の心根《しんこん》があります。それにしても、この二首における釈尊の相は、行者の徳を讃嘆する音調ではなく、厳しい破法の誡めの声として聞こえます。

講録にはほぼ、第四十首は「門徒の僻見《へきけん》」を誡め、次讃では、念佛を誹謗する「未来の苦報を示す」とあります。

第四十首では、佛弟子の僻見を自覚せしめるために『蓮華面経』の説を拠《よりどこ》ろとされます。ここで「門徒の僻見」とは、聖人の門弟たちの中におこった邪見、偏執に対しての言葉ですから、具体的事件や門徒の動向を基にしてのメッセージであろうと考えられます。

まず、『蓮華面経』という経の成立背景から見てみましょう。

この訳経は隋の那連提耶舎《なれんだいやしや》によってなされたと伝えられています（隋の開皇四年＝五八四）。釈尊の入滅が近づいたころ、毘舎離《ベーサリ》（びしやり）から波波城《パーバ》に向かう途中、跋提河《ヒランニャバリ》（ばつでいか）の辺りで、阿難に対して、

「我れは三カ月後に、涅槃に入る。その後、迦湿弥羅《カシミール》地方に信仰の篤い阿育王《アショーカ》という君主が出て、八万四千の塔を造立するであろう。しかし、後世にこの国に来集する比丘たちは、極めて放逸で法を破るような悪事をなすことが多発するであろう」と告げられます。

釈尊が波波城を過ぎて、摩伽陀《マカダ》国の菩提樹の下で結跏趺坐《けっかふざ》（足の甲と一方の足裏を結んで坐る座禅の形）しておられるところに、諸天の哀嘆《あいたん》する声を聞かれて、阿難に対して、改めて説法をされます。取意して記します。

阿難よ、未来に諸々の破戒の比丘が現れる。たとえば信者の供養を受けながら、内面に何の徳も持たず、ただ貪りの心だけが増長し、佛塔を毀《こわ》し、其の宝財物を横取りする。専ら己の生命を養うためのみで、それは修道の欠片《かけら》もない。

このような者たちは、命終の後には、悪の因縁によって、皆、地獄に堕《お》ちる。

阿難よ、譬をもって語ろう。獅子のような獣の王は、命絶えて死する時は、空・地・水・陸の上の他の生きものが、獅子の肉を噉食《かんじき》（うまそうに食う）することはない。ただ獅子の身は、自らの身中に諸の虫が生じて、獅子の肉を噉食する。阿難よ、我が真実法も、他の者が壊すことはない。我が法中にある諸々の悪比丘が、毒の刺《とげ》の如く、勤苦《ごんく》して長きにわたって行を積み集めてきた佛法を破《は》す。

未来の破戒の悪しき比丘たちが、楽《この》んで種々の悪業を造作《ぞうさ》し、我が佛法は衰滅し、やがて船が大海に沈没するように姿を消す。

阿難よ、如来が涅槃して久しからずして、正法はまさに乱れるであろう。

『蓮華面経』には、正法滅亡の怖《おそ》れが動機として底流していますが、この経文の内容は、今日実際に起こった歴史事件を背景にしたものと考えられています。

西暦五世紀中葉、後期グプタ朝（三二〇－五五〇）は、インド北西方からエフタール（白いフン族）に侵入され、その結果、東部領域を支配するのみの王朝となり、五五〇年ごろには滅亡します。

インド中原に侵入したフン族の王トラマーナ（四九〇－五二八）は、滅ぼしたグプタ朝の貨幣と同様のものを鋳造し、クジャクの図柄を画き、グプタ朝の後継者であることをアピールしました。その子がミヒラクル（蓮華面外道、五一二－五二八）です。

ミヒラクルは外道の元祖といわれるプーナラ（裸形修行者・六師外道の一つで、一切を否定し自我のみとする）の生まれかわりといわれています。

パキスタン北部のガンダーラ（ペシャワールの古名）は大乗佛教が伝わり広まった地域であり、インド北部のカシミールでは小乗佛教が盛んでしたが、ミヒラクルによって双方とも破滅させられました。

しかし、経文によると、ミヒラクルという凶暴者が死んだ後、七人の天子が次々にカシミール地方に生まれ、再び如来の正法を建立し、大いに供養をなしたと、伝えられています。

なお、この王の支配からわずか六十四年後に、その行実が『蓮華面経』として中国に翻訳され、伝播《でんぱ》することになりました。

また真宗第四祖・道綽禅師が、『蓮華面経』が翻訳（五八四年）された二十五年後に、浄土教に帰入されていることも、留意しておく必要があります。

師子身中の虫

『蓮華面経』上巻にある「阿難、唯師子の身に自ら諸の虫を生じ、還りて自ら師子の肉を噉食す」の記述に聖人は特に注目され、御消息（『親鸞聖人御消息集』五　聖典六六〇頁）に次のように記され、送られています。

佛法をば破るひとなし。佛法者のやぶるにたとへたるには、〈師子の身中の虫の師子をくらふが如し〉と候へば、念佛者をば佛法者の破り礙《さまた》げ候なり。

宛名は、聖人の子息、あの慈信房善鸞です。

出状の日付は建長七年九月二日、聖人八十三歳の年です。

善鸞義絶に先立つこと八カ月余りの御消息で、この末尾には、「親鸞」と署名され、日付は「九月二日」とのみ置いて、宛名を「慈信房　ご返事まで」となさっています。したがって、善鸞大徳からの問いに答えられたものと察せられます。それも身近な門徒方から次々に寄せられる要請や強い主張に、善鸞自身も困惑されている様子も伺えます。

たとえば、聖人は信願房という門弟に関して、「悪に染まった身だからといって、殊更に間違ったことを好んで行ったり、師匠・善知識のためにと称して、悪しきことを行ったりするのは、念佛の人たちにとって、非難されるべきことさえ知らないことであり、佛恩を知らない姿である。よくよく分別するように」と仰せられています。

信願房なる僧が、念佛者は悪を恐れる必要はないと主張し、説いて回っているように見うけられますが、聖人はこの件についても、半信半疑のお心のように見えます。

「信願房が申すやう、かへすぐ〲不便《ふびん》のことなり」というお言葉には、切ない愍《あわれ》みの心情が伺えます。

この「師子身中の虫」は、この消息の追伸文の中に、「入信坊・真浄坊・法信坊にも、此の文を読み聞かせたまふべし」という言葉で、再度書き起こされています。

登場する人物の所在は、今日確認できるものも、そうでないものもありますが、その信仰の内容まで確認する資料はありません。推察できるのは、老齢の聖人の気骨を折るような心労であります。

遠方の人には何通もの消息を送り、上洛する人には話して聞かせ、関わりのある人には、言付けをされるといった具合です。

善導大師の言葉を引いて、「道俗相嫌不用聞　見有修行起瞋毒（道俗相嫌ひて聞くことを用ひず、修行するものの有るを見ては瞋毒《しんどく》を起こす）」（『法事讃』下『真宗聖教全書』六〇五頁）とも仰せです。

つまり、僧俗が互いに和することなく瞋《いか》りの毒を含んで破壊していく姿に、まさに「師子身中の虫」と悲しまれる嘆きの深さが表されています。また、どの門弟にも、「かへすぐ〲不便のことにさふらふ」と悲心をかけておられます。

香月院師は、「造悪このむわが弟子の」の「このむ」を、字眼《じがん》として留意すべきであると指摘しています。悪を造っても苦しくない、という心情をもって「このむ」という心得の誤りを誡められます。

「このむ」心情を一歩進めていえば、「夢中になる」こと、「惚れ込む」ことであり、それは善悪の分別よりさらに強い磁力を発して、人を惑溺させる感情です。これはむしろ有情の本性であり、積み重なると宿業となって、未来世まで永く束縛するようになります。

「このむ」という感情は、善悪の基準では計れない心性があり、佛法への信・不信にかかわりなく、むしろ常並、凡夫の生き様かもしれません。

「わが弟子」は、聖人を悩ます、道を誤る門弟たちのことです。しかし「弟子」という語には、末世にあってもなお佛弟子である、という共感が泌み込んでいます。

浄土門下の念佛の異義

ここで、これほどまで聖人の心を煩わせた、門弟のかかえた異解《いげ》は何であったかを見ておかねばなりません。門弟の中に発生した信仰の諍論《じょうろん》や騒乱は、どこで起こり、どのような形の混乱であったかを知る手がかりは、やはり聖人の手になる御消息が、最も重要な典拠《てんきょ》となります。

まず、どこで起こっていたかについて、聖人のお言葉では、「京にも一念多念なんど申す争ふことの、多く候やうにあること、さら〳〵候べからず（京都でも、浄土に生まれるには、念佛の一声でもよいとか、数多く称えなくてはいけないなどという争いが、多くあるようですが、決してこのようなことがあってはなりません）」（『親鸞聖人御消息集』聖典六五四頁）とあります。

このことから、聖人在《おわ》しました京都においても、この論議が喧《かまびす》しく交わされていたことが伺われます。それはまた法然上人滅後、浄土教団がずっと引きずってきた問題でもあります。

聖人が、法然上人の法語や行状などを集録した言行録で、聖人ご自身が書写された『西方指南鈔』という書があります。その書物の中の一節（『法然上人全集』五三七頁）を開いてみましょう。

一念往生の義、京中にも粗《ほぼ》流布するところなり。おほよそ言語道断のことなり。

善導和尚は、上尽一形下至十声　一声等定得往生　乃至一念　無有疑心といへる。これらの文をあしくみたるともから、大邪見に住して申候ところなり。

上尽一形を廃する条、無慚無愧《むざんむぎ》のことなり。まことに十念一念までも、佛の大悲本願なほかならず、引接《いんじょう》したまふ無上の功徳なりと信じて、一期不退に行ずべき也。

（意訳）一念往生の義が京の都中、多く流布しており、全く言語道断のことである。（中略）

善導大師は、念佛は、上は人の一生を貫くものから、下は十声・一声に至るまで、必ず往生を得る。たとえ一念も疑うことはない。それを疑いをもって見る者は、大邪見に陥っているのである。（中略）

一生涯念佛することを排するということは、無慚愧な相である。まことに十念・一念に至るまで佛の大悲本願でないものはない。必ず佛がお導きくださるのを最上の功徳と信じて、一生涯油断なく念佛を称すべきである。

『西方指南鈔』では引き続いて、人が陥る邪見の内容、さらに造悪の実情を、聖人は次のように述べられています。意を取って示します。

「邪見な人間というのは、確かに自分は信を一念に凝縮して、念佛すべきだとはいっているが、決して全く念じてはならないなどといっているわけではないという。

この言葉は常識のようにも聞こえるが、その心は、実は邪見を離れていない。

それ故に、決定信をもって一念念佛申せば、その上さらに念佛をしなくても、十悪五逆の障《さわ》りになるわけではない」というような論調となるのです。

同『鈔』は、造悪の人の心底を表して、このように説かれています。

「これはひとえに、懈怠《けたい》にして道心が無い徴《しるし》で、分限知らずの消極的背徳である。ほしいままに心を悪にまかせて、念ずるということがなければ、その悪は勝れた往生の因（浄土往生の念佛）を障《さ》えて、三途に堕ちる原因となる。

一生造悪の者が、臨終に十念して往生できるのは、まさに懺悔念佛の力によるのであって、懺悔する罪を、我が力で滅し得る悪の意味と間違ってはならない。この人は懺悔の人である。他方、一念念佛の主張者は、邪見の人というべきである。

もし精進の人であっても、この一念異義の説を信じて聞く場合、即ち懈怠の人となる。希《まれ》にして戒をよく保つ人であっても、この異義を信ずるならば無慚愧の人となる。

このような人々は、総じて『附佛法の外道』（佛法に属しながら邪義を主張する外道の人）である」と。

以上は法然上人ご在世中に、越中の国に在住した光明房が立てた一念の異義に対して、上人が戒められた御消息ですが、これを聖人が書写されたのは、善鸞義絶以後の八十四歳の秋から、夢告を受けられる八十五歳二月九日以後の三月下旬にかけてのことです。

門下の邪見放逸《ほういつ》

さてそれでは、「造悪このむわが弟子の」と、佛滅後の破法に比定される、聖人門弟の信心混乱の実態とは、どんなものであったのでしょうか。

「浄土宗の教えの真髄も知らないで、思いも及ばないような放逸さ、慚《はじ》知らずなものたちの中には、悪は思いのままに振舞ってもよいと申している由、かえすがえす残念なことで、そのようなことがあってはなりません」

「自分は浄土に生まれることができるからといって、してはならないことをもし、考えてはならないことをも考え、言ってならないことをも言ったりすることが、あってよいわけはありません」

（『末燈鈔』十五　聖典六四三頁意訳）

「浄土に生まれるのに障りにはならないといって、間違ったことを好んでもよろしいなどと、私が申した憶えはありません。どうみても納得がいかないことです」

（『末燈鈔』十八　聖典六四六頁意訳）

「未だ酔いもさめない間に酒を勧め、毒が消え去らないのに、さらに毒を勧めるようなものです。〈薬があるからといって、毒も好きになってよい〉などということはあってはならないことです」

（『末燈鈔』五　聖典六五九頁意訳）

（『末燈鈔』二十一　聖典六五〇頁意訳）

これらの御消息によると、聖人が帰洛されて以後、主に東国の門弟たちの間に出来《しゅったい》した異義論争に対して、心を悩ませておられる様子がよく伺えます。

諍論が激しかったことは容易に想像できても、その実態は必ずしも明確にはなっていません。それらをあえて内容によって分類すると、

一、一念義に心念と口称のそれぞれ二種あり、造悪義に二種、多念義に二種、計八種ともあります（瓜生津隆雄氏説）。

二、また一念義十種、多念義五種、計十五種を挙げる学者もあります（山上正尊氏説）。

ことに聖人の晩年においては、この一念義、多念義の争いの対処に追われておられました。

法友である隆寛律師が選述された『一念多念分別事』を聖人は書写されて、門弟に与えられ、また康元二（一二五七）年二月九日に「夢告讃」を感得された八日後の二月十七日（八十五歳）には、隆寛律師の書を詳《つまびら》

かに解説、肝要を取って『一念多念文意』を著《あらわ》されました。

一念・多念の問題の根源は、善導大師の『往生礼讃』（前序）において、「但、信心をもって求念《ぐねん》せ使むれば、上一形を尽し、下十声・一声等に至るまで、佛の願力を以て往生を得易し」（「行巻」聖典二八七頁）とあり、念佛の中に一生の間称える念佛と、一声の念佛を示し、念佛をどのように称えるべきかという念佛者の姿勢について答えておられるところです。

ここで、一念義と多念義の特色について、改めて述べておきます。

一念義については、一声の念佛で浄土に往生することが可能だとされましたが、やがてそこから逸脱する異解の者が現れ、どんな悪も往生の障りにならないという造悪無碍が起こり、一念義が邪義の代名詞のようにも用いられるようになりました。

一念義の主唱者といわれる幸西《こうさい》は、凡夫が称える正しい念佛は、念佛者の信心と佛智の一念とが、冥合《みょうごう》（一致）するという意味でなければならないと主張しました。

法然上人の教相の根本は、ただ、念佛の行を以て、往生の唯一の行業とする教えです。

上人の教学は、特に選択と、廃立《はいりゅう》（優劣・難易を比較して一方を廃し、一方を真実として立てること。また方便を廃し捨てて、真実を顕し立てること）を徹底させるという教理に立ったものです。

したがって、聖道門を捨て、雑行を捨て、助業を捨て、自力の称名はもちろん、多念の称名まで捨てて、一声の称名を往生決定の業因《ごういん》とします。

さりとて、称名に励むものが本願を信じない自力の行者であると批判されることはなく、「信をば一念往生すと取り、行をば一形に励むべきなり（信を称名の一念に往生するとし、行を一生涯の間励むべきである）」（「禅勝房に示される御詞」第八『法然上人全集』六九八頁）とされます。

念佛生活は称名正定業の相続とするのが、法然上人の基本的な一念多念への姿勢でした。

聖人は次のようにおっしゃっています。

ただ、一声の念佛が、浄土に生まれる直接の業因として充たされている行であるというならば、まさにその通りです。だからといって一声の念佛のほかに、さらに念佛を称えてはならないということではありません。（中略）

また一声の念佛のほか称える念佛は、あらゆる同朋に差し向けるべきだとするのも尤もなことです。一切の世の人たちに向けられる念佛であるからといって、二声・三声、念佛することは往生の障りになると心得るならば、それは間違いです。

〈念佛往生の本願〉とは、念佛するものを浄土に生まれさせようという本願より仰せられるのですから、数多く称えようとすることも、ただ一念でも、一声でも、往生できるものと承知しています。

また一声のみで必ず往生できるからといって、多く念佛する者は往生できないということは決してありません。

（『親鸞聖人御消息集』三　聖典六五五頁意訳）

法然上人の門弟たちの論争は、法然上人滅後に、特に盛んになったと伝えられています。また聖人の門弟に関しては、聖人が親しく教化された関東を離れられてからが、顕著になりました。

これらの異義が頭を擡《もた》げてくるのは、主として師（善知識）との人格的交わりが失われたことに起因すると考えられます。

その時、門弟の心底に止みがたく湧き出でる心情は、次のようになります。

一、佛に信仰の具体的な保証を求める心。

二、新鮮な感動の観念化、抽象化。

三、以上が困《こう》じて、佛を試す心裡《しんり》へ。

たとえ一旦、光明の摂取に目覚め、長い闇から開放されたとしても、在家止住の宿業の身にとっては、これらの日常の生業《なりわい》の心情まで変わることではありません。

しかしそれはまた、一念往生の獲信の確かさに、何ら影を落とすものでもありません。ただ求められるのは、どこまでも本願を仰ぐ他力の信でありましょう。そこから一念義に対抗する多念義が起こってきます。

『歎異抄』には、この間の経緯が、臨場感をもって描き出されています。

いかなる人であろうとも、しかるべき宿世の業縁が催せば、どのような振舞でもするものと、聖人は仰せになっていますのに、このごろは、後生を悟った風をして、善人に限って念佛することができるかのように思い、ある時は念佛の道場に張り紙をして、これこれのことを行ったものは道場に入れないなどということをしているようですが、これこそひとえに外に賢善精進を見せる相であり、内には虚仮不実の心を懐《いだ》いていることではありませんか。

また、阿弥陀佛の本願を我がものと思いあがり、それに狎《な》れて造る罪も、また宿業のなせる業です。それ故、善いことも、悪いことも業報（過去世からの縁）にそのまま打ちまかせて、ただ弥陀如来をたのみ信ずることこそ、他力の信なのです。

『唯信鈔』にも、〈阿弥陀佛にどれほどのお力がましますかを知った上で、自分は罪深い身故、とても救われないなどと思うことがあろうか〉と示されています。

本願をいただいたと思う心があるにつけてこそ、いよいよ他力に身を委ねる自分の信心も、まさに定まってくるのです。

いったい、自分の罪障や煩悩を滅し尽くした後に、本願を信じるというのであれば、本願をいただいたと思い上ることもなくてよいでしょう。

それなのに煩悩を断じた暁に佛に成るというのならば、五劫という長い間、思惟を凝らされた阿弥陀佛の本願の所詮もありません。

本願をいただいたと自認する人を戒《いまし》めようとする人にも、煩悩の身のままである不浄さが見受けられますから、それも願に甘えていることにはならないのでしょうか。

どのような悪をもって〈本願ぼこり〉と言い、どのような悪を〈本願ぼこりでない〉と言うのでしょうか。むしろ、覚束《おぼつか》ない料見のように見えます。

（『歎異抄』十三　聖典六七四頁意訳）

長い意訳文の引用になってしまいましたが、具眼《ぐがん》の唯円大徳によって惑いの中にある東国の門徒の心情が強く伝わってまいります。

以上の如く、一念多念の争いを省みると、一念も多念も、念佛の教えを一度経験している人たちから起こっています。

一念の念佛に遇った行者は、弥陀誓願の功徳に心が開かれる経験があります。

しかしその感銘は、凡夫持ち前の料簡が災いして、誓願不思議であることを自らの所信と誇り、他力廻向の念佛を自らの善根であるとする、執着心に曇った信心に傾くことがあります。

ここに一念義が生まれ、一部は造悪無碍の異義へと亢進《こうしん》していきます。如来の本願をほこりとする念佛者は、自らの心が中心となって、如来大悲を真に心から信楽しているとはいえません。

一念義の人の動向を懸念する他門の人たちは、当然これらを批判します。一念義の念佛者たちは、悪を止め、自らを糺《ただ》し、念佛に努めるべきであって、さもなければ往生など叶《かな》うはずはないと批判を受けるようになります。

ただし、多念の念佛を臨終往生の保証にするようになった時、異義者に陥落します。

聖人は御消息の中で、一念と多念の是非を争うようなことは、無益の論争ゆえ、決してすべきでないと、哀れみを以て繰り返し誡めておられます。

「かへりて心をさなきことか」（『歎異抄』十三　聖典六七五頁）との、唯円の歎きの言葉が肯けます。

香月院師は、この悪事をよしとする破法の根底にある「邪見」について、「因果撥《はつむ》無の邪見にあらず、全て非を是と思うのが邪見なり」とし、「放逸」については、「やりはなしに、ほしいままなり」、「慎むという事なし」と記しています。

さて、香月院師は第四十首について、当讃は、「衆徒の僻《へきけん》見を誡む」と科文し、念佛者の邪見放逸を誡め、第四十一首の讃については「念佛誹謗の者の未来の苦報を誡む」と科文しています。

前讃で掲げられたように、『蓮華面経』の所説の如く、邪見放逸の弟子が出現したならば、念佛者ならずとも、他門の衆徒が念佛そのものを誹謗することは、歴史を見れば事例を挙げるに事欠きません。

一つ意に留めておくべきことがあります。私ども真宗念佛者は、この第四十一首の和讃を諷《ふうじゅ》誦しないことが、古来より習わしとなってきたことです。

他門の非を見ても、声に出すことは慎むべきとすることで、この故実にはあくまで内観を第一とする、浄土真宗の宗風があります。

「自利利他円満」の大乗至極を目指す念佛者にとって、眼前にする善悪の事象を、わが身の問題としてより深く思慮することは、法蔵菩薩、五劫思惟の力を蒙る大事な機縁となります。

第四節　二尊の遺喚《けんかん》

一　二尊教益

(42) 真実報土の正因を
二尊のみことにたまはりて
正定聚に住すれば
かならず滅度をさとるなり

御左訓
「滅度」
だいはちねはん（大般涅槃）なり　［正嘉本］

意訳　真実報土へ往生する正因である他力の信心を、釈迦・弥陀二尊のみ教えによってたまわり、正定聚に住すれば、必ず滅度をさとるのである。

諸佛の証誠護念

香月院師は、以下第四十二首・第四十三首・第四十四首の三首を「弥陀・釈迦・諸佛の一致の本懐」を表す、一連の和讃としています。蓋《けだ》し、適格な見識であると思われます。

ここで諸佛の証誠護念を讃詠されることは、偏に現実の念佛僧伽の意味の重要性と、その功徳を示そうとされるものに他なりません。

第三十三首の和讃に、

釈迦弥陀の慈悲よりぞ　願作佛心はえしめたる
信心の智慧にいりてこそ　佛恩報ずる身とはなれ

とありました。

一見、この第四十二首と同様の趣旨を詠われたものと見なされがちですが、第三十三首は一句目に「釈迦弥陀の慈悲よりぞ」とありますように、釈迦・弥陀が、父となり母となり、慈悲を伝えてくださったが故に、信心の智慧を頂戴して佛恩を報ずる身となれたことが表されています。

その直前の第三十一首・第三十二首に示されている無碍光佛の大悲は、久遠本佛からのご化導が一貫する伝統であったことを示すことに、主眼がありました。

一方、当讃の「二尊のみこと」の「二尊」は弥陀・釈迦のことで、弥陀・釈迦の教えは現前の三宝となって、諸佛善知識からの現実の「みこと」（ことば）として顕現されることが眼目となっています。そのことが、本讃第一・第二句に示されています。すなわち、「真実報土の正因を　二尊のみことにたまはりて」です。

「真実報土の正因」とは、往生の正因ということであり、行者の「他力の一心」を指します。

「他力の一心」が、現実にこの身に成就する時には、善知識（諸佛）の言葉（みこと）となります。

その言葉は必ず、弥陀・釈迦の「みこと」を受け伝えた真実義でなければなりません。諸佛の言葉は、蓮如上人が「阿弥陀如来の仰せられけるやうは」（『御文』四の九　聖典八四八頁）と述べられる、佛の境界から発《おこ》されたものです。

『三帖和讃』において、聖人が「みこと」を用いられた例は「釈迦無碍のみことにて」（「浄土讃」二十八）、「天親論主のみことをも」（「高僧讃」十七・三十二）、「曇鸞大師のみことには」（「高僧讃」三十七）、「無碍光佛のみことには」（「正像末讃」三十二）、「二尊のみことに」（「正像末讃」四十二）、「証誠護念のみことにて」（「正像末讃」四十三）などです。

聖人の用いられた「みこと」には、いずれも教相の転機を促す強いメッセージが発せられています。さらに「みこと」は御言・御言宣《みことのり》の敬称として、神様また貴人に添えた「尊」、あるいは、「命」の尊称でよばれる人格に通ずるものでもあります（金子大榮師説）。

このように、末法濁世の現下における具体的内容であることを押さえておかなければ、「正像末和讃」の真実は正しく理解できません。

第三章　十方諸佛の証護

一　諸佛証護

(43)十方無量の諸佛の
証誠護念のみことにて
自力の大菩提心の
かなはぬほどはしりぬべし

御左訓　なし

意訳　十方無量の諸佛が念佛を証誠して、行者を護念せられる言葉《おしえ》によって、いかに自力の大菩提心を発しても、佛に成ることは叶わないことを知るべきである。

二　濁世難信

(44)真実信心うることは
末法濁世にまれなりと
恒沙の諸佛の証誠に
ゑがたきほどをあらはせり

御左訓　なし

意訳　他力真実の信心をうることは、疑謗が蔓延《はびこ》る末法濁世には希《まれ》であると、十方恒沙の諸佛は、証誠によって、いかに信心が得難いかを顕された。

時機にかなう「みこと」

さて、この第四十三首・第四十四首の二首は、諸佛の証誠について讃詠されたものです。諸佛の証誠とか、咨嗟《ししゃ》（咨は讃、嗟は嘆）といわれる視点は、佛道の領解や行証の問題ではなく、畢竟、真信確立の問題に他なりません。

「諸佛証誠の願」といわれる第十七願は、「説く」ことに主眼があるのではなく、徹底して「聞く」ことにあります。私どもにとっては、自覚し領解することは、本当に頭を下げる以外にはありません。第十七願を「大悲の願」と称される所以です。

大悲の願とは、畢竟じて佛心の大悲が念佛者に現行することです。しかし、私ども凡夫の現実はどうかといえば、自他の軋轢《あつれき》の中にあって、如来在《まします》ことを信じた事実（念佛）まで、私有化してしまう本性を備えています。

その本性から、驕慢の心、使命・義務という覆《おお》いを被《かぶ》った名利心、億劫《おっくう》な心が出来して、何もかもが重荷となった結果、同行・善知識への「不親近《しんごん》（距離をおくこと）」、所期の目的から逸脱する「雑縁」へと傾斜していきます。

第四十三首における諸佛の証誠護念とは、これらの自力心では、往生浄土の本懐を果遂《かすい》することが不可能であることを知らしめます。

ここで「みこと」としてあらわされる、弥陀・釈迦、とりわけ諸佛よりたまわる言葉について、付言しておくべきことがあります。

言葉とは、「時」を捨象して用いられるものだということです。言葉は他者との共通項をもたせて、普遍化されるので効用があります。「時」と「機」が合致しなくなると、言葉は意味を失い、やがて死語となります。諸佛（善友・善知識）の言葉も、時機に順《かな》っていればこそ、価値ある「みこと」となります。ここで重要なのは「みこと」に対しては、「仰ぐ」という姿勢が何よりも大切だということでしょう。

私どもは、たとえ真実が多く述べられている書を読んでも、仰ぎ、尊む心がなければ、全く反対の意味に解してしまうこともあり得ます。

第四十四首で、諸佛が証誠される所詮は「えがたきほどをあらはせり」とありますように、「極難信」が示されることです。

自力の罪福心（功利を基準とした考え）で、善悪の因果を信ずることは易《やす》いのですが、弥陀本願・念佛往生の大利（大悲本願の全領）を信受することは「難中の難」です。この難事を成さしめるのが、当讃の証誠の所詮です。

諸佛の証誠とは、佛法僧の現前三宝の中の「僧」であり、それは末法濁世の「今」の僧伽における、喫緊《きつきん》肝要の問題であります。

この故に聖人は、諸佛をして、自力の菩提心の叶わぬことと、得難き「極難信」のほどを知らしめんことを示されます。「極難信」という表現の中に、本願の用きは、より強く込められています。

聖人が、「正像末和讃」を著されたところに、門弟との間で往復された御消息を拝読してみます。大切なところですので、原文と意訳文の双方で示します。

この信心をうることは、釈迦・弥陀・十方諸佛の御方便よりたまはりたると知るべし。しかれば〈諸佛の御教を謗《そし》ることなし、余の善根を行ずる人を謗ることなし。この念佛する人を憎み謗る人をも、憎み謗ることあるべからず。あはれみをなし、悲しむ情《こころ》をもつべし〉とこそ、聖人は仰言ありしか。あなかしこ、あなかしこ。

佛恩の深きことは、懈慢辺地《けまんへんじ》に往生し、疑城胎宮に往生するだにも、弥陀の御誓のなかに、第十九・第二十の願の御あはれみにてこそ、不可思議のたのしみに遇ふことにて候へ。佛恩の深きこと、其の際もなし。

（『末燈鈔』二　聖典六三二頁）

（意訳）この信心を得ることは、釈迦・弥陀及び十方の佛のお導きのたまものであると知るべきです。ですから、諸佛善知識のみ教えを謗ってはなりませんし、念佛以外の善を行う人を謗る必要も、念佛以外の善を伴う人を謗る必要もありません。

また、この念佛する人を憎み謗る人を、憎み謗るということがあってはなりません。むしろ憐れみ、いとおしむ心を持つことが必要であると、法然上人は仰せられました。ああ畏れ多くも勿体ないことです。

佛のご恩の深さは、懈慢界の辺地に生まれ、疑城胎宮に生まれることさえも、弥陀のお誓いのうちの第十九願と第二十願とのお慈みによればこそ、そのような心も、言葉も及ばない喜びに遇うのである、ということが知られます。佛のご恩の深いことは、その際限がありません。

念佛せさせたまふ人々のこと、〈弥陀の御誓は、煩悩具足の人のためなり〉と信ぜられ候は、めでたきやうなり。たゞし悪き者のためなりとて、殊更に僻事《ひがごと》を心にも思ひ、身にも口にも申すべしとは、浄土宗に申すことならねば、人々にも語ること候はず。おほかたは〈煩悩具足の身にて、心をも止めがたく候ひながら、往生を疑はずせんと思召すべし〉とこそ、師も善知識も申すことにて候に、〈かゝる悪き身なれば僻事を殊更に好みて、念佛の人々の障りとなり、師のためにも、善知識のためにも咎《とが》となさせ給ふべし〉と申すことは、ゆめ〳〵なきことなり。

（『親鸞聖人御消息集』四　聖典六五八頁）

（意訳）念佛なさっている人々のことについて、弥陀のお誓いには、煩悩にまみれた人のためにあると信じておられることは素晴しいことです。

ただし悪人のためのお誓いであるとして、ことさら間違った同情をし、行動に出し、発言してよいなどとは、浄土宗の教えにはありませんので、私自身が人々にそのように語ることはありません。

大体において、〈煩悩を具えた身であってみれば、動揺する心を一所《ひとところ》に止める事は困難ですが、往生を疑いなく遂げようと思うことが肝要であります〉と、わが師・法然上人も善知識方も仰せになっています。

さりながら、〈このような悪性の身だからといって、ことさらに間違ったことを好んで、念佛の人々のための妨げとなり、師のためにも、善知識にとっても罪となるようなことをしてもよい〉と申すようなことは、決してありません。

また、往生一定と思ひ定められ候ひなば、佛の御恩を思召さんには、異事《ことごと》は候べからず、御念仏を心に入れて申させ給ふべしと覚え候。あなかしこ　あなかしこ。

（『親鸞聖人御消息集』一　聖典六五五頁）

（意訳）必ず往生するものと思い定まったならば、佛のご恩を思うのには、別に他のことがあるはずもありません。お念佛を心に入れてお称えされるのがよろしいと考えます。ああ、畏れ多くも、尊いこと。

これら、門徒の人たちとの間で交わされた御消息の中から聞こえてくる声があります。それは、どこまでも深く広い如来の誓いであり、翻って我ら凡愚の衆生の煩悩の障《さわ》りの執拗さです。

そこに「悲しき哉」と、悲傷される如来・善知識の大悲の呼びかけがあります。

凡夫にはどうしても、見ることも、語ることもできないものがあります。語れば語るほど、それを超えたものがあることを知らされるばかりです。

語り尽くされないもの、見つくされないもの、しかし、そこに凡愚のこころを開いてくださる力があります。

そのことを、如来大悲の現行である「諸佛の証誠」によって、凡夫が聞き通すことを、聖人はお勧めくださいます。

「諸佛称名の願」である第十七願を「大悲の願」と称されることも、深く肯けます。

第十七願について聖人は、このように仰せになります。

〈諸佛称名の願〉と申し、〈諸佛咨嗟《ししゃ》の願〉と申し候なるは、十方衆生を勧めん為と聞えたり。又十方衆生の疑心を止めん料と聞えて候。

『弥陀経』の十方諸佛の証誠のやうにて聞えたり。詮ずる所は、方便の御誓願と信じまゐらせ候。

（『親鸞聖人御消息集』十一　聖典六六四頁）

（意訳）「諸佛称名の願」といい、「諸佛咨嗟の願」というのも、一切の生を享けたものに、弥陀のお誓いを信ずるように勧めるために立てられた本願であると思われます。また一切の者の疑いを止めるためであると解されます。
このことは『阿弥陀経』の中で、一切の諸佛がその真実を証明されていることからわかります。つまるところ、この願は（第十八願の念佛往生を成就させるための）方便のお誓いであると信じています。

方便とは、真実へと近づける憐愍の慈悲の用きを指しますが、諸佛の証誠は究極の方便ともいえます。諸佛証誠の精神が『阿弥陀経』に説かれていることを、この御消息には示されていますが、諸佛の証誠に関して、聖人の「三願転入」の文には、「今特〈コトニ　ヒトリ〉方便の真門を出でて、選択の願海に転入し、速に難思往生の心を離れて、難思議往生を遂げんと欲す。果遂之誓、良《まこと》に由《ゆえ》有る哉」（「化身土巻」三願転入　聖典四六七頁）とあります。

諸佛善知識との値遇によって、「時」と「機」が因縁成就して、弥陀の本願海に迎え取られます。「特」には、その左右に「コトニ」と「ヒトリ」という振り仮名が付されており、まさに「機法の成就」を示します。

諸佛の証誠とは、つづまるところ、
一、善知識に遇い、尊敬の心を持つこと。
二、あらゆる徳が円備されている念佛は、報恩の念と共にあること。
この二点に究まります。
後世、現前三宝を住持された、覚如上人・蓮如上人が、この肝要に絞って、僧伽建立の実を挙げていかれました。
ちなみに、覚如上人が、諸佛の意義が表されている『阿弥陀経』について、「機法の真実」として重要視されていることは、僧伽の本質と関連して、心を留めておく必要があります。

三経の説時をいふに、『大無量寿経』は、法の真実なるところを説きあらはして、対機はみな権機なり。『観無量寿経』は、機の真実なるところを顕せり、これすなはち実機なり。いはゆる五障の女人韋提をもって対機として、遠く末世の女人・悪人にひとしむるなり。『小阿弥陀経』は、さきの機法の真実をあらはす、二経を合説して、〈不可以少善根　福徳因縁　得生彼国〉と説ける無上大利の名願を、一日七日の執持名号に結び止めて、こゝを証誠する諸佛の実語を顕説せり。（『口伝鈔』下　聖典七〇七頁）

（意訳）　三経が説かれた時をいえば、『大無量寿経』には、法が真実であることを説かれていますが、それを受ける対告衆の衆生の機相は、みな仮の〈暫く／取りあえず〉根機として表されています。

『観無量寿経』は、機の真実が表されていて、これはすなわち実機（真実の機相）です。いわゆる五障の女人である韋提希夫人《いだいけぶにん》をもって対告衆《たいごうしゅう》〈対手〉とし、はるか未来際にいたった末世の女人・悪人と同様の衆生のことです。

『阿弥陀経』は、さきの〈機の真実〉と〈法の真実〉を表す二経を合して説かれており、「不可以少善根福徳因縁　得生彼国」（少善根福徳の因縁を以ては、彼の国に生まるゝことを得べからず）と説かれています。

この上なく大いなる利益である名願（名号を誓われた本願）を、一日乃至七日、名号を一心に称えることに結びつけて、このことを証誠する、諸佛の実語を顕説されたものです。

第三門　弘法の恩徳を喜ぶ

第一章　如来廻向の恩徳

第一節　廻向に遇う恩

一　廻向値遇

(45)往相還相の廻向に
まうあはぬ身となりにせば
流転輪廻もきはもなし
苦海の沈淪いかゞせん

御左訓
「往相還相の廻向」
みだのにしゆ（二種）のゑかうなり　［正嘉本］
「流転輪廻」
るてんしやうじ（生死）りんゑしやうじ　［正嘉本］

意訳　往相・還相二種のはたらきに遇えない身となったならば、迷いの生命は流転尽きることなく、苦悩の海に沈むことは、如何ともなし難い。

「正像末和讃」五十八首は三段に分けて見られますが、これより第三段目に入ります。前二段の四十四首を受けて、これより十四首の和讃を以て「正像末和讃」を結び止められます。よって第三門「弘法の恩徳を喜ぶ」として、章段を改めます。

この段を講釈されるほとんどの先学は、「遇法の恩徳……」とされますが、香月院師は「弘法の恩徳を結嘆す」と科文を施しています。

香月院師の科文を見た当初は、真実教が公布されていく表現と了解して、ややしっくりしないものを感じ、先学の大半が示される「遇法の恩徳」という表記に、妥当性を認めていました。しかし、この第三門の和讃を順次拝読していくにしたがって、善悪浄穢の次元を超えた往相還相の廻向の大悲に浴する間、思いが改められていきました。

領受の喜びが表されている「遇法」より、如来恩徳の等流《とうる》を仰ぐ「弘法」の恩徳の意に、より廻向の精神が響いてくるように思われます。香月院師の慧眼に、目を洗われる感を懐いたことです。

「往相還相の廻向に」

末法濁世にあって、真実信心を賜ることは、言葉に尽くせぬ喜びがあります。それは、「遇ひ難くして今遇ふことを得たり、聞き難くして已《すで》に聞くことを得たり」(『教行信証』「総序」 聖典二六六頁)という感動です。

もしこの喜びを取り失うことになれば、疑いの網に覆い取られて、苦海の底で再び昿劫《こうごう》の間流転しなければならない身です。この迷いの網から救い上げてくださったのが、往相・還相の阿弥陀如来様の他力廻向です。以下第四十五首から第五十一首まで七首にわたって、全て往還二廻向に関する和讃となっています。

往相還相について、「曇鸞讃」第十三首（聖典二三八頁）に、

　弥陀の廻向成就して　　往相還相ふたつなり
　これらの廻向によりてこそ　心行ともにえしむなれ

と詠われており、二句目の「往相還相」の御左訓には、「往相はこれより、往生せさせむと思し召す廻向なり。還相は浄土に参り果てば、普賢の振舞ひをせさせて、衆生利益せさせむと廻向したまへるなり」と示されています。

衆生に浄土往生をさせ、一切有縁の人を救う徳を具えた普賢菩薩たらしめたいと、意味づけておられます。聖人は、この二種の廻向によって、往相の心（一心の安心）と行（五念門の行）という、念佛行者にとっての全生命をここに示されています。すなわち、二種廻向こそが、浄土往生の行業の全てであると表されているといえます。

真宗の大綱について、聖人が、『教行信証』に「謹んで浄土真宗を按ずるに、二種の廻向有り」（「教巻」聖典二六七頁）と示されている如く、如来の往還二廻向は浄土真宗の教相の骨格です。

二種の廻向というと、阿弥陀如来のお差し廻し（廻向）によって、衆生が浄土に往生することを「往相廻向」といただき、しかる後に浄土から還帰して有縁の人を救うことを「還相廻向」と思いがちですが、二種の廻向は本来離れた用きでなく、一つの名号として、同時に我らに与えられて、用くことを念頭に置くことが大切です。

私どもが如来と直結するのは、二種の廻向の用きを通してのみなのです。

上求菩提　下化衆生

佛道の目指す究極的目標は「涅槃」です。涅槃とは、古来、煩悩の火が吹き消された安らかな身心の状態で、それが覚りの境地とされてきました。

煩悩の代表的なものは三つあり、一つには貪りの心（貪欲《とんよく》）、二つには怒りの心（瞋恚《しんに》）、三つには文字通り愚痴です。

これらを滅して、束縛から解放されることを涅槃といいます。

釈尊在世の間、もしくは釈尊の威徳が未だ灼《あらた》かなる間、佛弟子は、釈尊の語られた言葉、修道の実践を見倣《なら》って、その通りに実現できるよう努力したことでしょう。

しかし、釈尊の滅後、三、四百年を経た西暦元年前後より、釈尊の正道が形骸化して、佛在世より遥か遠く離れてしまったという感情が生まれ、「無佛の時」を実感するようになりました。

このような状況下で起こったのが、大乗佛教という革新運動です。それは釈尊の覚りの方向のみに向くのではなく、衆生が漏れなく救われていくことを実践する、菩薩道の方向性です。

大乗佛教になると、涅槃について「無住処涅槃」という考え方が生まれます。

「無住処涅槃」とは、生死にも涅槃にも住しない涅槃で、智慧あるが故に、煩悩に迷う生死界に止まらず、しかも大悲をもって衆生を救うために、涅槃にも住さない覚りを指します。

涅槃にも止まらず、生死界にも止まらず、なおかつ衆生の救済を目的とする、実践道というわけです。これは菩薩が大悲をもって衆生界で活躍するという、大乗佛教の菩薩行を背景として生まれた思想です。

大乗佛教の確立は、中観《ちゅうがん》思想が唯識思想によって研ぎ磨かれて完成された結果だといわれます。中観とは、存在するあらゆるものは、原因と条件とが相まって縁起（生起）するもので、独立固有の実体を有するものではないという思想です。存在の本質は「無自性《むじしょう》」「空性《くうしょう》」であるとして、ものごとを固定して捉えない考え方です。それを完成させたのは、龍樹菩薩だといわれます。

中観を受けて、「無自性」「空性」の概念全体の背景に、「非存在の存在」を含む認識と、その展開を系統立てて見る学説が唯識です。

中観思想は、ものごとの真実性を明かす智慧を目ざしたもので、向上的姿勢といえます。

他方、唯識は、衆生が真実法をいかにして受けとるのかという観点から、慈悲心を中心に衆生の心理を解明していきます。

大乗の菩薩道においては、この向上的智慧、そして向下的慈悲の活動が中心となります。佛に向かえば「上《じょう》求菩提《ぐ》」であり、衆生に向かう方向は「下化《げけ》衆生」と言い慣わしてきました。

大乗佛教の思潮において、この「無住処涅槃」と同様の考え方から「故意受生」という表現もあります。「故意受生」とは、『大乗荘厳経論』という論書に登場する考えで、迷える衆生を救うために、涅槃を悟った菩薩が、あえて迷いの存在に生を享《う》けます。この意をまた「三界中にあって楽しみあり」などと表されます。

ともあれ大乗菩薩精神を、往相と還相という概念で表現したのが、曇鸞大師だとされます。

その発揮（＝創見）を受け、浄土教の骨格として発展させたのが、親鸞聖人です。

いかに愛《いとお》し、不便《ふびん》と思ふとも

以上、浄土真宗における往相・還相の重要性は概ね理解できますが、さて私どもがどういう時に身近にそれらを実感できるのでしょうか。

凡夫が救済される相である往相・還相の二方向が、具体的にはどのような形で現れ、如来の他力廻向によって、衆生が如何に救われていくのかという契機を示す代表的な聖教は、『歎異抄』第四章の言葉でありましょう。

慈悲に聖道・浄土のかはりめあり。聖道の慈悲といふは、ものを憫《あわれ》み悲み育むなり。然れども、思ふが如く助け遂ぐること極めて有りがたし。（また）浄土の慈悲といふは、念佛して急ぎ佛に成りて、大慈大悲心をもって思ふが如く衆生を利益するをいふべきなり。今生にいかに愛《いとお》し不便《ふびん》と思ふとも、存知のごとく助け難ければ、この慈悲始終なし。しかれば念佛申すのみぞ、末徹《すえとお》りたる大慈悲心にて候べき、と云々。

（聖典六六七頁）

よく知られた一節ですが、意訳をしますと次のようになります。

（意訳）慈悲に聖道門自力の慈悲と、浄土門他力の慈悲との違いがあります。聖道門のあわれみ、悲しみというのは、生あるものをあわれみ、愛おしみ、大事にすることです。しかしながら、思い通り助け果《おお》せることは非常にむずかしいのであります。

また、浄土門のあわれみ悲しむとは、自分がまず念佛を称えて、速やかに如来の本願が成就することを願うのですから、この大慈大悲においてこそ、心の如くに衆生は救われるのです。

この世でいかに愛おしく、不憫に思っても、思い通りに救い上げることはできませんので、自力の慈悲は不完全で終わります。その故、本願に帰命して、念佛申すことだけが、終わりを全うし、目的を達する大いなる慇み、悲しみの心であるということです。


『歎異抄』第四章は、決して見捨てておけない状況下にある有縁の人に対しての、苦悩の叫びが底にあります。平凡なる衆生にとって、血縁者の突然の発病、予想しなかった死に遭った悲しみ、抗《さから》いがたい事件に係わらねばならぬ薄幸、これら、釈尊の時代から「四苦」といわれてきたことは、生きていく以上は、必ずといっていいほど、経験せねばならないことです。

我々凡夫は、渉々《はかばか》しい菩提心などは持ち合わせていませんが、「今生にいかに愛し不便と思ふとも、存知のごとく助け難し」というところから、菩提心の本質が兆してくるのではないでしょうか。

「この慈悲始終なし」という諦認の下から、本願の名号が用き出します。

聖人は、「行巻」において、「我が弥陀は名《みな》を以て、物（有情）を摂したまふ」（元照律師『弥陀経疏』聖典三〇〇頁）と、名号によって救われることを明示されています。

また、名号と本願の関係について、「法蔵菩薩の御こころをもて本願の体とし、名号をもては、本願の用とす」（『西方指南鈔』中末、『真宗聖教全書』四　一七五頁）とありますように、本願そのままの用きが名号です。

本願は因であり、名号は果、また本願は義であり、名号は名であるといわれる所以です。

「正像末和讃」の第一首には「如来の遺弟悲泣せよ」とありました。

人は生涯に何度か、悲しみの涙に暮れることがあります。衆生とは涙を抑えて生きている存在であることも事実です。

佛の名をひとたび聞いた者は、佛弟子であることを自認し、佛在世からいかに遙かに隔たっていても、五濁悪世の只中で、たとえ潤った証《さと》りの情感が乾いたとしても、何かが自身を励まして、見えない菩提心に支え続けられて生きてきました。善導大師の言葉を借りれば、まさに日夜に「頭燃《づねん》を灸《はら》ふが如く」（「散善義」聖典三二五頁）佛道であるといえます。

このような佛道の道程を振り返る時、「悲泣せよ」という呼びかけに、何か温かい恩情さえ憶えます。『歎異抄』第四章（慈悲問題）、さらに第五章（親子問題）、第六章（師弟問題）も同様に、慈悲の課題、聖道の行者たちが、人間としての真実を求めて歩いた辛酸と挫折が具体的に示されており、はじめの間は、無意識の中にも、浄土の慈悲を願い求めてきたことが想像されます。

それは「急ぎ佛に成りて、大慈大悲心をもて思ふが如く衆生を利益する」と顕される背景であり、それが還相廻向の根底となるものであります。

向上的往相　向下的還相

ここで往相・還相の相を、一個の人間の生涯において見たらどうでしょうか。

こと還相廻向に関して、凡夫が還相の意識を持つとか、もしくは還相の菩薩となって振舞うことは、分限を越えたことであり、不可能です。

しかし、凡夫の身に、還相の切実な願いがなければ、佛の還相廻向は理解できないと思われますし、また、還相という言葉自体、意味がありません。

我々凡夫の一生涯を概観すると、器量の差こそあれ、年齢に応じた共通の心境があり、与えられた任務があります。

人は各々、個性や才能の差によって行動に違いはありますが、世代を貫く共通の意識を持っていて、これは洋の東西を問わず、普遍性があるようです。

私どもにとっては親しみがあり、直ちに頭に浮かぶのは、孔子の世代観察の言葉です。

原文（訓読）ではこうです。

「吾れ十有五にして学に志す。三十にして立つ。四十にして惑わず。五十にして天命を知る。六十にして耳順《した》がう。七十にして心の欲する所に従って矩《のり》を踰《こえ》ず」（『論語』「為政篇」四）

端的な言葉ですから、誰の胸にも率直に入ってきますが、それだけに受け取り方も種々あり、古来、数えきれないほどの読み方が伝えられてきました。

その中から現代に通ずる古典翻訳文として、以下の読み方を採らせてもらいました。

「私は十五歳で学問にひたすら志すことにした。三十歳で自分の立場をしっかりと定めた。四十歳でものごとのあるべきあり方について疑いを抱かなくなった。五十歳で天から与えられているものの意が分かった。六十歳ですべてのことをそのまま受け入れ理解できるようになった。そして七十歳になって（ようやく）思いのままに行動しても、決して人の道に外れることがなくなった」（柴田篤九大教授訳）

人々は、四十歳、五十歳までは、肉体的にも精神的にも、向上的に臨み、五十歳以降はいわば向下的な心の用意をもって歩むことは、誰もがほぼ肯けることでしょう。

「四十にして惑わず」あたりが境でしょうか。この峠を越えることができて「五十にして天命を知る」となるのでしょう。

西洋人の言葉の中にも「四十歳は青年の老年期であり、五十歳は老年の青春期である」（ヴィクトル・ユーゴー）などとあります。

さて、我々はここで聖人のご一生をお尋ねしたく思います。

聖人の青年時代、十九歳のころは、向上的往相の念に燃えておられたに相違ありません。しかし、聖人が磯《し》長《なが》の聖徳太子の御廟でこうむられた夢告では、菩提心が成就する（往相）までに与えられた時間には限りがあるという宣告でした。

夢告には「諦《あきら》かに聴け、諦かに聴け、我が教令を。汝が命根応に十余歳なるべし」とあります。すなわち、「心してよく聞きなさい、お前の生命は、残るところ十年であるぞ」という、聖徳太子からのお告げです。

この出来事は、聖人にとっての往相の想念を、決定的に内観的方向へと転ぜしめた、重要な機縁となりました。

後半生は、自らのことにもまして、他者への責任が増し、それ故に他者の生涯への関心も強まります。この意識はまさに、還相的、もしくは向下的意識といえましょう。

聖人は、四十歳の時、配所・越後で、恩師・法然上人の訃報を聞かれました。四十二歳の春には、内室・恵《え》信《しん》尼様と二人のお子様共々、未知の国、関東へと下られ、大山の草庵で法然上人の三回忌をお勤めになっておられます。

聖人四十代以降、人生の後半期には、たとえ離れていても師在《まし》ま《ま》す時とは、大きく心境の変化があったことでしょうし、家族や、これまで支えてもらった有縁の人々・門人への責任も、飛躍的に増大していったことは、疑いを入れません。

これは、自らを取り巻く環境の変化によるものであり、切っても切れない他者との関わり故、向上的に進んできた前半生とは異なって、自らの意志ではなし得ないことばかりであったと想像されます。

「助け遂ぐること極めて有りがたし」という一節には、衆生が、切っても切れない業縁世界を生きる、切実な思いが込められています。

この思いは、決して自らの手で成就できるものではありませんし、さりとて凡夫であればこそ、いよいよ募《つの》っていくものであります。

親や妻子をはじめとする大切な人々の苦しみに対して、人間の限界が思い知らされる時、その還相の念を聖人はどうして全うされたのでしょうか。

ひと足先に浄土にお帰りになられた、師・法然上人を仰ぐことによって、生前のご教導に改めて眼を向け、新たなる目醒めによって、甦《よみがえ》られたのでしょう。

それは、聖人に対して飛躍的進展を促し、所詮凡夫には適わぬ還相意識が、わが身の上に廻向成就していることを実感されたことと思われます。

業縁を通しての恩師とのこの再会は、法蔵菩薩の選択本願であり、「南無阿弥陀佛の謂《いはれ》をあらはせるすがた」(『御文』二の十四　聖典八一六頁)そのものであります。

第二節　正因を得る恩

一　信心勝益

(46)佛智不思議を信ずれば
　　正定聚にこそ住しけれ
化生《けしょう》のひとは智慧すぐれ

無上覚をぞさとりける

御左訓　なし

意訳　如来の智慧の不可思議を信ずるならば、必ず現生において、滅度《めつど》に至る身に定まる。如来の本願に応えて建立された報土の蓮華の中に化生の人は、佛智を信ずる智慧が勝れていて、この上ない佛果をさとられたのである。

佛智不思議

第四十六首・第四十七首の二首を、香月院師の科文は、「信じ難くして信ずることを嘆ず」と科文しておられます。第四十六首では、まず「信心の勝益」を示し、次の第四十七首では、まさしく難信であることを嘆ずる、という次第になっています。

「信心の勝益」が嘆ぜられる根拠は、「佛智不思議」でありますが、難信の根拠もまた「不思議の佛智」であります。「佛智不思議」の典拠は、『大経』下巻の「疑惑訓誡段」（「開顕智慧段」）にあります。

佛、慈氏《じし》に告げたまはく、「若し衆生有りて、疑惑の心を以て、諸《もろもろ》の功徳を修め、彼の国に生まれんと願じ、佛智・不思議智・不可称智・大乗広智・無等無倫最上勝智を了せず、此の諸智に於て疑惑して信ぜず、然も猶《なお》罪福を信じ、善本を修習して、其の国に生れんと願はん。此の諸の衆生、彼の宮殿に生れて、寿《いのち》五百歳、常に佛を見ず、経法を聞かず、菩薩・声聞の聖衆を見ず。是の故に彼の国土に於て之を〈胎《たい》生《しょう》〉と謂《い》ふ」

（『大経』下　聖典一一三頁）

（意訳）釈尊が弥勒菩薩に告げて仰せられるには、「疑いの心をもったままで、いくら功徳を修して浄土に往生したいと願っても、佛智・不思議智・不可称智・大乗広智・無等無倫最上勝智の五つの智慧を覚っていなければ成就しない。この五智を信じないで、疑いながら罪福心を以て、自力で諸善を修習して往生しようと願っているのだから、このような衆生はたとい美しい荘厳の宮殿のようなところに生まれても、五百歳の長きにわたって、佛も見ず、経法も聞かず、菩薩などの聖衆も目に入らない。このような往生は、母親の胎内に閉じられたままのような「胎生」という往生である」と。

五智とは、総じてはじめの「佛智」「不思議智」に収められ、次の「不可称智」は、弥陀の自利利他円満の相が虚空の如く、称《はか》り知ることができない「真諦《しんたい》智」（究極的真理）を表し、「大乗広智」は一切衆生に用きかける「俗諦智」（世俗に働きかける方便的真理）を彰わします。

第五の「無等無倫最上勝智」は、「因位の別願」といわれ、つまるところ「佛智」「不思議智」のことを表しているのですが、一切諸佛の智慧に超え勝れて倫《たぐい》なく、他の佛の及ばない阿弥陀佛の智慧である点を特色的に示しています。

よって起こるその源は、「弥陀因位の選択本願」といわれるもので、法蔵菩薩が師佛の下で存在の全てを選び取られたことによって発動された「弥陀の誓願」です。

ここに、万機普益、悪人正機の救済が実現してくる、如来選択の念佛の用きの根本があります。

師佛の選択と同時に動き始めた選択本願は、末世の我々にどのように用くのでしょうか。身近な実話ですから、ここに紹介します。

お同行である某寺のH住職から伺ったお話です。ある熱心なご門徒の息子さんがジフテリアに感染し、その毒素によって眼瞼結膜が冒され、昏睡に陥って、死の淵に喘ぐ状態にまでなりました。

その子は父親に向かって、眼は開いているのに「目が見えないよ。見たいよー」と哀願しました。もはや何一つ手助けをしてあげられない哀切さに直面した父親は、「お父さんだよ！　ここにいるよ‼」と思わず叫びました。一瞬子供の顔に安心の表情が浮かびました。

父親はこの時のことを顧みて、「〈目が見えないよ。見たいよ〉という我が子の言葉は〈明日が見えない〉私自身の状況と重なって、痛切に身に応《こた》えました」と漏らされました。

そして「ここで〈南無阿弥陀佛〉と阿弥陀様の名を称える所詮《しょせん》がしっかりいただけました」と申されました。

ここには、私どもの日頃が「見て」、「確かめる」という無意識の知性の計らいばかりであることへの、痛切な批判が込められています。

「南無阿弥陀佛」を通して、何千年隔たっていようとも、佛の念佛と私ども凡夫の念佛とが「筒《つつ》ぬけ」になって、つながっていることが知られます。

「来迎」とは「むかえる」誓い

ここで、聖人が八十五歳でお書きになった『唯信鈔文意』の中の一節を引き、阿弥陀様と私どもがいかに通じているかを、より詳《つまび》らかにうかがってみたいと思います。

『唯信鈔文意』には次の如くあります。

〈観音勢至自来迎《らいごう》〉といふは、南無阿弥陀佛は智慧の名号なれば、この不可思議の智慧光佛の御名を信受して憶念すれば、観音・勢至は必ず影の形にそへるが如くなり。この無碍光佛は観音とあらはれ、勢至と示す。

（聖典六一五頁）

（意訳）〈観音勢至自来迎〉というのは、南無阿弥陀佛は智慧のみ名であるから、人の思惟を超えた佛のみ名を、信じて心に深く思うとき、観音・勢至の二菩薩が必ず影の形に添うように、念佛の人の身により添ってくださる。その無碍光佛が観音菩薩と現れ、勢至菩薩となって衆生に示されるのである。

〈来迎〉といふは、〈来〉は浄土へきたらしむといふ、是れ即ち若不生者《にゃくふしょうじゃ》の誓《ちかい》をあらはすみのりなり。穢土《えど》をすてゝ、真実の報土に来らしむとなり、即ち他力をあらはすみことなり。また〈来〉はかへるといふ、かへるといふは、願海に入りぬるによりて、必ず大涅槃にいたるを、〈法性《ほっしょう》のみやこへかへる〉と申すなり。

（聖典六一六頁）

（意訳）〈来迎〉というのは、〈来〉は浄土に来させるということで、これはとりも直さず「念佛往生」の本願の〈若不生者〉の誓いを顕すお言葉である。この汚れた俗世を捨てて、真実の浄土に来させるというのであって、つまり他力を顕すお言葉である。

また〈来〉はかえるということで、かえるというのは、大海のように広大な佛の誓いの中に入ってしまうことによって、必ず佛のさとりの世界に至ることをいい、これを法性の都にかえるというのである。

「来」とはつまり、不動の如来が、衆生を浄土に来させ、法性の都に往かせるということになります。さらに、こうもお書きくださっています。

〈迎〉といふは、むかへたまふといふ、まつといふ意なり。選択不思議の本願の尊号・無上智慧の信心をきゝて、一念も疑ふ心なければ〈真実信心〉といふ。〔金剛心ともなづく。この信楽をうるとき、かならず摂取してすてたまはざれば〕……（中略）……即ち正定聚の位に定まるなり。

この故に信心やぶれず、かたぶかず、みだれぬこと金剛の如くなり、〔故に金剛の信心とはまふすなり。これを〈迎〉といふなり〕。

（聖典六一六頁、但し〔　〕内は『親鸞聖人真蹟集成』を対校）

（意訳）〈迎〉というのは、佛さまが迎え取るということで、待つという意味である。つまり、佛の選択不思議の本願である、この上ない智慧の尊いみ名を聞いて、全く疑いの心が起こらないことを、真実の信心といい、金剛心とも名づけ、この信心の歓びを得る時、佛は必ず救い取ってお捨てにならないから、この時直ちに浄土に生まれる身と定まるのである。

したがって信心は、金剛のように破れることも傾くことも、乱れることもないから、これを金剛の信心といい、これをさして〈迎〉というのである。

ここで大切なのは「来迎」という言葉です。来迎は辞書には「迎えに来ること」とあり、命終に臨んでいる人のところに佛が出かけて来られ、人を極楽に引き取る、という意味に多く使われます。

しかし聖人は、「来迎」の「来」とは浄土に来させることであり、また、衆生が究極的な依り処である大涅槃に帰らしめること、「迎」は衆生が如来大悲の本願に摂取され、金剛の信心を得ることであるとされます。如来は、衆生が帰るのを、迎え取られるという意になります。「来」は誓いのお力であり、「迎」は本願の用きです。

如来の来迎は、自らが動かれるのではなく、観音・勢至の聖衆を、時・処・所縁を嫌わずに使わされます。決してあらかじめ定められた念《おも》いからでなく、自《おのずか》らしからしめ、衆生の過去・現在・未来の一切の罪を転ずると示されています。

不動にして浄土に迎え取る、その根源は、ひとえに「若不生者」の誓いによってであり、これを、他力というと仰せになっています。

ひとたび佛恩に触れた経験のある人、また一声の念佛を称えたことがある人は、如来の誓いに謂わば「筒《つつ》ぬけ」につながっているのですが、執着心の塊りである凡夫は、初めて触れたその慈恩さえも、蔑《ないがし》ろにしてしまいます。

「疑」と「愛」の二心にからめられ、自障《じしょう》・自蔽《じへい》する私どもの心を開いてくださるのが、如来大悲の本願であり、諸佛・善知識の証誠によるお迎えである、称名念佛であります。

聖人は、先に浄土に還帰された法然上人のお用きを通して、値遇の縁の始中終を如来本願の「生起《しょうき》・本末《ほんまつ》」として仰がれる時、現下に与《あずか》っている証しを金剛の信心の上に確信されたことでありましょう。

二、信因難得

(47)不思議の佛智を信ずるを報土の因としたまへり

信心の正因うることは
かたきがなかになをかたし

御左訓　なし

ただし、四句目は「正嘉本」では「かたきがなかになほかたし」となっている

意訳　不思議の佛智を信ずることを、真実報土に往生する因とせられた。この信心の正因を得ることは、難の中の最も難なのである（まことに希《まれ》に与えられた幸せである）。

難信を嘆ずる

第四十七首は、信じがたい所以を知らせるために詠じられた和讃です。

『大経』下巻には、真実の経に値《もうあ》うことの「難」が、五つ挙げられています。

一・値佛の難、二・聞法の難、三・修行の難、四・遇善知識の難、五・信楽の難です。

そして、「信楽受持せんこと、難中の難、此の難に過ぎたるは無し」（「流通分」聖典一二一頁）とあるように、信心をいただくことは不思議の佛智より賜ることですから、難さの意味合いにおいて常並ではないので、当讃四句目には、「かたきがなかになをかたし」とされます。

なぜ「難」といわれるのかを、律宗の用欽《ようきん》の文の「此の法は凡を転じて聖と成すこと、掌《たなごころ》を反すが猶《ごと》くな

るを平《や》。大にこれ容易なるが故に、凡浅の衆生、多く疑惑を生ず（この真実の法によって、凡夫心が手の平を返すように転じられて、聖者の心となるようなことである。これは甚だ容易であるので、了見が浅い凡夫は、不審を懐く者が多い）」（「信巻」本　聖典二四九頁）と、聖人は引用されますが、「善導讃」第二十一首（聖典二四三頁）には、「信は願より生ずれば　念佛成佛自然なり　自然はすなはち報土なり　証大涅槃うたがはず」とあります。

私どもが摂取不捨の大益をたまわり、滅度に至らしめる根源の力は、衆生の「信」においてではなく、如来の「願」によるものであることが表されています。他力信心とは、誓願から発せられる佛智によって、他力より摂受いただくことです。

「不思議の佛智」とは、この誓願から発されていることに、ただ頭を垂れる他はないということです。

「願より生ず」とは、信を賜っている無涯底の深さを示すものでありましょう。他力信心とは、限りなく私を超えしめる「信」です。

「信」を発動せしめて止《や》まないのが、弥陀の誓いの力用であります。この境位から生まれてきた感懐が「かたきがなかになをかたし」であります。

第三節　大果に至る恩

一　恩徳難謝

（48）無始流転の苦をすて、

無上涅槃を期すること
如来二種の廻向の
恩徳まことに謝しがたし

御左訓　なし

意訳　無始以来の迷いである生死流転の苦を捨てて、無上涅槃を心待ちにする身となれたのは、如来の往還二種《おうげんにしゅ》のお用きによるものであり、そのご恩徳はまことに謝し難く、尽くし難いものである。

難遇、難信

第三門「弘法の恩徳を喜ぶ」に入って、末法濁世にありながら、私ども凡愚が如来の廻向にお遇《あ》いできるという、高潮した喜びが示されます。

第四十五首から第五十一首までの七首は、弥陀の往還二廻向が主題となり、遇い難くして遇い得た恩徳が嘆じられます。

その七首の和讃に一貫して底流して嘆ぜられている祖意は「難《かた》し」という感懐です。

第四十五首では、「往相還相の廻向に　まうあはぬ身となりにせば……」と、廻向に値遇することは、はなはだ難いという「難遇」の思いです。

第四十六首は「佛智不思議を信ずれば　正定聚にこそ住しけれ……」と獲信《ぎやくしん》の勝れた利益が詠われています が、「佛智不思議を信ずれば」の言句に、重厚な響きがあります。信を獲ることが難いという一句に、望外な幸いを賜った感動が伝わります。

第四十七首では「信心の正因うることは　かたきがなかになをかたし」という表現に、信心の因をすでに獲たという確信とは対蹠《たいしよ》的な「難信」の意が前面に打ち出されています。

ここを香月院師は、第四十六首の和讃で信心の利益を述べたので、第四十七首は、信心の利益の得難いことを述べて、それを「正所明《しようしよめい》」（まさしく明かすべき内容）とすると述べています。

和讃の次第は、はじめに遇い難くして遇い得たことを嘆じて、次に、はなはだ信じ難いことが、信じられるという、受得の感銘が述べられています。

この「難遇」「難信」という衆生の心に立ちはだかる難関が転ぜられて、「廻向の恩徳」の謝念となり、「同体の大悲」への感動となります。

第四十八首から第五十一首への次第は、従前の和讃のこころに底流していた深い感懐、それがここにおいて顕在化され、詠い上げられてゆきます。

難得の他力信心

香月院師は第四十七首の後半句をもって「正所明」と表しました。

「正所明」とは、まさしく解明されるべき要所ということです。最要点、ハイライトです。

この「正所明」という表現を、香月院師は第一門・第二門の結尾の和讃である第四十四首の、

真実信心うることは　末法濁世にまれなりと
恒沙の諸佛の証誠《しょうじょう》に　ゑがたきほどをあらはせり

にも使用され、「是が『正像末』一帖の正所明なり」と述べています。

香月院師は第四十四首を次のように解説しています。

〈証誠に〉ということ、そのこゝろは、もし得易い信心なれば、諸佛の証誠には及ばぬ。恒沙の諸佛が証誠にお立ちなされたは、よく〳〵他力信心は難得の故なり。信心の得難い事を述べて、かえって信心をお勧めなさるが、この御和讃の思召《おぼしめし》なり。こゝで（弥陀・釈迦二佛でなく）弥陀・釈迦・諸佛の三佛一致をお示しなさる処の和讃となる。（前讃に）自力の成じ難きことを明かし、この和讃には、他力の信心の得難いことを述べ、かえって信をお勧めなさるは、何の為というに、是がこの『正像末』一帖の正所明なり。

前述の如く、「正像末和讃」一帖は、「弥陀の本願信ずべし」の趣旨を、はじめの三十首の和讃（第一門）をもって「教法の興廃」として、釈迦の遺教の衰頽《すいたい》により、弥陀の悲願が開き出されてくることを讃詠されました。

さらに続く十四首（第二門）において、弥陀・釈迦二尊が表裏一体となって、他力廻向の信心を、如来大悲の根本として末世の衆生が受持しうることが示されます。

その第二門の中、ことに最後の二首（第四十三首・第四十四首）においては、諸佛の証誠を鑽仰して、三佛一致の本意が明かされます。

第二門の最後の一首である第四十四首では、冒頭に掲げられていた「夢告讃」の「弥陀の本願信ずべし」と勧めたもうた本旨が、諸佛の証誠によって、現生正定聚の完成としてここに示されます。これを香月院師は、「正像末和讃」一帖の「正所明」として教示されたのです。

「時」と「場」

「正像末和讃」の「正所明」、すなわち一帖の核心がここに表明されます。このことを少しく検討してみましょう。

これまで八十有余年に及ぶ、聖人の全生涯を通して獲られた佛道の果実を、聖人おん自らが教化されたご門徒、及び身近なご家族の未来を思われ、聖人のご信心の核心を伝えようと試みられるならば、必ずや「諸佛の証誠」と「難信の信心」こそが、思いいたされるでしょう。「正像末和讃」を草された聖人のご意趣を、このように拝察することができます。

このキーワードに、聖人の信仰の体験と、智慧と、慈悲が深く込められているに違いありません。

そもそも「難信」といわれる原因はどこからくるのでしょうか。

「正・像・末」という佛教の歴史観は、釈尊の遺されたみ教えが、遺弟の言行上で見る限り衰えていくという、痛みが動機となっていました。

正法五百年は、教・行・証は保たれているが、像法の間に、「証」は失われ、像《かたち》ばかりの佛道となり、千五百年を経過した末法時代においては、遂に「教」のみの佛法となってしまう。

この「正・像・末」史観によると、「像法」といわれる時代が意識された時、佛道の危機感が最も深刻であったようです。「末法」の時代に入ってからは、むしろ新しい佛教を生み出す志向が出てきた兆しもありました。末法に残されたものは「教」のみということは、具体的にいえば、経典、論疏等の言葉のみが、佛道修行の頼りとなったということです。

言葉は人間だけが使える高度なコミュニケーション手段（動物の合図等とは異なり、人間は言葉を交わすことによって、自他の間に無限に多様な語や文を作り出す）には違いないのですが、問題は、言葉には「時」と「場」が捨象されているという点です。

具体的な事実に臨んだ時でも、ある側面、ある性質だけが抽《ぬ》き出されることになり、そこには自《おの》ずから他の側面や性質が排除されてしまいます。

どんなに素晴らしい表現でも、また名文であっても、その言葉の蔭には、捨て去られた事実があるはずです。「A」は、いつも「非A」を不問に付す（蓋をする）というのが、言葉というものの現実の仕組みです。

禅宗でいう「不立文字《ふりゆうもんじ》」の場合も、言葉が言葉を否定しています。騒々しい人たちに向かって、「静かにせよ！」というのも同轍《どうてつ》です。

さらに言葉というものは、その時はどんなに生々としたものでも、やがて停滞し、衰微し、変容していきます。

いかに筋の通った言葉でも同様です。佛教で言う「諸行無常」「諸法無我」の旗印が指摘するところも、言葉の「いのち」のその根を問うているのではないでしょうか。

さて「南無阿弥陀佛」という名号も、言葉の一種です。

名号は言葉ではないともいわれます。しかし、また「言葉にまでなった本願」とか「言葉の佛身」（曾我量深師）ともいわれます。

『西方指南鈔』中末に「法蔵菩薩の御こころをもて本願の体とし、名号をもては本願の用とす」(『真宗聖教全書』四　一七五頁)とあるように、本願の通り用《はたら》いているのが名号とされ、本願は因であり、名号は果という関係ともみなされます。

いずれにしても、私どもは、言葉の壁にぶつかったり、言葉に埋没して身動きが取れなくなってしまう現実をかかえながら生活しています。

この知的生活を信条とした営為に対して、覚如上人は、本願と名号、言い換えれば如来のお心と、それを受け取るべき衆生の心がけについて、次のような表現をされます。

「名号につきて信心をおこす行者なくば、弥陀如来、摂取不捨の誓、成ずべからず。弥陀如来の摂取不捨の御誓なくば、また行者の往生浄土のねがひ、何によりてか成ぜん。されば、〈本願や名号、名号や本願、本願や行者、行者や本願〉といふ、この謂《いわれ》なり」(『執持抄』四　聖典六八五頁)と。

「真実誠種」を核とした師弟の出遇い

阿弥陀佛が法蔵菩薩であった砌《みぎり》、師佛・世自在王佛のご前にお立ちになって、無上正覚の発心を立てられました。

一切衆生を摂取せんとする本願の裏づけに、「若不生者　不取正覚」という誓いがあります。法蔵菩薩のその誓いには、値遇の師佛まで継承されてきた、五十三佛の発心の歴史が背景にあります。

それぞれの発心の数だけ、深い祈りがあったはずです。祈りには、内観と懺悔の想いが込められています。五十三佛のはじめは錠光《じょうこう》如来といわれ、輝ける燈火をもった佛です。罪業の闇を破る光明とは、闇の存在があればこそ、需《もと》められるものです。そこに照破する光明が示されてきます。

名号は、法蔵菩薩と世自在王佛の値遇の「まこと」を核心とします。

この名号を核とする「至心」を、「真実誠種之心」（「信巻」本　聖典二三四頁）と聖人は名づけておられます。火にも焼けず、腐ることもなく、いかなる外的圧力にも破壊されることのない、「まこと」を内容とした名号は、古来、摩尼宝珠《まにほうじゅ》に喩えられてきました。曇鸞大師は、次のように述べておられます。

譬ば、浄摩尼珠、之を濁水に置けば、水即ち清浄なるが如し。

若し人、無量生死の罪濁に有りと雖も、彼の阿弥陀如来の至極、無生（再び輪廻することのない生）、清浄の宝珠の名号を聞きて、之を濁心に投ぐれば、念々の中に、罪滅し、心浄《じょう》じて即ち往生を得。

（『真宗聖教全書』一　三二八頁）

（意訳）譬えて言えば、浄摩尼珠を濁った水にいれると、たちまち水が清らかになるというようなもので、たとえ人が量り知れぬ生死の罪の濁りの中にあっても、かの阿弥陀如来のこの上もない無生清浄の宝珠たる名号を聞いて、これを濁った心に投ずるなら、一念一念のうちに罪が滅し心が浄くなって、ついには往生することができるのである。

摩尼宝珠に譬えられる名号の内容について、私どもの分別意識を以てしては、伺い知ることは不可能です。「若不生者」の誓いが具体化したのが名号ですから、念佛を聞いたことのある人、また一度でも称えたことのある衆生は、その功徳をすでにこうむっているのです。

法蔵菩薩はその功徳の内容を、生きとし生ける者の救済のためにと願われました。四十八の本願、とりわけその肝要は、第十七願・第十八願です。

不可思議功徳の名号を保ち、称念したとしても、大悲の誓願への眼が開けない間は、あたかも七宝の牢獄にいるようなもので、永い間、いのちの自在であることを実感せず、佛・法・僧の尊さもわからず、如来を奉ずる喜びが得られません。

名号である摩尼宝珠はまた、佛の舎利に対する信仰から発展してきた象徴とされます。

誠実な思いをもっての発心（一念発起）は、如来同体の大悲に目覚める瞬間です。その発願を待ち続け、如来は今現在も、法蔵と成ってご苦労をなさっている、これが阿弥陀の本願のおこころです。

常に師佛と佛々相念されている法蔵菩薩は、すでに成佛されており、無上の「まこと」を成就なさいました。

無上正覚の道を師佛に求められた時、師佛は「汝自当知（汝、自らまさに知るべし）」と仰せになり、善悪・麁妙《そみょう》を問わない国土を全て覩観《とかん》せしめ（お見せになり）、弟子に全幅の信頼を寄せて迎えられました。

一方、法蔵比丘は「斯義弘深　非我境界（この義弘深にして、我が境界にあらず）」という絶対「無我」をもって呼応されました。

『大経』「嘆佛偈」の一節に、「幸佛信明　是我真証（幸《ねが》はくは佛、信明したまへ。是れ我が真証なり）」（聖典二一頁）とあります。

これは、法蔵菩薩が、師・世自在王佛の佛徳を讃嘆し、引き続き、師に対しての自らの心中を吐露された表白です。師が「信《まこと》」を明かされる時は、すなわち弟子である法蔵菩薩にとって、ご自身の真《まこと》の証《あかし》であるとされます。

ここに師弟一味の「まこと」の極みが、一毫《いちごう》のゆるぎもなく表されており、そのままが「真実誠種」の名号の内容です。

選択本願は「時」と「場」を得て

『大無量寿経』上巻（聖典一九頁）には、「世自在王如来の所《みもと》に詣《もう》でて、佛の足《みあし》を稽首《けいしゅ》し……」と、法蔵菩薩が師佛・世自在王佛と値遇され、師佛の下で悟りを開かれる機縁が説かれていますが、聖人は、この一節を「正信偈」に、「在世自在王佛所」（世自在王佛の所《みもと》に在《ましま》して）と表現されています。

香月院師によると、この「在」は、法蔵菩薩が、単に師佛の所に身を運ぶという「往詣《おうげい》」の意ではなく、この時点において「発心」した意でもない、これは法然上人が発揮された「選択本願」の事実であると解されています。

菩薩の「往詣」や「発心」に先立って、已に発願したまう如来によって廻向された「選択」に他ならないということです。わが弟子の全てを包摂し、不二一体となられたお相です。

師の選択摂取の事実から、法蔵菩薩の選択本願は発《おこ》されてきます。

この師弟の「まこと」が、紛《まご》う方なく明かされるのが、佛の十号です。

所謂、①如来・②応供《おうぐ》・③等正覚・④明行足《みょうぎょうそく》・⑤善逝《ぜんぜい》・⑥世間解《せけんげ》・⑦無上士《むじょうじ》調御丈夫《じょうごじょうぶ》・⑧天人師《てんにんし》・⑨佛・⑩世尊の十号です。

梵文の『大経』では、これらを①如来（真如より来たれる人）、②尊敬さるべき人、③まさしく目覚めた人、④知も行も共に具《そなわ》った人、⑤幸いある人、⑥世間を知れる人、⑦無上の人、調御せらるべき人を調御する人、⑧天人と人を教える人、⑨覚った人、⑩世尊（世にも尊い人）という訳文で示されています。

この十号は法蔵菩薩とその師佛の間に通う、佛々相念の名号（称名）です。

この師弟の佛々相念の光景は、真実の言葉がまさに「時」と「場」を得た、選択本願成就の相です。

さて私どもは、末法の不遇を託《かこ》っては、佛に値《あ》えないことを悲嘆しますが、すでに成就している「真実誠種」の名号をたまわっているのですから、しかるべき「時」と「場」が与えられれば、正法の世に劣らぬ無上功徳が実現するはずです。そのことが誓われているのが、弥陀の誓願です。

その「時」と「場」とは、具体的にはどのような機縁なのでしょうか。

それは、法と機の真実が説かれている『阿弥陀経』所説にある、諸佛の証誠と遇善知識の事実が、まさしく実現する時です。それが現実に顕現されている真実が用く僧伽、つまり本来的出会いが生まれる「場」であり、「人」です。

『御本書』と呼びならわされてきた聖人の主著『教行信証』の正式な題名は、『顕浄土真実教行証文類』です。その『御本書』六巻の各々の頭には、必ず「顕浄土真実」と銘打ってあります。

「顕浄土真実」とは、真実の僧伽を明瞭にし、体現していく営みでありましょう。もちろんそれは、聞名・称名を核とした歩みが、根本になければなりません。

今日、末法において私どもが「時」と「場」を得るということは、どういう形で実現するのでしょうか。

私は晨朝《じんじょう》勤行の折、一つの着想が浮かびました。かねてより信心修行を常に心がけていたつもりでしたが、信心とは、実は「不真実な我」を知り続けていく他はない、という一つの思案の決着でした。

しかしこの「不真実」は、「真実」すなわち念佛に込められている不壊《ふえ》の真実というべき「まこと」と同時に進行しているということに、深い感動を憶えました。

さらに、釈尊の入滅の遺誡《ゆいかい》といわれる「自灯明」「法灯明」が眼前に浮かびます。

釈尊は「自己を依りどころとし、法（真理）を依りどころとせよ」と説かれますが、法と自己とは二つ別々のものではありません。

この自己が、何の言い訳もなく「不真実の自己」だと気づくこと、そして不真実な自己そのままに、阿弥陀様によって照らされ、生活していることこそが、すなわち「真実の自己」の目覚めであるということです。

他力の信（十八願）と自力の信（二十願）の相違は、聖人が生涯をかけて問題とされた重要な一点です。

この他力の信心と自力の信心は、言葉を依りどころとした日常生活をしている私どもにとっては、心の深いところで混同していて、容易に気づきません。

この混同を明らかにされたのが『阿弥陀経』であり、他力の信を、難信の法（極難信）と受け止められたのが、聖人であります。

端的に申せば、「他力信心」と称して、如来より賜りたる信心と承知すれば、真宗の門徒として、信仰の帰結を得たように思っている、私どもがそこにいます。

しかし、その信心の了解は所謂「我が身あり顔《がお》の体《てい》」（『御文』四の四　聖典八三九頁）の信心であり、そこを「極難の信」と受得することこそ、如来の真実《まこと》を受け取った、凡夫の「まこと」といえます。

如来の真実は、我ら凡夫の上においては、「不真実」という懺悔となって現出されます。

先に名号の「まこと」は、「時」と「場」の事実が与えられなければ、正法の時のようには、現実化しないと申しました。

さて、凡夫は「時」と「場」をどう見出すのでしょうか。

不真実な我れのいる「場」とは、「これこそ、間違いない私の居場所であり私の住所」だと確信できない、そんな「場」なのです。

時として、私の「場」と思っていた場所が、忽然と失われていた、というようなことは、職場でも、もしかしたら家庭でもあるのではないでしょうか。そして我れに与えられた現実の「場」は、ただ虚しく空過してゆく「時」とともにあるのです。

このような「時」と「場」において「たのむ一念」のみが、時空を超えて、名号の真実を即時に我が身に成就する機縁となります。

この間の消息を蓮如上人は、「凡夫の身にて後生助かることは、たゞ易きとばかり思へり。〈難中之難〉とあれば、輙《たやす》く発《おこ》し難き信なれども、佛智より得易く成就したまふ事なり」（『蓮如上人御一代記聞書』一五二条　聖典八九八頁）と説いておられます。

真実が実現する時

真実の言葉が「時」と「場」を得た場面を、蓮如上人時代のエピソードによって紹介しましょう。

これも『御一代記聞書』の第一条に掲げられています。

上人七十九歳の明応二（一四九三）年正月元旦に、山科本願寺に多くの門徒衆の参集がありました。その中の一人に勧修寺の道徳という方がおられ、上人の前に挨拶に来られます。

時に、上人は、「道徳はいくつになるぞ。道徳、念佛申さるべし」と声をかけられました。記せばただそれだけの光景です。

同じ条の少し後段には、「他力といふは、弥陀をたのむ一念の発る時、やがて（直ちに）御助けにあづかるなり」とあります。

蓮如上人は、「一念発起　平生業成」という一句をもって、常にお導きになっておられました。

平生うかうかと打過ぎてしまう我々凡夫を代表する道徳ですが、元旦の修正会は、せめて何か心新たなもの、たとえ小さなことでも、発心らしきものを懐いて参詣していたはずです。

道徳の前に、往生の師である蓮如上人が在《まし》まして、元旦という、自らの歳が改まる瞬間の「時」、そして修正会という年頭の、もしくは自らの将来を祈念した「場」を賜って、道徳は上人からお念佛のご催促を直々にいただいたのです。

これほどの勝縁はありません。そしてこのような平生においても、往生の業事は成就するという、象徴的な場面です。

この第一条には、蓮師はご教化に際して、念佛が成就する大切なご縁が整えられていますので、『聞書』三百十六条の冒頭に置かれています。

もう一つ、こちらは私どもの寺での会座の一場面を紹介いたします。

約五百人が集う夏の錬成会に、青少年と共に親しく会座を持ちたいと、御法主台下が仰せ出され、御遠忌法要直前の、多忙な時にもかかわらず、ご下向くださいました。

御法主台下は、「事前に質問を出してもらったら、私の方も準備を整えて行きますから……」とのご提案でしたので、早速募ったところ、何と二百通余の質問が寄せられました。

その上、さらに驚いたことには、御法主台下はこれらの問いに対して、全てに返事を用意され、お待ち申し上げる青少年同行の前にご出座遊ばされたのです。

その中の一通のみをご紹介しましょう。

O氏の質問は以下の如くです。

「正直言いまして、今、何を質問したらよいのか本当に思いつきません。これは毎日ボーッと暮らしているせいなのでしょうか、どうして何も思いつかないのかわかりません。多分一週間考えても、これといった質問も出てこないと思います。それが一番困った問題です」

数ある質問の中でも、はたしてこれは質問の態をなしているのかなと、参加者一同が訝《いぶか》るほど、一際《きわ》特異なものでした。

これに対して、御法主台下は、一向動ぜられることなく、そして端的に、「み佛のご恩、師主知識のご恩を忘れずに、お念佛することですね」と、お応えになりました。

お応えになり、台下ご自身も、図らずもお喜びの感興《かんきょう》が湧いてこられたのでしょう。「これは最高の質問でした。答えも最高でしたね」と仰せになり、一同、爆笑の座となりました。そこには言葉にならない感動が湧き上がって、そこら中《じゅう》で、お念佛の声が漏れていました。

御法主台下のお喜びも、蓮如上人のお言葉の如く、「わが作りたるものなれども殊勝に覚ゆ。是れ実に述して作らず」（『蓮如上人遺徳記』）と述懐された故事を思わせる場面でした。

二種廻向の恩徳の深いこと

第三門の「弘法の恩徳を喜ぶ」の段においては、その喜びは、言葉として直ちに前面に表されません。第四十五首・第四十六首・第四十七首、三首を一貫しているのは、「難遇」「難信」の心情であり、強い内省と緊張が漲《みなぎ》っています。

第四十八首の「恩徳まことに謝しがたし」の感銘が、まっすぐ胸に泌み入ってきます。

ここでは「無始流転」と「無上涅槃」が対《つい》になって示されます。

『阿毘達磨大毘婆沙論《あびだるまだいびばしゃろん》』（玄奘訳）に、「諸の有情の類に流転の者あり、還滅の者あり。流転の者と謂《い》ふは、さらに生を受く、還滅の者と謂ふは涅槃に趣く」（「大正蔵」二十七巻、五一五頁b）とあります。

迷いを繰り返すことを流転というのですから、素よりその因などは摑《つか》みようがありません。覚知できないものに、その始まりといっても意味はありません。

依りどころもなく、空過する人生ほど苦しいものはありません。そこに如来無上真実である師弟値遇が、本願力廻向として、この我が身にいただかれるとは、望外の喜びです。如来廻向の信において「無上涅槃」が開かれてきます。

我々凡愚にとって「無上涅槃」など、想像することも叶わないことです。それが如来往還廻向の功徳によって、「必ず至るべし」との思念が発ってくる。それが「期する」と表されます。

また「恩徳まことに謝しがたし」とは、凡夫生活の足下に降り注がれる、如来の大悲の用きに対しての、限りない感動の吐露であります。

単に「廻向」ではなく、「如来二種の廻向」とされているところに、衆生往相の念を包み、それを超えしめる還相の化育の大悲があります。ここに凡夫のままに、到底考えもしなかった菩薩の道である自利利他の想いが深まり、強められていく心が、知らず識らずの間に与えられていたということでありましょう。

また、「無上涅槃を期すること」と「恩徳まことに謝しがたし」は、他力信心を賜った「住正定聚」の徳がそのまま顕されていると肯けます。

二　自力流転

(49) 報土の信者はおほからず
化土《けど》の行者はかずおほし
自力の菩提かなはねば
久遠劫より流転せり

御左訓　なし

意訳　まさしく本願に応じて建立された弥陀の浄土に、往生する他力の信者は決して多くなく、かえって化土に止まる自力の念佛行者は多い。自力の菩提心では叶えられないので、久遠の昔から生死界に流転するばかりである。

自力流転を省みる

思いもしない不可思議功徳による喜びの感知は、第四十九首において、自ら永劫流転の過去を省みさせます。それは如来の悲心によって開かれた眼であり、自他への悲懐と護念への、感恩の思いとなって成長していきます。

香月院師はこの和讃を「他力の信心の得難いことを述べさせられ、却って信心を御勧めなされる御讃文」と、科文の趣旨を説明しています。

前述した「正像末和讃」第十六首と、この一首を照らし合わせてみましょう。第十六首には、

三恒河沙の諸佛の　　出世のみもとにありしとき
大菩提心おこせども　　自力かなはで流転せり

とありました。

過去世に無数の諸佛の出現に遭遇したけれども、自力ではついに成し遂げることができず、空しく流転してきた、ということの第十六首は、釈尊の教えを行証していく、聖者の大いなる菩提心を以て修道したにもかかわらず、証果が挙がらぬ状況を述べ、釈尊の遺された教法の衰退を、菩提心の側面から明かされたものです。

当讃は浄土の教えを賜るという勝縁に恵まれながら、自力ごころ、若存若亡《にゃくぞんにゃくもう》する雑修の心を離れることができず、本願に「疑いという蓋《ふた》」をした状態である故に、浄土の辺地に生まれねばならぬという了解が底にあります。

しかも、その自力の疑心の故に、辺土へ往生する者は多く、本願に酬報《しゅうほう》した真実浄土に往生する者は、極めて少ないことが示されます。自力心を離れ得ぬ私どもの本性は、久遠劫の昔から変わらず、それ故に如来他力の廻向を仰ぐ他に道は閉ざされていることが力説されます。

第四節　大悲を行う恩

一　廻向恩徳

(50) 南無阿弥陀佛の廻向の
恩徳広大不思議にて
往相廻向の利益には
還相廻向に廻入《えにゅう》せり

御左訓　なし

意訳　南無阿弥陀佛のお用きは、その恩徳、まことに広大かつ不可思議である。往相廻向による往生の利益によって、計らずも衆生済度の用きである還相廻向に転入するのである。

「南無阿弥陀佛の廻向」

さて第五十首は、第一句の「南無阿弥陀佛の廻向」が鍵でありましょう。「難遇」「難信」を示して、廻向の恩の深いことを詠《うた》われた後、ここに至って六字の名号が掲げられます。「正像末和讃」を通じて初めてのことです。そして、第五十首から第五十四首まで、五首連続して称名念佛が讃嘆されます。

さらに意を注いでおくべきことは、第十九首に「浄土の大菩提心」が掲げられて以降、聖人のお心は、常に他力廻向に関心が向けられていたところが、第五十首に至って、廻向そのものを取り上げ、その内容を明らかにされたということです。

よって、当讃では、「南無阿弥陀佛」と「廻向」が同時に明かされていますので、「南無阿弥陀佛」の名号において、往相・還相の二廻向がことごとく成就されていて、如来はそれを全て衆生へお渡しになるのです。それが「南無阿弥陀佛の廻向の　恩徳広大不思議にて」と、表現される意です。

鍵語となる「南無阿弥陀佛の廻向の」の意について、大略三つの了解があるそうです（權藤正行師）。

一、南無阿弥陀佛を廻向する意《こころ》。
二、南無阿弥陀佛が廻向する意。
三、南無阿弥陀佛即廻向の意。

の三つで、

一は、如来廻向から念佛が用き出す意で、意味の上では廻向が主語となっています。
二は、念佛が廻向の用きを引き出す意で、念佛が主語です。
三は、念佛は衆生の身に現れた如来真実の相《すがた》という意になりましょう。

当「正像末和讃」会座にご出席の方々に、試みに「私どもにとって、お念佛が出てくださる時は、どんな時ですか」と問うてみました。

応答された方々の言葉を整理して記しますと、「私は、切羽つまれば本当のところ、真実も不真実も分別できません。お念佛は、〈ああ、私を超えたもの〉と感じた時、自然に出てくださいます。そうすると心が鎮まり、覚えず識らず、安心します」というものでした。

輪読会のメンバーの披瀝をお聞きしていて、『歎異抄』の一節が浮かびました。

「念佛は行者のために非行《ひぎょう》・非善《ひぜん》なり。わが計《はからい》にて行ずるに非ざれば、非行といふ。わが計にてつくる善にも非ざれば、非善といふ。ひとへに他力にして、自力を離れたる故に、行者のためには非行・非善なり」（『歎異抄』八　聖典六六九頁）と。

私から善悪の執心が一瞬去る時、蓮師の仰せである「弥陀をたのめば南無阿弥陀佛の主になるなり。……当流の真実の宝といふは南無阿弥陀佛、是れ一念の信心なり」（『御一代記聞書』二三九条　聖典九一四頁）が初めて会得されます。

ここでは「南無阿弥陀佛」は、廻向そのものであり、「念々不捨」の用きそのものと見れば、第三の了解を多とすべきでしょう。

弥陀をたのむ一念の時、思いもかけぬ往相廻向の照育によって、心配のみが先走って何一つ進展できぬ私に、今、向かい合っているかけがえない対手と、互いに拝み合える「場」が与えられています。

二　浄土菩提

(51)往相廻向の大慈より
還相廻向の大悲をう
如来の廻向なかりせば
浄土の菩提はいかゞせん

御左訓　なし

意訳　往相廻向による大いなる慈《いつくし》みから、還相廻向による同体大悲を得しめたまうのである。
この如来の往還の二廻向がなかったならば、浄土に生まれる所詮である無上佛果をどうして得ることができよう。

大慈より大悲をう

第五十一首は、「往相廻向の大慈」から、「還相廻向の大悲」が得られる喜びが示され、今、如来の廻向に遇い得た希有なる感銘と共に、もしこの廻向に遇い得なかったら、その悲しさはいかばかりであろうと嘆ぜられる一首です。

二廻向を大慈と大悲に分ける意味を、香月院師は『法集経』（正しくは『法集要頌経《ようじゅ》』四巻）を引用して説明します。

佛教通途《つうず》の理解では、「慈」と「悲」は、厳密に分別されていなかったようで、「自利」と「利他」を「与楽」と「抜苦」とに配当していました（ただし、『大涅槃経』『論註』などは「慈」は「抜苦」、「悲」は「与楽」と逆に配されている）。

ここで大切なのは、「慈」は自利であるが「大慈」とされ、「抜苦」の「悲」は利他で「大悲」と名づけられている点です。

利他である「悲」は、梵文によると、カルナーといわれ、苦悩の中から、呻《うめ》き、嘆きが生まれてきたものだといわれます。

自己の嘆きを知る者は、他人の苦悩にも同心同調して共感できるし、そこから苦悩する全ての者への親近感を持ち、深い友情を抱くようになるのです。

ここに「往相廻向の大慈より　還相廻向の大悲をう」とされる眼目が浮かび上がってきます。

第五十一首の「往相廻向の大慈より　還相廻向の大悲をう」の箇所は、衆生が「大慈より大悲をう」るところに、聖人の御意が注がれていると筆者には感取され、「大いなる慈しみを往相廻向によって、同体大悲を還相廻向によって」と読ませていただきました。

私ども凡夫が「たのむ」一念を発起することは、まさに如来の慈悲に他なりません。凡夫にとって、その慈悲は、温かい如来の摂取不捨の温もりの「慈」であり、見捨てることなき如来の慈悲を賜る無上の感動は、弥陀悲傷のお姿として、大いなる「悲」として感銘する他はありません。

私どもの最大の問題は、自利と利他とを、対立的にしか見ることができない本性だということです。これこそが凡夫自力の迷信と言われるところです。

そして苦悩の根本は、他者を容れること能わざること、すなわち利他心がないことに他なりません。

しかしここに、自利と利他が別物としてではなく、一体となって融合せしめる如来大悲の廻向に心が開かれると、「御助けありつる」(『御文』一の三　聖典七八七頁)という救済感に、心から浴させていただける喜びであります。

第二章　佛祖教化の恩徳

第一節　三尊の化益

一　三尊化益

(52)弥陀観音大勢至
大願のふねに乗じてぞ
生死のうみにうかみつゝ
有情《うじやう》をよばふてのせたまふ

御左訓　なし

意訳　弥陀・観音・大勢至の三尊が、大いなる本願の船に乗り、この迷いの世界に現れて、衆生を招喚して済度したまう。

二　称名報恩

（53）弥陀大悲の誓願を
ふかく信ぜんひとはみな
ねてもさめてもへだてなく
南無阿弥陀佛をとなふべし

御左訓　なし

意訳　阿弥陀如来の大悲の誓願を、深く信ずる人は誰でも、寝ても醒めても、時をも隔てず、
南無阿弥陀佛を称えよ。

聞法の所詮

第三門のはじめからの七首（第四十五首より第五十一首まで）は、「如来廻向の恩徳」を表す章とし、往還の廻向が示されました。

次の第五十二首以下、第五十八首の「如来大悲の恩徳は」までの七首は、佛祖の恩徳を嘆ずるところです。佛祖の恩徳とは、阿弥陀如来の恩徳をはじめとして、本願を伝えたもうた釈尊、龍樹から恩師・法然上人までの三国の七高僧、それに聖徳太子のご恩を指します。

直前の第五十首・第五十一首では、往相・還相の二種廻向が、「一如」「不二」の一南無阿弥陀佛の上に領受

された相として示されました。

一方、第五十二首では、湧き出ずる感恩の情によって受けとめられた廻向の用きが、弥陀・観音・勢至として示されています。

往還二廻向は、弥陀・釈迦・諸佛三尊が一致したところに成就します。

前述しました、あの本願加減の文の「彼佛今現在世成佛　当知本誓重願不虚　衆生称念　必得往生」（彼の佛、今現に在世して成佛したまへり。当に知るべし、本誓の重願虚しからず、衆生称念すれば、必ず往生を得）（『真宗聖教全書』一　六八三頁）のこころです。

これは聖人が往生の善知識の真影の銘として、師から直接授かった「真文」（聖典五〇八頁）とされる文です（銘文には「彼佛今現在世成佛」の「世」の一字を省かれている）。

ここに、聖人聞法の所詮が極められており、さらに佛道の歴史が全顕された証文でもあります。

聖人ご自身、南無阿弥陀佛をお称えできた功徳を「専念正業之徳」と表され、「決定往生之徴」と吐露されました。これで往生が決定したという証しです。

まさに如来の誓いと願いが、わが身に成就する「時」と「場」をたまわったという言明でありましょう。

観音と勢至

観音・勢至二菩薩は、二種廻向の感恩の心持をもって感得される、菩薩（修行者）の姿です。

では、感恩の情はどのような心情から起こり、観音・勢至はどのような背景をもって、菩薩として佛道の中に出現してきたのか、少しく想いを巡らせてみます。

まず「観音」の梵語はavalokiteśvaraですが、漢字では①「観世音」②「観自在」③「観世自在」④「光世音」などと訳されます。

これらの中でも代表的な訳語が「観世音」です。「旧訳《くやく》」といわれる、鳩摩羅什《くまらじゅう》（三四四－四一三）が『妙法蓮華経』において用いた訳語です。

これに対し、「新訳」といわれる玄奘（六〇二－六六四）以降の訳では、『般若心経』において「観自在」という訳語が用いられました。

「光世音」という語は竺法護《じくほうご》が二八六年に『正法華経』で訳した訳語で、「古訳」といわれています。「観世自在」は、菩提流支《ぼだいるし》（七二七年没）や那連提耶舎《なれんだいやしゃ》（四九〇－五八九）が使った訳語です。

観音信仰は、大乗佛教が伝わる全ての時代と地域に行き渡り、大衆の実生活に極めて密接な関わりを持つ、佛教の代表的信仰の流れです。

古えから、聖道門の系統に属する観音信仰の流れを大別すると、概ね三流に分かつことができます。三類を代表する観音信仰の経典は、『法華経』『般若心経』『華厳経』で、そこに現れた観音菩薩に体現された信仰が、それぞれ独自の色彩を帯びています。

中でも『法華経』は、観音信仰が説かれた代表的な経典で、この経典に収められた「普門品」は、世に『観音経』と称せられ、観音信仰の依りどころの経典として長く読まれてきました。

一方、聖人は「皇太子聖徳奉讃」において、「救世観音大菩薩　聖徳皇と示現して……」と鑽仰しておられますから、聖徳太子を、観音菩薩の化身と拝しておられます。

同じ「太子和讃」の終尾には、

聖徳皇のおあはれみに　護持養育たえずして

如来二種の廻向に　　すゝめいれしめおはします

と、観音の化身である太子様によって、如来の往還二種廻向に浴せしめられたことを、深く感謝しておられます。

一方、勢至菩薩については、「浄土和讃」末尾に「勢至和讃」八首を加えられ、「已上大勢至菩薩　源空聖人御本地也」と述べておられます。

恩師・法然上人のご生前のご遺徳に関しては、「高僧和讃」の中、七高僧の第七祖として「源空和讃」が二十首掲げられています。

その「源空和讃」においては、在世時のご行実に対して、「選択本願のべたまふ」「いかでか真宗をさとらまし」「念佛宗をひろめしむ」等々、釈尊以来佛道の歴史における、不滅の功績を鑽仰されることに主眼が置かれています。

その本地と仰がれる「勢至和讃」においては、念佛三昧を以て衆生を憐念されたこと、その恩が深い所以は、念佛の人を摂取し、浄土に帰せしむるところに究まることが詠われています。

したがって、ご晩年の聖人は、勢至菩薩によって念佛三昧の徳を讃ぜられ、観音菩薩を以て、往還二廻向による大慈・大悲を蒙った至徳に対して、感謝のまことを捧げておられます。

ここで、聖人も熟知しておられたであろう、観音信仰の代表である『法華経』「普門品」の意趣と、浄土信仰における観世音菩薩との接点はどこにあったのか、あるいはなかったのかを検討してみます。

「普門品」には「観世音の名義」として、以下の経文が見えます。

「観世音菩薩は何の因縁を以てか、観世音と名づくや。佛、無尽意菩薩に告げたまはく、善男子、若し無量百千万億の衆生あって、諸の苦悩を受けんに、是の観世音菩薩を聞き、一心に名を称すれば、観世音菩薩、即時に其の音声を観じ、皆解脱を得しめん」（「大正蔵」九　五六頁c）とあります。

右の経文は「普門品」中に、長行《ぢょうごう》（散文）と偈頌《げじゅ》（詩）がありますが、その長行の中で、佛と無尽意菩薩が問答され、まず佛が観世音の名義を説かれるところです。

ここで意を注ぐべきポイントは、あまたの衆生は苦悩を受けている存在であること、それらの衆生が一心に称名をすれば、観世音はその声を聞いて、衆生を解脱せしむると説かれている点です。

名義を説かれた佛は、次に七難（火難・水難・羅刹《らせつ》難・刀杖《とうじょう》難・鬼難・伽鎖《かさ》難・怨賊《おんぞく》難）を免れることを説かれます。

「七難」と表される不可避の天災地変や、不可抗力の暴力障害などの災難でも、観音の名号を称え、神力を念ずれば、無畏の利益を得て、苦悩から解脱できるということです。

次に「三毒」（貪《とん》・瞋《じん》・痴《ち》）を離れしめ、「二求」（子なき者が福徳智慧の男児を、女児であれば端正有相の子を授かる）が示されます。

この佛と無尽意菩薩の問答において、佛は、観世音が身・口・意の三業を以て、三十三身と十九説法の普門の妙用を示現することを説かれ、進んで、観世音への供養をすることを勧めています。

三十三身とは、観音の「普門示現」、すなわち、あらゆる階層、あらゆる職分、あらゆる教養の機類に応じて、普く門を開いて、自在無碍に姿を変えて身を現じ、摂化することで、その際、説法の数は十九回。佛身・独覚・縁覚・梵王帝釈《ぼんのうたいしゃく》から、老少男女・阿修羅・魔道の人まで、全てに開かれているとされます。

「普門品」における観音菩薩は、観音を称名するところまで導かれます。それは衆生の願望に応えて、現世利益を与える救世主となっている故です。

また『般若心経』における観音信仰は、『法華経』とはその趣きを異にしています。「普門品」の方は、凡夫の機類に応じた実践法である一心称名を明かしているのに対し、『般若心経』では、聖者にして初めて実践し得る「行深般若波羅蜜多」（悟りを得る真実の智慧を深く行ずる法）の実践、つまり智慧を目的とした六波羅蜜を行ずることが説かれています。

さて、私どもに最も縁の深い浄土教の観世音菩薩はどうでしょうか。

観世音菩薩は、『大無量寿経』においては二度登場しますが、『観無量寿経』においては二十六回登場されます。

浄土教に現れた観世音菩薩は、単独としての存在性は薄く、あくまで阿弥陀如来の脇士として、阿弥陀信仰の内に織り込まれ、さらに勢至菩薩と結びついて、浄土三尊となって顕されています。

『観経』十六観中、第十「観音観」に現れた観世音菩薩の相好は、佛の三十二相のうち頂上の肉髻《にくけい》と無見頂相（人は誰も覗き見ることのできない崇高な頂き）が世尊に及ばないだけで、あとは阿弥陀佛の相好と相似しています。

『観経』における観世音の利益は、単に現世の諸禍を離れるだけでなく、さらに生死の業障《ごっしょう》まで滅することが述べられ、往生・成佛の思想へと高次元に昂揚されていきます。

浄土教における観音・勢至が、脇士であるということは、同時に阿弥陀如来の至上の活動と、不二・一体の菩薩であることを示すものです。

そのことは、無上涅槃を証される阿弥陀如来が、私ども凡夫の身の周りにも直接的に示現して、如来の行を証される徴《しるし》でもあります。

しかし、「観世音」と称され、あるいは「観自在」と称される菩薩が、大乗佛教誕生の当初より出現されたのであれば、そこには聖浄共通の基盤があったに違いないという思いがいたします。

聖人は、きっと『法華経』の観世音を、内面において充分会得された上で、往還二種廻向の恩徳の対象としての観世音菩薩を、「弥陀・観音・大勢至」と、ここに取り上げられたお意《こころ》と思われます。

勢至の念佛円通、観音の耳根円通

先に、「正像末和讃」第三十一首・第三十二首について考えた折、その出典である『首楞厳経《しゆりようごんきよう》』（般剌密帝《はらみつたい》訳）に関して、少しく調べました。

『首楞厳経』は、晩年の聖人にとっては、殊の外大切な意味を持った経典であったことは、先に述べた通りです。

聖人は、「大勢至菩薩御銘文」という銘文を八十六歳の時にお書きになりました。専修寺蔵の『尊号真像銘文』〈広本〉（西本願寺聖典五一五頁）の第四章に記されています。

「『首楞厳経』に言わく、勢至、念佛円通を獲《え》たまう……」という書き出しで始まります。

「首楞厳」とは、「一切事究竟《くきよう》堅固」と義訳されます。すべての物事に対し、その源底を極め、絶対に破滅することがないという佛の三昧であり、『首楞厳経』全十巻に流れる精神は、「知見に知を立すれば、即ち無明の本なり。知見に見《けん》なければ、これ即ち涅槃無漏の真浄なり」の句で表される、知性的見解からの解放を求めています。

対告衆となっている阿難以下の大衆が、「首楞厳三昧」の大要を次第に理解してくるのですが、知見に災いされて、円通する方法が的確に達せられていないので、釈尊は、列座する憍陳如《きようちんによ》をはじめとした、二十五人の大阿羅漢《あらかん》や菩薩方に、いかなる機縁で円通に入り、いかなる方便によって三昧を得たかを披瀝せしめられます。

聖人は「勢至和讃」の御左訓で、「円通」とは「まどかに　かよふ」と端的に明かしておられます。いわば、求道者の佛道体験を統合して、その醍醐味の境地を二十五聖者の一人ひとりに語らしめられました。

その第二十四番目が、勢至菩薩であり、最後の第二十五番目が、観世音菩薩です。『首楞厳経』を典拠とした、勢至菩薩鑽仰の意義は「浄土和讃」末尾の「勢至和讃」八首、及び「正像末和讃」第三十一首・第三十二首によって明かされています。

「勢至和讃」の末尾に掲げられた「已上大勢至菩薩　源空聖人御本地也」によって、恩師・法然上人のご本地は勢至菩薩であることが明確に宣べられ、さらに「正像末和讃」の二首（第三十一首・第三十二首）では、五濁悪世に影現したまう阿弥陀如来は、本来久遠の本佛であることが示唆され、末世の凡夫に智慧の念佛を授けられることを使命とせられました。

如来は久遠劫来のご化導と示しつつ、その内容は現前の善知識・法然上人を通じてこそ仰がれることを彰わしています。

円通第一の観世音菩薩

さて、ここで疑問に思われることは、勢至菩薩の本地を明かす根拠を『首楞厳経』に依られながら、どうして観世音菩薩に関しては、この経から一切引用されなかったかということです。

『首楞厳経』において、佛が文殊菩薩に向かって最も優れた円通は何かと尋ねられると、文殊菩薩は観世音菩薩の示す「耳根《じこん》円通」を最第一と答えられました。それ故に観世音菩薩の別号を「円通大士」とも称されます。したがって経には、その円通の妙用として、三十二応身を感じ、衆生に対して十四種の無畏《むい》の功徳を与え、四種の不思議無作の妙徳を得さしめることが説かれています。

三十二応身とは『法華経』「普門品」の三十三身に相応するもので、観世音菩薩が普く門を開いた妙なる用きとして、あらゆる姿を現して摂化する諸相が示されます。

特に十四種の「無畏功徳」は、観世音菩薩独自の誓願で、施無畏者としての観世音菩薩の根本性格を示すものとされ、「普門品」に説く無畏の種々相を分類し、整理したものです。

十四無畏の第五には、次のように示されています。

聞を薫じ、聞を成す。六根を銷《とか》して、復《ま》た声聴に於いて同じ。衆生、当に害せらるるに臨み、能く刀は、段々に壊せしめん。

（意訳）あたかも香をたきしめるようにして、よく聞いてこそ、聞によって通達できる。その他の感覚である視・嗅・味・触・法の諸覚も聴覚と同様、解放融合せしめるべきである。衆生が刀によって害せられようとする時、刀は粉々に分断されてしまう。

また、十四無畏の全てにわたって、「聞く」という行業に関しての甚深な言句が散りばめられています。

我、自ら音を観ぜず、観音を観ずるを以ての由に……其の音声を観ぜしめて、即、解脱を得しめん（第一）
音を滅し、聞を円じて遍く慈力を生ず（第八）
形を融《と》かし、復《ま》た聞かん等（第十二）

第十四には、「我が所得の円通の本根の妙《みょう》耳門《じもん》を発《おこ》すによって、……能く衆生をして我が名号を持《たも》たしむ」とあります。

つまり『首楞厳経』の観世音菩薩が表す「耳根円通」は、前章の勢至菩薩の「念佛円通」に対して、「聞」の行業によって対応されるものに違いはありませんが、「妙耳門」と名づけられるように、あくまで「聞」の主体は観世音菩薩にあって、衆生にとっては、すこぶる高度な「聞」のための行業となっています。

したがって衆生は、観世音の「耳根円通」を頼みとして、「観彼観音力」と観世音の威神力をひたすら頼み、観世音の名を称える他はありません。

では、わが親鸞聖人の「聞」とは、いかなる「聞」でしょうか。

以下の如き言葉で明解に答えられています。

然るに、『経』に〈聞〉と言ふは、衆生、佛願の生起・本末を聞きて疑心有ること無し。是を〈聞〉と曰《い》ふなり。

（「信巻」末　聖典二五一頁）

（意訳）ところで『経』に「聞く」と言っているのは、佛の誓いが起こされた根本の理由と、それを完成された修行と、その後の帰結とを聞いて、衆生が疑いの心をいささかも持たない時、これを「聞く」という。

佛願の「生起・本末」すなわち、本願が起こされた「本末」を、香月院師は「本は因位、末は果上」とされますが、私どもの日常的言葉に言い直すならば、本末は始終のこと、すなわち佛願の始終を聞くこととなります。

『法華経』の「聞く」と「浄土経典」の「聞く」では、明確な違いがあります。

『法華経』の説くところは、実相無相の理ですから、あくまで深智の者のためのものとなり、浅識の者にとっては反《かえ》って惑いを生みます。

「信巻」末の「本末を聞きて疑心有ること無し」の一節が大切です。『首楞厳経』や『法華経』の経説は、妙法を説くことが目的ですから、「聞」の原理を説くことが目的となります。ここで説かれる「聞」は、「生起・本末」の「本」に重点が置かれます。それを法華方面の言葉で言えば、「法華経こそが最勝の経典であり、釈迦の正意」を表す故、人間の生命の根源を明かすことになります。

聖人の場合は、「生起・本末」の「本」に関しては、勢至が念佛円通するところにおいて、すでに「久遠劫来の佛」として宣べられています。あくまで「教法信受の人」を顕すことが核心です。

聖人が八十三歳(『尊号真像銘文』略本)、もしくは八十六歳(同　広本)で再確認された『首楞厳経』所縁の「勢至和讃」を、「浄土和讃」の末尾に別格的に配置された意図はここにあります。

「疑心有ること無し」と、自力疑心が先行する衆生心の深い内観によって発せられた言葉です。自力の疑心は、自らが先行し、救いの報いを予想して、如来のお用きを後回しにすることです。自らが先行する限りは、救いは永劫に不可能です。この「聞」の姿勢の大転換が、聖人の「聞」であります。いわば衆生持ち前の頑《かたく》なな習性である「罪福を信ずる心」の裏側が、まさに「佛願の生起・本末を聞く」でありましょう。

聞不具足

聖人が『御本書』で「聞と言ふは」と示された「信巻」末の「成就文私釈」(聖典三五二頁)の直前に、『涅槃経』によって「聞不具足」を掲げられている一節があります。「聞」の本質を明瞭にする、聞く姿勢そのものを顕されているところです。

要点を拾ってみます。

如来がお説きくださった経説を十二部経に分類する中、六部しか受持しない人を「聞不具足」とします。いくら読誦しても、よしんば十二部経全てを読誦したとしても、他人のために解説することが目的ならば、経を読んだ利益は得られない、というのです。論議のため、勝他のため、利養のため、その他諸々の事柄においても、「～のため」では、聖人の示される「聞」の本質は顕れません。

これらは、読誦の目的が純粋ではないという意ばかりではありません。経を読む姿勢そのものが誤っていることを、指摘しておられるのです。

したがって「聞不具足」を「一心専念と云ひ、又専心専念と云へり」という、善導大師の経を読む姿勢を端的に表す『観経疏』「散善義」の一節をもって、結び止めとしておられます。

聖人がこの「聞」を発展せられた言葉があります。

『御本書』「総序」の中の一文です。

誠なる哉や、摂取不捨の真言、超世希有の正法、聞思《もんし》して遅慮する莫れ。（「総序」　聖典一六六頁）

（意訳）まことに、これこそ摂《おさ》め取ってお捨てにならない真実の言葉であり、世に超えてたぐいのない正しいみ教えである。よく聞思して、あれこれ慮って疑ってはならない。

「聞思」という語は、法然上人のお教えにも見出し得ない、聖人の根本的信仰姿勢を表する言葉で、存覚上人がこれを平易に解釈しておられます。

きゝてうたがはざるを〈聞〉といふ。たとひ八万法蔵、十二部経をきくとも、疑心あらば〈聞〉にあらず。〈聞〉よりおこる信心、〈思〉よりおこる信心といふは、きゝてうたがはず、たもちてうしなはざるをいふ。

〈思〉といふは信なり。きくも他力よりきゝ、おもひさだむるも、願力によりてさだむるあひだ、ともに自力のはからひのちりばかりもよりつかざるなり。

（存覚上人『浄土見聞集』『真宗聖教全書』三　三八一頁）

大願の船

第五十二首では、弥陀・観音・大勢至の三尊が大願の船に、有情を乗せて、生死の海を渡したまう光景が詠われています。

観音・勢至が共に登場する和讃は、当讃の他に、次のものがあります

観音勢至もろともに　慈光世界を照曜し
有縁を度してしばらくも　休息あることなかりけり

（「浄土和讃」第十七首）

南無阿弥陀佛をとなふれば　観音勢至はもろともに

恒沙塵数の菩薩と　　かげのごとくに身にそへり　　（「現世利益讃」第十三首）

観音・勢至が衆生を乗せて、生死海を渡らしめられる大船について、『往生要集』大文第五「助念方法」（『真宗聖教全書』一　八一八頁）では、往生人が応に縁ずべき「佛の奇妙の功徳」と述べてあり、『無量清浄平等覚経』の経文が引用されています。すなわち、「阿弥陀佛、観世音・大勢至とともに、大船の船に乗じて生死の海に汎《うか》び、此の娑婆世界に就《つ》いて、衆生を呼喚《こかん》して、大願の船に上《のぼ》らしめ、西方に送り著《つ》けたまふ」という一節です。浄土の教えと船の喩えとは、深い関係があるようです。

「船」といえば、龍樹菩薩の「易行品」の一節が連想されます。

「陸道の歩行は則ち苦しく、水道の乗船は則ち楽しきが如し（陸路を歩くことは苦難を伴うが、水上を船で渡ることは安楽である）」（「易行品」難易二道章『真宗聖教全書』一　二五四頁）です。

大乗佛教の祖、八宗の祖と仰がれる龍樹菩薩が、難行道に対して、信方便の易行道を創唱した有名な「難易二道章」の文です。さらに同じ「易行品」弥陀章に、「是の故に我れ亦礼したてまつる、彼の八道の船に乗じて、能く難度海を度す」（『真宗聖教全書』一　二六一頁）とあります。

「八道の船」と聞いて、ハッとするものがありました。船は古代社会においても文明の利器であったはずです。「八道」とは、「八正道」のことです。「八正道」とは、釈尊の教化の土台とも言うべき、苦しみの消滅に至るまでの四段階、すなわち苦・集・滅・道の帰着点である「道諦」のことです。

八正道は、佛法者の生活姿勢を導くもの、つまり三宝の真実として現出した僧伽の存在の中で用くコミュニケーション、つまり真実の生活姿勢でしょう。

「船」の語が示唆する背景に、衆生の分別心を基礎にした文字文化の積み重ねの宿業として、正道の大地からはるかに浮き上がっている末法五濁の相を見ることができます。

文字を生み、文字によって互いのリレーションシップを築くようになって已来、人々は新しい不安と共に生きてきたのでしょう。

現代で日常的に使う飛行機に搭乗するたび、セキュリティー・チェックを受けます。テロリストを意識しながら、地上高く飛び上がることが常態化した現代生活に、抗しがたい末法の宿業を感じます。

そのような末世生死の現場に、救いを感じうることがあるとすれば、ただ「光明」と「名号」です。「光明」は智慧であり、しっかりした方向が見出されることです。「名号」は佛願の「生起・本末」を仰信することです。「光明」は勢至、「名号」は観音によって表されているのでしょう。

生死海上の「大願のふね」（第五十二首）とも「生死大海の船筏」（第三十五首）とも表された、宿業の末世五濁を生き抜かれる聖人のご心情を、これらの和讃の真言によって、仰慕《ぎようぼ》し讃嘆するばかりです。

また、蓮如上人の詠歌にも、生死の海に浮かぶ心身を船に託されたものが多く認められます。

海人の　炬火《ともしび》つでに　こぐ船の
行衛《ゆくえ》もしらぬ　我身なりけり

八十地まで　命ながらふ　老の身の
月の船路を　まつや彼岸《かのきし》

みな人は　弥陀をたのまん　後の世は
弘誓の舟に　のらんとぞきけ

（『真宗聖教全書』五）

蓮如上人が、未知の文化の土壌が新時代に向けて開かれようとする北陸、吉崎で布教に身を捧げておられるころのご苦労がベースになっているご信境と拝されます。

深く信ずる人

第五十三首

弥陀大悲の誓願を　ふかく信ぜんひとはみな
ねてもさめてもへだてなく　南無阿弥陀佛をとなふべし

を、香月院師は「因《いん》に行者の信順を勧むる」と科文し、聖道自力を捨てて、弥陀因位におけるご信心のお勧めとします。

深い信とはどういうことか。それを「信解《しんげ》」と「深信《じんしん》」とに分別して、香月院師は例を挙げて説明されます。「信解」とは、井戸掘り名人が地底に向かって掘り進めてゆくと、あるところへ至って泥土の質が変わる。この地質の下からは、必ず水が出ると確信する。これが「信解」。

また「深信」とは、ありそうもない、一見非常識に思えることでも、平生、誠の人であれば、あの人のいうことなら間違いない、と信ずること。

前者は道理を深く見極める「信」であり、後者は、信ずる相手の言を「まこと」とする故に「深信」と名づける。弥陀大悲の誓願を信ずるということは、このような相であるとされます。

因位というのは、阿弥陀佛が師佛・世自在王佛を信じられた瞬間で、師・弟子はその時、一如である故、文字通りの佛々相念の形です。この師弟の「まこと」から発せられたのが、四十八願です。こちらは、阿弥陀佛がわれら衆生にかけられた四十八の本願であり、その佛々相念の師弟の誓いが本願となって、衆生にまで届けられたのが、まさに第十八願で、これを「選択本願」と申します。

この因位の誓いが衆生まで貫かれ、衆生をして信順せしめんと願われる聖人のご心底として香月院師が掲げられた一節が、『浄土文類聚鈔』の一文です。聖人が八十三歳で選述され、八十八歳で再治清書されたものです。

今庶《いまねが》わくは、道俗等、大悲の願船には清浄の信心を順風と為し、無明の闇夜には功徳の宝珠を大炬《だいこ》と為す。心昏《くら》く識寡《さとりすくな》きものは、敬うて斯の道を勉めよ、悪重く障《さわり》多きものは、深く斯の信を崇めよ。

（聖典五一八頁）

（意訳）　いま、願うところは、在家・出家の人たちにおいては、大慈悲の誓いの船には、清浄な信心を順風とし、無明の闇夜には、功徳の宝珠である念佛をもって大きな松明《たいまつ》としてもらいたい。また心暗く、覚りも少ない人たちは、この道を敬って、努めはげんでほしい。また悪が重く、障りの多い人は、深くこの信心を崇めてほしい。

衆生における「清浄の信心」とは、如来因位の誓いが、五劫思惟の如来のご苦労を通し、「無明の闇夜」の中を無碍の光明となって貫き、我らの許に無上宝珠の名号となって直結してくださることでありましょう。

寤寐にわするることなかれ

次に、第五十三首の三句目「ねてもさめてもへだてなく」について、香月院師は、「高僧和讃」（源信章）の「寤寐《ごび》にわするることなかれ」の「寤寐」の語の釈として、中国最古の詩集である『詩経』の「寤寐」を引用し説明しています。

つまり「寤」は目が醒めている時、「寐」は眠っている時で、間断なくという意です。

原典の『詩経』と、それを註釈した『辞通』に興味ある解説がありましたので、少し書きとめてみました。

『詩経』の冒頭部「国風」一（周南一の一）にこのようにあります。

参差《しんし》の荇菜《ぎょうさい》（長短の等しくない貌《すがた》の水菜＝あさざ）は
左右に之を流《と》る（求める）
窈窕《ようちょう》たる淑女（未だ嫁していないしとやかな娘）は
寤寐（ねてもさめても）に之を求む

この詩の「寤寐」は、君子と仰がれた周の文王夫妻を讃じ、君子が淑女を求める念を詠ったものです。神明に献ずるために、長短の揃わない〈あさざ〉を右に行ったり、左に行ったりして求め、君子はその妃として、しとやかな淑女を寝ても醒めても思い求めるという内容ですが、この註釈が深くて心を打たれました。

それは「水菜は浮きて水面にあり、或は左に、或は右に、方無きを言う也。或は寤、或は寐、時無きを言う也」というものです。

人間の営みと心象を、無方、無時と表した古典の奥行きの深さに驚かされます。

人が何かを真剣に求めるのは、きっと、わが行方を需《もと》め、わが実時を確かめんとする営みでありましょう。

佛道を修することも、また我が親鸞聖人の晩年のご製作になるこの「正像末和讃」がまさしく表さんとする内容も、「時」と「所」を喪って、まさに「無時」「無方」のすがたとなっている我らに、「時・処・所縁」を明かさんとするのであります。

第四句の「南無阿弥陀佛をとなふべし」は、まさしく「夢告讃」の「弥陀の本願信ずべし」と相対応していると思われます。

「正像末和讃」全体が、初めと末尾の両讃による共震の間にあって、全体が響き合っている様相が伺えます。ことに「夢告讃」の「弥陀の本願信ずべし」の「べし」は、第五十三首の「南無阿弥陀佛をとなふべし」の「べし」と共鳴しています。

因位の本誓が重願の大悲を貫いて、私ども衆生に受けとめられたのが「南無阿弥陀佛」であります。誓願の約束は大悲倦むことなく、常にわが身を照らし続けて下さっていた思召しが至り届いた感動であり、念佛せずにはおれません。

この「べし」は、「即ち是れ其の行なり」（善導『観経疏』「玄義分」『真宗聖教全書』一　四五七頁）と言われる、「我」と「如来」の一如に籠もった、感銘の究みから生まれ出た必然の助動詞です。

「夢告讃」に対して、第五十三首はまさしく「正像末和讃」の結びの和讃といえます。

以上、「正像末和讃」について明かし尽された感がありますが、「正像末」結讃の「如来大悲……」に向かっての後続の三首には、聖人はどのようなご心情を以て、鑽仰を尽くしてゆかれるのでしょうか。

それはただ、報恩の念の湧くままに、和讃は展開されていきます。

まず第五十四首は、他力不思議によって、聖道門の人が自力より転入すること、第五十五首は末法においては弥陀本願のみが、畢竟依《ひつきようえ》であることが示されます。

三　他力信知

(54)聖道門のひとはみな
自力の心をむねとして
他力不思議にいりぬれば
義なきを義とすと信知せり

御左訓　なし

ただし、二句目は「正嘉本」では「むねとせり」となっている。

意訳　聖道門の智者たちは、みな何より自力の心を第一とされるが、浄土他力の不思議に帰入すると、正統の義を立てないことが、かえって本義に叶うと信知されるものである。

義なきを義とす

当讃二句目は、「正嘉本」では「むねとせり」となっていますが、これは社会的通念の外聞を示す心持ちで、主体的表現ではありません。

したがって聖道門の人はこうである、他力信心の人はこうであると、前二句を聖道門、後二句を浄土門と分かって、その心の相を説き並べ顕したものです。それを再治して「文明本」として調えられる時、「むねとして」と改めて、前二句と後二句とを連続する形にされました。

「正嘉本」から「文明本」へと改稿されたことから、二つの意味が読み取れます。

まず、「正嘉本」の方からは、法然上人の生前の偉業を偲ぶ時、聖道門から浄土門への道を明確に凡夫にまで知らされた、恩徳の鑽仰です。

法然上人は『選択集』「教相章」で、

設《たと》ひ先に聖道門を学せる人なりと雖も、若し浄土門に於いて、其の志有らば、須《すべから》く、聖道を棄てゝ、浄土に帰すべし。

（『真宗聖教全書』一　九三三頁）

と宣明されました。

前二句は、聖道門の自力心を明かし、後半二句は浄土門の他力信心の相を説かれています。

もう一つの視点は、「ねてもさめてもへだてなく　南無阿弥陀佛をとなふべし」との信境が、この他に佛の誓願を信ずる相はないという他力信心が、自力聖道の人々をも包摂する念へと高められています。「義」を究めることに専注するのが聖道門の修道形態ですが、他力不思議に帰することによって、自然に「義なきを義とす」るという、信知へと進みます。

讃の中の「義なきを義とす」とは、法然上人が生前、常に仰せになっていた言葉です。「念佛はやうなきをやうとす」（『法然上人全集』「沙弥《しやみ》随蓮に示されける御詞」七一〇頁）「念佛は義なきを義とす、ただひらに佛語を信じて念佛せよ」（『拾遺古徳伝』巻九ノ八「沙弥随蓮への教化」『真宗聖教全書』三七六六頁）と語られました。

聖人もそのお言葉を十分に心に銘じておられ、御消息に「〈他力には義なきを義とす〉と聖人（法然上人）の仰言にてありき」（『末燈鈔』二　聖典六三〇頁）と記しておられます。

「義なきを義とす」に関して、種々解釈がありますが、「自らは、計らわぬがよき計いなり」という程度に受けとめておけばよいのではないでしょうか。

聖人は法然上人から日頃承ったお言葉を、他力至極を明かされる重要なところにお引きになります。「義と申すことは、自力の人の計《はからい》を申すなり。他力には、然れば義なきを義とすと候なり」（『親鸞聖人御消息集』十一　聖典六六四頁）と端的に示されます。

ここで「大経讃」に照らして、「聖道門の人」について少し考えてみます。「大経讃」は二十二首あります。その第二十一首目の讃頭では「念佛成佛これ真宗」とあって、「自然の浄土をえぞしらぬ」と結ばれています。

それを受けた「大経讃」の結讃は次の如くです。

聖道権仮《ごんけ》の方便に　衆生ひさしくとゞまりて
諸有に流転の身とぞなる　悲願の一乗帰命せよ

聖道門とは、権仮の方便です。方便は真実に導くことに意味があるのであって、そこに久しく停まるのでは、方便の方便たる所詮はありません。方便を方便たらしめてくださるのは、如来悲願の真実のみです。「義なきを義とす」という言葉は、真実に導く方便の深意を含んだものとも拝されます。それは、「自力・他力」という機相においても、「正・像・末」という時代の移り変りの中においても、宗旨の異なりにおいても、仮なるものを如来の本願、すなわち「悲願の一乗」へと導く、真実方便の決定的力用です。

この第五十四首では、弥陀の本願の無碍絶対性が示されましたが、次の第五十五首は、それを裏から証された讃と見られます。

第二節　大師の慈愍

一　自力難証

(55)釈迦の教法ましませど
修すべき有情のなきゆへに
さとりうるもの末法に

一人もあらじとときたまふ

御左訓　なし

意訳　釈尊の教えはあるけれども、これを如実に修行する衆生がないために、覚りを開く者は、この末法の時には、一人もいないと説きたまうのである。

「正・像・末」の三時において、像法には「証」が失われ、末法には「行」「証」共に失われて「教」のみとなることは何度か見てきました。

当讃では、「釈迦の教法」で「教」を出し、「修すべき有情」で「行」を出し、「さとりうるもの」というところで「証」が示されています。

法然上人が、念佛を本として浄土宗を開宗された出発点は、道綽禅師の『安楽集』にあります。

それ故、『選択集』の冒頭「教相章」において、「我が末法の時の中、億億の衆生、行を起し、道を修するに、未だ一人として得る者有らず」という『安楽集』聖浄二門の『大集月蔵経』引用の経文を掲げられ、「当今は末法にして、是れ五濁悪世なり、唯浄土の一門有りて、通入す可き路なり」（「化巻」引用　聖典四四九頁）と、念佛行のみが真実の行であることを表されました。

これは浄土教実践の根本理念ですが、「正像末和讃」中においても、恩師・法然上人の出発点を恩徳の念をもって仰ぎ、上人の前で、聞法者として、自らこの原点を改めて披瀝なさったのでありましょう。

如来本願の果位の末法にあって、「因位」における信心をお述べになる心ばえであります。

一　摂受請願

(56)三朝浄土の大師等
哀愍《あいみん》摂受《しようじゆ》したまひて
真実信心すゝめしめ
定聚のくらゐにいれしめよ

御左訓

「三朝浄土の大師」
てんぢく・しむだん（天竺震旦）・このくにをさむてうといふなり　じやうどしゆ（浄土宗）のそし（祖師）をまふすなり　［草稿本］

「哀愍摂受」
あわれみたまへとなり　われらをうけたまへとなり　［草稿本］
あわれみたまへと、おさめうけたまへとなり　［正嘉本］

「定聚のくらゐにいれしめよ」
かならずほとけになるくらゐ（位）にすゝめいれたまへとなり　［草稿本］

ただし、四句目は「草稿本」では「定聚のくらゐに帰せしめよ」となっている

意訳　三国の浄土の善知識方よ、我らを哀れみ護らせたもうて、真実の信心を勧めたまい、正定聚不退の位に入れさせたまえ。

「自力の心」と「諸佛」がカギ

聖人は主著『御本書』において、大乗佛教通途の方軌に従い、「教・行・証」の次第を立てて、その題名を『顕浄土真実教行証文類』とされました。

しかし、末法の世に至って、とりわけ聖人ご在世のころには、「行」も「証」もなく、大乗教を学ぶべき課程は有名無実化していました。そのことを、「正像末和讃」の第二首に、

末法五濁の有情の　行証かなはぬときなれば
釈迦の遺法ことぐく　龍宮にいりたまひにき

と示されています。

「正像末和讃」の讃詠も進み、謝徳の情が極められる、最終部分の第五十五首において、なお正像末の悲嘆の心を、重ねて詠われたのはなぜでしょうか。香月院師は、第五十五首の意味を「自力の証し難きを証す」と述べています。

この和讃には、どこにも「自力」という語は示されていませんが、先に述べた第五十四首には、

聖道門のひとはみな　自力の心をむねとして
他力不思議にいりぬれば　義なきを義とすと信知せり

とあります。

末法濁世とはいいながら、内外の現実を凝視する時、私個人のみが救済に与《あずか》ることを善しとしない心が、どこかに潜んでいます。

仮令《たとい》、聖道門的生き方によって、己れの場を得て満足していたとしても、五濁のこの世に共存している求道者として、聖人は、時代を生きる真の内なる喜びと外なる背景を、明確に表明すべきだとお考えになったのでしょう。

そのカギは「自力の心」です。

立ち返って、もう一度吟味しておかなければならない和讃があります。

それは「正像末和讃」第二門の「佛の本懐を明かす」から、第三門の「弘法の恩徳を喜ぶ」へ、「序・破・急」の順序に擬するなら、「破」から「急」へと進む、いよいよ恩徳鑽仰の心が高まる節目の和讃、すなわち第二門末尾の二首です。

第四十三首、

十方無量の諸佛の　証誠護念のみことにて
自力の大菩提心の　かなはぬほどはしりぬべし

第四十四首、

真実信心うることは　末法濁世にまれなりと
恒沙の諸佛の証誠に　えがたきほどをあらはせり

と続く二首です。

「正像末」の和讃を辿っていきますと、聖人の口から「自力の心」という趣旨の言葉が出た時、和讃の音調は必ずといってよいほど強められ、より高調した讃詠となるように見えます。

「自力の心」が転ぜられるということは、そこに如来の他力廻向が実現されるということです。「自力の心」を翻えさせるものが、「諸佛」の証誠です。

香月院師は、「諸佛の証誠に　えがたきほどをあらはせり」と詠われる第四十四首を、「正像末和讃」一帖の「正所明」と述べています。

聖人は第十七「諸佛称名」の願について、「又十方衆生の疑心を止めん料と聞えて候」（『御消息集』十一　聖典六六四頁）と述べておられます。

この「自力の心」と「諸佛」は、晩年の聖人の教相の基底にあるものです。

「浄土和讃」「高僧和讃」では、釈尊の「経」と七祖の「釈文」を読み込み、弘願真宗の法門として、自力心と諸佛に関して平易に説かれます。一方、「正像末和讃」では、定まった経釈を拠《よりどこ》ろとするのではなく、まさしく聖人御己証《ごしょう》の法門によって展開されます。

「正像末和讃」で明かされるのは、詮ずるところ、弥陀・釈迦・諸佛の三佛の慈悲による、弥陀の本願力廻向と、他力無上の信心の喜びです。

深く展開される信心の内容は、「智慧の念佛」や「信心の智慧」（第三十四首・第三十三首）などの法句をもって示されます。

法然上人から賜った念佛を、「夢告讃」以後「智慧の念佛」と受けとめられた聖人は、これひとえに法蔵菩薩の願力のなさしめる用きとして、「信心の智慧」と表される、新たな眼が開かれたことを表されます。

聖人の深められたご心境は、冒頭の「夢告讃」の「弥陀の本願信ずべし」という、示現的な気づきの中に全て包摂されるのですが、この「夢告讃」を受け取り、さらにそれを信受し続けていくカギとなるものこそ、「自力の心」と「諸佛」です。

ご高齢の聖人には、好むと好まざるとにかかわらず、外なる浄土教の教団があり、内には浄土真宗の教団が存在しました。所謂《いわゆる》、佛・法・僧の中の現実の僧伽です。それは決して理想の僧伽と言い切れるものではありません。

僧伽は、本来「和合」を目指す共同体ですが、衆生が求める方向は、真実法を明らかにする性向に傾きがちです。現実の僧伽の実像、僧伽の成員の機の相は全く区々であり、「共に」と「和」を求めようとすれば、「我は」という相対する現実が動き始めます。

晩年に大進展を遂げられた聖人の他力信心の背景には、僧伽の問題を無視しては考えられません。大乗佛教において、自他の解決は、善導大師の「玄義分」の言葉によれば、「自覚覚他、覚行窮満《ぐうまん》（自らが覚り、他者にも覚らしめ、その自利利他の行が究竟《くきょう》するところまで至って、はじめて「佛」となる）」（『真宗聖教全書』一　四四三頁）と表されます。逆にこの自他の問題の解決を見なければ、大乗佛教とはいえません。

聖人が「正像末和讃」をお書きになっていた頃、関東教団では、門弟の間に、「一念義」と「多念義」の問題が再々起こっていました。

一念・多念の諍いは、法然上人在生の頃からあった安心上の諍いで、「一念義」は、信を得る一念、もしくは称名の一念をもって往生の正因とし、その後の称名は敢えて必要としない、という姿勢です。

一方の「多念義」は、往生の因は、多念の称名に励んだ念佛の功によるとするものです。

自力念佛者のすがた

聖人が「夢告讃」を感得されたのは、八十五歳の康元二年二月九日でした。そのわずか八日後の二月十七日に、『一念多念文意』という著述を編んでおられます。

『一念多念文意』は、信友の隆寛律師が書かれた『一念多念分別事』に引かれている経釈の要文に対しての解説ですが、隆寛律師は、一念・多念の諍いを誡めて、「一念をたて、多念をきらひ、多念をたて、一念をそしる、共に本願の旨にそむき、善導の教へを忘れたり」（聖典九四九頁）と記しておられます。

つまり一念を離れた多念もなく、多念を離れた一念もないことを、経釈の文を挙げて証されています。『一念多念分別事』を注釈された聖人は、ご自著の『一念多念文意』（聖典六〇〇頁）で、「一念をひがごとと思ふまじきこと」という章と、「多念をひがごとと思ふまじきこと」という二章を立て、各々、十四文と十文の計二十四文を掲げて、聖人独自の領解を述べておられます。

独自とは、「正・像・末」三時の新しい観点からの理解で、そこには『教行信証』では見られなかった領解の深化があります。一念に偏り、多念に執する衆生の信相に分け入り、如来廻向の信心を鮮明にしつつ、ことに往相還相の廻向の信因を深く味わっておられるという点です。

「夢告讃」を感得される一カ月前には、もう一人の信友・聖覚法印が著された『唯信鈔』の注釈、『唯信鈔文意』を、康元二年一月十一日と二十七日の二回にわたって書写して、関東の門弟である顕智や信証に与えておられます。

鎌倉時代に成立した法然門流の言行集である『明義進行集』（信瑞著）には、「わが後に、念佛往生の義すぐにいはんずる人は、聖覚と隆寛なり」という法然上人のお言葉が遺されていますが、法然教団の中で、このお二人のみが、念佛の背景にある他力の信に対して眼が開かれていました。

聖人は、聖覚法印、隆寛律師の著作を再三、門弟の許に届けられ、「これを書かれた方々こそ、この世にとっては、勝れた導師であります。すでに浄土往生しておられる人々であるから、この書にかかれていることはそれにまさる書は、他に全くありません。法然上人のお教えをよくよくご理解になった方である故、浄土にもめでたく往生されたのです」（『末燈鈔』十八　聖典六四六頁取意）と書いておられます。

この御消息の製作年月は不詳ですが、明法房弁念の往生（建長三年十月十三日）のことが記されているので、建長三年以降と推されます。

ちなみに、聖人が「夢告讃」を感得された時は、隆寛律師没後三十年、聖覚法印没後二十二年が経過しています。

法然上人における一念・多念の諍いに対しての姿勢は、「（念佛の）かずの多少を論ぜず、往生の得分はおなじき也。本願の文顕然なり。なんぞうたがはんや」（『念佛往生要義抄』『法然上人全集』六八六頁）といわれるように、非一非多が基本でした。

法然上人も、この問題に対して、理を尽くして幾度も誡めておられますが、一念義・多念義という諍いは、何故か何度となく再燃してきます。

唯円大徳の『歎異抄』の真髄を解明した三河の了祥師は、「誓名別執」（誓願不思議で救われるのも、名号不思議で救われるのも、畢竟同一であるのに、誓願不思議は他力真実の信心、名号不思議は他力中の自力の信心であると主張したものがいた）の計、「専修賢善」（専ら真面目な修行者のごとく修する）の計として捉え、異義の根底を再検討し、考究しています。

「誓名別執」は、念佛と信心が一つにならない浄土信仰です。独善的であり、観念的であり、機と法が別々、これが一念義につながります。

「専修賢善」は、道徳的、律法的で、これが念佛を励む多念義のすがたです。

法然上人がお勧めになった根本の「専修念佛」は、念佛と信心が離れることがないから成立するのであると仰せられています。

「若し自力の心に任せば、一声十声猶《なお》自力也。若し他力を憑《たのめ》ば、声々念々皆他力也」（『良忍上人伝聞の御詞』『法然上人全集』七六〇頁）とあります。

ところが凡夫にとって、何かを行じようとする時、無疑・無慮に振る舞うのは、極めて難しいことです。「専修」という体得の下から、「一念」と「多念」を分別するという習癖が現れて、本願から逸脱していきます。

「一念」「多念」の問題は、念佛の形・相について語られていますが、その動機にまで踏み込めば、必ず「自力」「他力」の問題へと集約されます。

隆寛律師は『一念多念分別事』において、「一念」と「多念」について述べておられますが、関東門弟の人々の諍論《じょうろん》の動機は、目に見える「一念」「多念」についてですので、より核心の問題に踏み込んで、「自力」と「他力」の問題として凝視する必要がありました。

隆寛律師の著作は多数あったと伝えられていますが、今日では限りあるものしか残されていません。

聖人は隆寛律師が書かれた『後世物語聞書』『自力他力事』の二冊も、『一念多念分別事』と同様に書写して門弟方に与えておられます。

これらは聖覚法印の『唯信鈔』と共に、善鸞の許にも送られたことが、御消息（聖典六五四頁）から窺えます。

「行」と「信」、すなわち念佛と信心の一致は、自力でなく、ひとえに他力でなければならないことを、法然上人も、聖覚法印も隆寛律師も強調されています。

しかし、他力に催された信心について、また他力の念佛について、説かれてはいますが、信心に自力・他力を分別し、他力の信心の義を明らかにされたのは、聖人をおいて他にはおられません。

その点に関して、隆寛律師の『自力他力事』の冒頭には、聖人に強い示唆を与えたであろう一節があります。ここに示された念佛行者の在り方は、我々が念佛に取り組む姿勢として、それ以外には考えられないほど、突き詰めた問題として提起されています。


先づ〈自力の心〉といふは、〈身にも悪きことをばせじ、口にも悪きことをば云はじ、心にも僻事《ひがごと》をば思はじと、斯様に慎みて念佛するものは、この念佛の力にて、よろづの罪を除き失ひて、極楽へ必ず参るぞ〉と思ひたる人をば、自力の行といふなり。

斯様に、わが身を慎みととのへて、善からんと思ふは、めでたけれども、先づ世の人を見るに、如何にも〳〵、思ふ様に、慎み得んことは、極めてありがたきことなり。

その上に、弥陀の本願を、つや〳〵と知らざる咎《とが》のあるなり。

されば、いみじく見えて往生する人も、まさしき本願の極楽には参らず、僅にその辺《ほとり》へ参りて、その処にて、本願に背きたる罪を償ひて後に、まさしき極楽には生ずるなり。これを〈自力の念佛〉とは申すなり。

（『自力他力事』聖典九五二頁）


ここには必死な念佛者の姿、真剣なる求道者の姿が示されています。

念佛を信じ、念佛を称える者は、せめて身に間違ったことをしてはならないと考えます。言葉も極力調え、口業の本である心には、道理にはずれたこと、不都合なことを思ってはならないと慎み、それらの妄念を念佛に託して、悪しきことを抑えていくのが、念佛の修行と心得ています。

あるいは、無意識の領域にまで、この心構えを封じ込めているかもしれません。これに対し隆寛律師は、その心がけは立派であるが、せめても、何とかと願っても、それは所詮、不可能であると断ぜられます。

さらにその上、そのことは、本願を全く知らないという過失でもあると厳しく直指《じきし》されます。ここに示されている自力は、私どもに具わっている誠実といっても過言でない営みであり、他のいかなる励みにも換えられないほどの思いを込めて念佛を支え、そのことによって往生を遂げようとする、哀しいほどの努力精進のすがたです。

このような自力の念佛で往生したとしても、生まれた処は浄土の片辺《かたほと》りであり、そこで本願に背いた罪を償った暁に、ようやく正真の浄土に生まれるのだと、説かれているのです。

「自力」ということ

今日では、「自力」が、浄土往生の障害になるということを、真宗門徒ならずとも、ほぼ常識的に解しています。しかしその内実を正しく知っているかといえば、これはたとえ真宗門徒でも、正反対の結果となって出るかもしれません。

浄土門の根本の書である、法然上人の『選択本願念佛集』でも、「自力」の語は、ただ一度出てくるだけです。それは、聖道・浄土を分別する「教相章」において、曇鸞大師の言葉として挙げられる「難行道とは謂く……唯是れ自力にして、他力の持《たも》無し」(『浄土論註』上　聖典二八一頁) のみです。

法然上人の他の資料では、「自力といふは、わが力をはげみて、往生を求むる也。他力といふは、佛の力をたのみたてまつる也」（『浄土宗略抄』『法然上人全集』六〇一頁）とあります。

また、自力・他力についての心得を問うた禅勝房（信心堅固の人といわれたが、晩年、遠江《とおとうみ》小国神社内で番匠となり、配流途中の隆寛と再会を喜びあったと伝えられる）に対して、法然上人は、「私は殿上に参るべき器量の者ではないが、お上よりのお召しで二度まで殿上に参ることができた。これは私側の事情で参ることが実現できたのではない。ひとえにお上のお力によるものである。まして阿弥陀佛のお力においてはなおさらである」（「禅勝房に示される御詞」『法然上人全集』六九八頁取意）と答えられています。

さらに「若し自力の心に住せば、一声十声猶《なお》自力也。若し他力を憑《たのめ》ば、声々念々皆他力也」（「良忍上人伝聞の御詞」『法然上人全集』七六〇頁）などとありますが、いずれも佛の力への信順を基本として本願力をたのまぬ相の誡めとして表現されており、自力の心想については、深く説明されていません。

聖人が信頼された聖覚法印の『唯信鈔』には、一回のみ「自力」の語が記されています。

聖覚法印が諸行往生について、「これみな往生を遂げざるにあらず、一切の行は、みなこれ浄土の行なるが故に。たゞし、これは自《みずか》ら行をはげみて往生を願うが故に自力の往生となづく」（『唯信鈔』聖典九一九頁）と、念佛の功徳の大きさを示しつつ、自力を誡めてあるのみです。

これに対して聖人は、聖覚法印の『唯信鈔』の註釈である『唯信鈔文意』において、「本願他力をたのみて自力を捨つるをいふなり、これを〈唯信〉といふ。〈鈔〉はすぐれたることを抜き出しあつむる語《ことば》なり。このゆゑに『唯信鈔』といふなり」（『唯信鈔文意』聖典六一四頁）と、聖覚法印が著された書名の本旨を、「本願他力をたのみて自力を捨つる」という肝要を記して紹介しておられます。

さらに、「みなともに自力の智慧もっては、大涅槃に至る事なければ、無碍光佛の御形は智慧の光にてまします故に、この如来の智願海に勧めいれたまふなり。一切諸佛の智慧を集めたまへる御形なり。光明は智慧なりと知るべし」（『唯信鈔文意』聖典六一四頁）とあります。

大乗・小乗の聖者といわれる人、あるいはまた善悪の凡夫、いずれ、どんな知見から生み出された心行でも、無上の涅槃に至ることは決して叶わない。

ここで注目すべきことは、隆寛律師が提出されたような、切羽詰《せつぱ》まった自力の難関を超えられるのは、「無碍光佛」と称される、阿弥陀佛から現れ出た佛に依るべきであるという示唆です。「無碍光佛」という佛は、智慧の光をすがたとする御名であり、佛は我々を智慧の海の中に摂め取られるのです。これは我らの身の回りの諸佛の智慧が、凝縮されたすがたであって、光明ということは、眼前を開く智慧と知るべきであると示されています。

暗闇の世界を開くものは光明であり、それが智慧と呼ばれるものです。いかなる直感からでも、自力があれば光明は見えません。

聖人の『一念多念文意』は隆寛律師の三書、すなわち聖人が書写し、門弟に送られた『後世物語聞書』『一念多念分別事』『自力他力事』の三書を包括した註釈書と見るべきです。

聖人は『文意』の構成を先述の如く、一章を「一念をひがごととおもふまじき事」二章を「多念をひがごととおもふまじき事」の二章に大科されました。

法然上人の教えの核心は、本願に順じた念佛の教えでありますから、「専修念佛」が軸となっている「行の一念」です。

『大経』本願成就文の一念、三輩往生の一向専念の一念、さらに「流通分」の弥勒付属の一念、これらは、皆、同じく「南無阿弥陀佛」の一声称念をもって所詮とされます。

一方、聖人の場合は、十八願が「念佛往生の願」である点に変わりありませんが、「至心信楽欲生」の三心は、他力廻向の真実信心が誓われていると洞察されました。

ここに「信の一念」を立てられる出発点があります。それまで、すべては「行の一念」と見なされてきた願意において、聖人が初めて「行の一念」と「信の一念」とを立てられました。

これは念佛一つでは不足だという意味ではなく、念佛を信ずる心と、称える身という、本来一如なるものを分別して了解しようとする人間業の知解の意識を破って、現実の身が助かるという一点を明確にするために「信の一念」を開かれたのです。

『一念多念文意』では、「信の一念」は、「自力の心」を超える他力廻向の信であり、これを「一念をひがごとおもふまじきこと」の章に著し、自他の交際なくしては成り立たない念佛生活の場において、念々の往生を不断に実現していけるか否かという課題に対して、「多念をひがごとと思ふまじき事」の章に「諸佛称名」の意義を明らかにされました。

古来、「信の一念」をもって往生の正因と明かし、現生において不退の位に住すると宣言した方は、独り親鸞聖人のみです。

阿弥陀如来の本願力によって、我々衆生が浄土に往生する因と果を、佛の方より衆生に直接施与せられるという確証です。これによって往相・還相の二種廻向による、浄土真宗の救済原理が確立されました。

善導大師も法然上人も、第十八願を「念佛往生之願」とされ、第十九願は「要門」として問題にはされますが、聖人は「至心廻向之願」としての第二十願を取り上げ、特に注目されました。

第十八願成就に至るまでの方便の願である第十九願は「修諸功徳之願」と名づけられます。その願の功能の視点から「仮令《けりよう》〈もしの意〉之誓願」(「化巻」聖典四五四頁)とされ、同じく方便の願である第二十願を「植諸徳本之願」「係念定生之願」と名づけられ、その願の功能として「不果遂者《ふかすいしや》之願」(「化巻」聖典四五八頁）と名づけられました。

この果遂（果たし遂げる）ということは、往生浄土を目ざした衆生にとっての最重要な関門であり、佛意から見れば、必ず往生を成就せしめる願い、それ以上に、如来の全生命が賭けられている、佛自身への「誓い」が込められているといえる悲願です。

まさに、如来と衆生とが接する最前線であります。

ところが、我々衆生の心想はどのようなものであるか。ここが「自力の念佛」と言われるところです。「自力の念佛」とは、自らの、身・口・意の三業から漏れ出る悪を慎み、抑え、善人となって念佛成佛したいと、切に願っている念佛です。

名号の功徳力には全幅の信を置いているのですから、この念佛の力で、諸の罪を取り払い、念佛する衆生の「廃悪修善」（悪を廃し、善を修する）の功徳力と合わせて、これを「念佛の力」と信じて、懸命に励みます。

換言すれば、「自力念佛」とは、称える如来の名号の徳と、称える衆生の三業の善とが相俟って往生が可能になると心得ている、まさしくあの二十願の信心の在り方です。

聖人がここより活路を見出されたのは、教相的側面から申せば、曇鸞大師によってでありました。

聖人が法然上人の吉水に入室されて四年後の三十三歳の折、『選択集』書写が許され、喜びの涙を抑えてこれを臨写して、謹んで生涯の指針となるご本を持参申し上げると、上人は御自ら「南無阿弥陀佛　往生之業　念佛為本」と、聖人の法名である「綽空」と書いてくださいました。そしてその日に、恩師の真影を預かり、それも図画させていただくこととなったのです。

それから三カ月半後、お写しした御真影を再びお持ちしたところ、大切な真文までお書きくださり、お授けくださいました。

そこには、十方の衆生がわが名を称え、たとえわずか十声でも称えたならば、必ず往生を遂げさせる。彼の如来は今現在すでに成佛して在《おわしま》すのだから、その誓願はまさに真実であるという意味の、『往生礼讃』の後序に善導大師が領解された阿弥陀如来の願文（第十七願と第十八願の要を取って一体化した成就文として述べてあるので「加減の文」と呼ばれる）が記されていました。

そして、その御筆に依って、聖人に新たな法名を書き改めてくださったと『教行信証』の後序に記されています。

この法名は他でもない「親鸞」であったと、最近多くの学説が唱えられるようになりました。

「綽空」という法名は、聖人までの浄土教伝承の始終を示し、「親鸞」は、浄土の教が興起した大乗の根幹を象徴する法名です。

「親鸞」という法名

このことは、恩師より浄土の御教の相承を託されたこと、また法然上人が日頃からの聖人の志願を察知され、それに期待し、負託されたのかも知れないことを示唆します。時に上人七十三歳、聖人三十三歳です。

無論、「親鸞」という法名の二字の意味がカギとなります。「親」は天親菩薩の「親」であり、「鸞」は曇鸞大師の「鸞」です。

親鸞聖人の信仰の肝要は、『教行信証』に厳密に体系づけて整備され、論述され、その思想の骨格は、衆生が阿弥陀如来より直接賜る、往相・還相の二廻向に端的に統括されています。

往還二廻向という言葉は、曇鸞大師が、天親菩薩の『浄土論』を註解された『浄土論註』の中に出てきます。

恩師・法然上人も、曇鸞大師のことは浄土門の流れの重要な祖とされていますが、浄土宗を建立されるについては、専ら善導大師に依られて、「専修念佛」を証されることが核となっていますので、特に曇鸞大師の思想に焦点を当てて深く取り上げられることはありませんでした。

しかし、法然上人の曇鸞大師についての関心を、隆寛律師が伝えられる言葉が遺されています。

「大唐の善導の浄土宗をたて給ふ事は、三経一論を正依とし、曇鸞・道綽を祖師とす」（『法然上人全集』四六五頁）。

一論とは天親菩薩の『浄土論』のことで、『大無量寿経』の精髄を明かされた重要なる聖典です。その『浄土論』は、正式には『無量寿経優婆提舎《うばだいしゃ》願生偈』と名づけられています。「三経一論」の表現に、法然上人が天親菩薩のこの注釈書（優婆提舎）を『浄土三部経』と同等に見ておられることがわかります。

また、曇鸞大師について、「佛法の底をきはめたりし」（「登山状」『法然上人全集』四一九頁）と評しておられます。

法然上人が示される曇鸞大師の行実について申せば、大師は諸の佛を見佛することを願って、つねに龍樹菩薩に起請《きしょう》され、最終的な開悟に臨まれました。その所願の如く龍樹菩薩からの報せが届くか届かぬかの間に、聖僧の像が室内に入来され、「我れは龍樹菩薩である」とされたという伝記を法然上人ご自身が遺されています（『類聚浄土五祖伝』『法然上人全集』八四五頁）。

「廻向」の意義の転換

聖人の信仰の核心が、他力廻向の思想であるということは、よく知られてきました。

覚如上人の『御伝鈔』上巻第七段（聖典七四一頁）によると、恩師よりたまわった信心と、ご自身の信心とは、いささかも異なるところがない、ただ一つである、と仰せになっています。

しかし「廻向」と表現されている内容については、法然上人と親鸞聖人との間には一八〇度の違いがあるように見えます。それでも両者には信仰上一分の違いもないといわれるのは、この言葉の重要な差異にもかかわらず、ご自身の位置、それに伴う姿勢と視点（機相）が、明確に表現されているからでありましょう。

法然上人は、まず伝統的な佛教の廻向の定義を示され、「廻向といふは、彼の国に生れ終りて、大悲を起して、生死に還り入りて、衆生を教化するを廻向と名づく」（『要義問答』『法然上人全集』六二五頁）とされます。

我々衆生は何の修行も叶わぬ凡愚である故、浄土という佛の許《みもと》に往生し、そこで何ものにも煩わされることなく修行し、最終的には無上涅槃を覚ることができる、これが本来の浄土往生の相です。

そこで法然上人は、以下の如くに往生が遂げられる方法を示し、廻向を勧められるのです。

今よりは、一念も残さず、悉く、その往生の御助けになさむと廻向し参らせ候はんずれば、かまへて、かまへて（必ず必ず）、思召すまゝに、遂げさせ参らせ候はゞやとこそは、深く念じ参らせ候。

（「正如房へつかはす御文」『法然上人全集』五四六頁）。

（意訳）唯今、一念たりとも余念を入れず、往生のための功徳の全てを、廻向申したならば、必ず必ず、思いの如く、往生を遂げさせていただく故、心を込めて深く念じてください。

しかし『選択集』「二行章」の中では、廻向と不廻向とを対にして掲げ、称名念佛以外の助業《じょごう》・雑行《ぞうぎょう》を以て往生を願う時には、必ず廻向を用いなければならぬが、称名念佛のみは廻向を必要としないと示しておられます。

その理由は、阿弥陀佛に帰命することは、佛意に叶《かな》った発願であるため、そのこと自体が、廻向であるからだと明かされています。

もちろん、親鸞聖人は、念佛は不廻向の行であることは、百もご承知であります。

聖人は、恩師上人の御真影を拝請申し上げた折には、真筆をもって六字の御名号と不廻向の肝要が「彼佛今現在成佛　当知本誓重願不虚　衆生称念必得往生（彼の阿弥陀佛は、今現在、成佛なさっている。当に阿弥陀佛の誓いと本願には、虚《むな》しいことがない故、衆生が称名念佛すれば必ず往生を得る）」（『教行信証』「後序」　聖典五〇八頁）と鮮かにご染筆された真文を戴かれました。

親鸞聖人における「廻向」は、本願力廻向のことであり、それも凡夫地体のままに、不退転に至ることができるという意味です。

つまり、ここにこそ浄土真宗における、最も重要な信仰の根拠があり、これを「現生不退」と言います。

しかし、この重要な課題を解くについては、経釈による論拠を探して示すことより、むしろ、なぜ、凡夫生活者の身の上に直接不退転が成立するのかを求める方が、より重要な問題でありましょう。

大乗佛教興起のはじめより、さほど歳月を隔てず、浄土教の源泉が生まれたといわれますが、聖人ご在世までの千数百年間で、念佛一つで現生のままで救済されるという、明確な言葉を発せられた方は、龍樹菩薩お一人であります。

「（十方の諸佛が）皆、名を称し阿弥陀佛の本願を憶念すること是の如し。若し人、我を念じ名を称して、自ら帰すれば、即ち必定（不退転）に入りて、阿耨多羅三藐三菩提《あのくたらさんみゃくさんぼだい》（無上等正覚）を得」（「易行品」弥陀章『真宗聖教全書』一　二五九頁）と。

十方の諸佛が阿弥陀佛の名を称し、阿弥陀佛の本願を憶念することは、このようなことである。もし衆生が阿弥陀如来を念じ、称名し、帰命すれば、直ちに不退転に住し、無上等正覚を得ることができるというのです。

龍樹菩薩を尊崇しておられた曇鸞大師は、天親菩薩の『浄土論』を解読するに際し、龍樹菩薩の『十住毘婆沙論』の肝要を深く理解し、自らの『浄土論註』に採り入れられました。

現生のまま、不退に住するという龍樹菩薩の重大な示唆を、曇鸞大師は、天親菩薩が示された「五念門の行」に照らして、如来の本願力を増上縁（最もすぐれた縁）とすべきであることを読み取られたのです。

五念門とは、浄土を願生する菩薩が、「礼拝」「讃嘆」「作願」「観察《かんざつ》」の四つの行を自らのために行じ、行じた上でその功徳の全てを他のために振り向けて（すなわち「廻向」して）浄土の往生を成就し、菩薩の行を完成すると読むのが、通常の読み方です。

ところが曇鸞大師は、五念門を行じて、自らが助かり、他を助ける（自利利他成就）ことは、実は阿弥陀如来が、大きく強い増上縁となっていなければならないと明かされます。

大乗佛教の目的である自利利他の成就を目指す求道者（菩薩）は、自利を尽くし、利他を完成させる段階に至って、重大な転換に迫られるのです。

曇鸞大師の言葉を意訳しますと、「人が救われるということと、救うということは、正確に言えば天地ほどの差異がある。すなわち、佛の方から言うなら、救う（利他）と言うべきであり、衆生から言うならば救われる（他利）と言うべきである。今はまさに佛の力を語らねばならないところ故、佛が救う（利他）という言葉を用いる。自利利他して速やかに菩提を成就するということはこのような意である」（『浄土論註』下『真宗聖教全書』一　三四七頁）と断言しておられます。

曇鸞大師の突き詰められた要請と、大乗菩薩道に破れた体験が、この一節に滲んでいます。

大師は『論註』の八種の「佛荘厳」を結んで「不《ふ》虚《こ》作《さ》住持《じゅうじ》功徳成就」（虚しい所作でない住持の力）を挙げておられます。

曇鸞大師の求道の基底には、人間界の「虚作の相」の、深い自覚がありました。

「虚作の相」は、自利利他を全うできないこと、つまり生き甲斐を得ることができないという痛みです。

「虚作の相」には、二つの側面があります。

一つは自利において、人間界を生きる「苦」があり、免れることができない「罪」と「障」がそれに沿ってきます。

二つには何とかあの人を助けたいという利他の願いを発しながら、現実において、他人の苦痛を痛切に感受できないという事実の「空虚さ」（観念性）でありましょう。

双方ともに我が身の実相が「生死不明」であるという内観によって感受される「虚作の相」であります。

自利の虚しさとは、「当てが外れる」こと、ひいては自らが自らに裏切られる「虚しさ」です。原因を他からのものと思いがちですが、重大な病に罹《かか》った時などは、他なるものとは言い切れません。

利他を志すことは、大乗菩薩の生命線ですが、他者の痛みがわかることほど難しいことはありません。そこからは心ならずも「無関心」を余儀なくされ、たとえ一旦は関心を持ったとしても、結局は他者を裏切ることになってしまいます。

「利他」に際して、「本願力を増上縁」とせざるを得ないことは、たとえば病の子を抱える母親は、母親自らがなすことに関しては、あらん限りの自力をもって尽くしますが、一旦、我が力の及ばぬ他者（この場合、我が子）に向かい合った時には、母親の五体は、全身、祈りの存在とならざるを得ません。利他の立場に立って、はじめて自力他力の転換点が訪れるのです。その転換点は菩薩ならずとも、凡夫の身の上においても実感されます。

「虚作の相」を破ること、そこに渇望されるものこそ、佛の正道に安立する「現生正定聚」もしくは「現生不退」であります。

現生における不退は、衆生の心底から湧き上がってくる、「生きる」ことの切実な確かめでありましょう。

真実信心は、凡夫の「我」から起ってきます。我は何たるかを知らぬ、主語なき存在に、佛からの呼びかけによって、真なる「我」をたまわるのです。このことを「一心」といいます。ここを曇鸞大師は、「〈我一心〉とは、天親菩薩自督の詞《ことば》なり」（『浄土論註』上　聖典二八一頁）と、深い感懐を込めて述べておられます。

「虚作の相」も同様、凡夫の実相を知らしめられる如来の本願力にお遇いしてこそ、「遇無空過者（遇うて空しく過ぐる者なし）」といえます。

『入出二門偈』（聖人八十四歳作）には、如来の本願力を観ずれば「凡愚遇無空過者（凡愚遇《もうあ》うて空しく過ぐる者無し）」（聖典五七〇頁）と「凡愚」の二字を入れることによって、阿弥陀佛の本願をいただくのは「凡愚の身」であることを確かめておられます。このように「凡愚の身」、「虚作の相」の上に、「現生不退」が直接顕現されることが明らかになるのです。

「等正覚」「証大涅槃」

聖人が『教行信証』をご製作なさったころの肝要な法文にはなく、「正像末和讃」を著されたころに、初めて顕れてくる重要な言葉が『一念多念文意』の中に認められます。

その第一は、第十一「必至滅度の願」に関しての言及です。

この第十一願はその願文も成就文も、註釈の原本となっている隆寛律師の『一念多念分別事』にはありません。

聖人は体験を通し、第十一願を改めて深く読み込まれ、如来本願力の廻向によって、現生において不退に住することを確信されました。

それは「真実の証」についての実現を「必至滅度」から「証大涅槃」という表現に重点を移された点です。『大経』十一願成就文は、

佛告二ゲタマハク阿難一ニ、其レ有二リテ衆生一、生二ルル彼ノ国一ニ者ハ、皆悉ク住二ス於正定之聚一ニ。所以《ゆえん》者《は》何《いか》ン、彼ノ佛国ノ中ニハ、無二ケレバナリ諸ノ邪聚及ビ不定聚一。

（聖典六三頁）

とあり、「証巻」では、さらに『大経』の異訳である『如来会』の内容を引用しておられます。『如来会』の十一願成就文では、

彼ノ國ノ衆生、若シ當ニ生レントスル者、皆悉ク究二竟シ無上菩提一ヲ、到二ラシメン涅槃處一ニ。何ヲ以テノ故ニ。若シ邪定聚及ビ不定聚ハ、不レ能四ハ了三知スルコト建二立セルコト彼ノ因一ヲ故ナリ。

（「証巻」聖典三九二頁）

と、訓ぜられています。

『大経』の十一願成就文では、「彼の国に生るゝ者は」となっており、これはすでに浄土往生している衆生を指していますが、『如来会』の十一願成就文では、「当《まさ》に生れんとする者」となっていますので、未だ現生にあるうちに、衆生が浄土に往生したいと願いを起こすことを意味します。

また『大経』本願文では、「不住定聚　必至滅度」（定聚に住し、必ず滅度に至らずば）となっていますが、

『如来会』の本願文では「不決定成等正覚　証大涅槃者」（決定して等正覚を成じ、大涅槃を証せずば）となっています。

すなわち、唐の菩提流支訳の『如来会』では、『大経』における「正定聚」が「等正覚」に、「必至滅度」が「証大涅槃」と訳されています。聖人はこれらの異訳を重視され、大きな示唆を受けられたようです。

第二十六首の和讃、

念佛往生の願により　　等正覚にいたるひと
すなはち弥勒におなじくて　大般涅槃をさとるべし

では、唐訳を用いられており、聖人のご本意をそこに垣間見ることができます。さらに後で触れます。

「信」の宗教をいのちとされる聖人が、「涅槃をさとる」という表現を用いられる時は、往還二廻向に対しての、言語を超えた感謝の念が溢れている時です。

第四十八首の、

無始流転の苦をすて、　無上涅槃を期すること
如来二種の廻向の　　恩徳まことに謝しがたし

というような表現です。

おそらく法然上人ご在世のころ、聖人が吉水の教団に居住された時から、聖人は、曇鸞大師のお導きによって、現生に不退転の位の確証を得るであろうことを念頭に置きながら、念佛に励んでおられたのかもしれませ

ん。

先に引用した『如来会』の十一願成就文の中では、『一念多念文意』に「彼の国に生れんとする者」（聖典六〇二頁）という送り仮名を施すことによって、現実生活に身をおいている在家の求道者が、現身のままに不退の位を獲得し、無上涅槃を証し得ることを、聖人は明らかにされています。

右の『如来会』の十一願成就文の読み方（「証巻」聖典三九二頁）を、聖人に示唆した方も、曇鸞大師に他なりません。

「証巻」には引き続いて、曇鸞大師の釈文が引証されています。

「現生正定聚」を証明する大切な出拠ですので、少し長くなりますが、ここに記しておきます。

『浄土論』に曰く、〈荘厳妙声功徳成就〉とは、〈偈〉に〈梵声悟深遠　微妙聞十方〉と言へるが故に。此れ如何ぞ不思議なるや。『経』に言《のたま》はく、〈若し人、但《ただ》彼の国土の清浄安楽なるを聞きて、剋念して生れんと願ぜんものと、亦往生を得るものとは、即ち正定聚に入る〉（「証巻」聖典三九三頁）

という箇所です。聖人の訓点によって、現在・未来の正定聚が確立されます。

妙なる声が佛の荘厳の功徳であるということは、天親菩薩の「願生偈」に「梵声（神聖なる声）悟らしむこと深遠なり、微妙にして十方に聞ゆ」（聖典一九一頁）と表されています。

これが何故、不思議な功徳なのでしょうか。『大経』に〈もし人あって彼の国土が清らかで安らかなことを聞くだけで、よく心にきざみ念じて、彼の国土に生まれたいと願うものと、またすでに往生を得たものは、たちまちに、正定（不退）の聚《なかま》に入ることができる〉ということです。

この引文は、「念佛往生之願」からさらに「往相信心之願」の始終を証した一節であるといえます。

哀愍摂受したまへ

さて、第五十六首、

三朝浄土の大師等　哀愍摂受したまひて
真実信心すゝめしめ　定聚のくらゐにいれしめよ

に入りますが、香月院師は、前讃との間に区切りをおいて、次讃も含めて、ここは「知識の哀愍摂受の相を述べる」とあります。

この讃で最も心を惹かれるのは「哀愍摂受」という一句です。

曇鸞大師が『讃阿弥陀佛偈』（『真宗七祖聖教全書』一　三五三頁）で「我を哀愍し覆護《ふくご》し、法種をして増長せしめ、此の世及び後の生、願はくは佛、常に摂受したまへ」と讃じておられますが、この表現が「哀愍」の意を説明するのに最も相応《ふさわ》しい表現だと思われます。

「三朝」はインド・中国・日本の七祖を指し、「等」の中に、聖徳太子も収まるとされます。

「哀愍」は、決して自分や他者のために信心が得られるようにと要請することではなく、自力の心故に迷い続ける凡愚に、再び退転することのないよう、何としても摂め取って護念たまわりますようにとの、切なる思いが込められている願いです。

隆寛律師が「わが身を慎みととのへて、善からんと思ふは、めでたけれども、まづ世の人を見るに、如何にもく、思ふ様に慎み得んことは、極めてありがたきことなり。その上に、弥陀の本願を、つや〳〵と知らざる咎のあるなり」（『自力他力事』 聖典九五二頁）との、痛切な指摘をなさっていたように、深い内観から湧いてくる感懐が発露するのが「哀愍」です。

さらに「哀愍」の念《おも》いを解くカギとなる言葉が「諸佛」です。

『一念多念文意』の後半、「多念をひがこととおもふまじき事」の章には、まず第十八願の「乃至十念」を引用され、称名の数に定めがあるのではなく、「大慈大悲の極まりなき」ことが示されていると説かれます。

次に『阿弥陀経』は、問う人なくして説かれているので「無問自説経」ともいわれます。ここには釈尊の出世本懐を表す意があり、諸佛が弥陀を讃嘆する（すなわち念佛する）誓いを表していると述べられています。

そのことをお誓いになったのが、第十七「諸佛称名の願」である故、その第十七願を続けて引用されます。

この願文について、これは「悲願の意《こころ》」であるとの一句があります。

先述の如く、聖人は御消息（『親鸞聖人御消息集』六六四頁）の中で、「諸佛」とは、十方衆生の疑心をとどめるための「料」（もと、たね）と申されました。また『一念多念文意』では、その疑心とは「自力の善業」（聖典六〇九頁）とあります。

これらを受けて「諸佛出世の直説」（聖典六〇九頁）と、「直説」という言葉が示されます。その「直説」の内容については「諸佛の世々に出でたまふ故は、弥陀の願力を説きて、よろづの衆生をめぐみ、すくはんと思召すを本懐とせんとしたまふが故に……これを諸佛出世の直説と申すなり」（聖典六〇九頁）とあります。

また、「〈如来〉と申すは諸佛を申すなり」（聖典六〇九頁）という一句と照らし合わせてみますと、阿弥陀如来の教えが衆生に伝えられ、また如来の用きの現場は、まさに諸佛との出遇いの場であることがわかります。

さらに聖人は、阿弥陀如来の願行が、いかに「直説」となって衆生の上に及ぶかを、明解に述べられています。主旨を意訳してみます。

釈尊の八万四千の法門の教えは皆、浄土に生まれるための方便であり、これを「要門」といい、これを「仮門」ともいう。

この要門・仮門は浄土に往生するための方便で、多くの人を誘い入れ、ここは往生の準備を調える場として、最後にはあらゆるものが皆、摂め取られる「本願」へと導かれるのである。

全ての衆生が乗託できる「本願」とは、「円融」にして、「無碍」である。

その本願の相は、功徳善根が充ち満ちて、欠けることがない大きな海の如くである故、人間の努力の最終障壁である「自力の善業」の全てを「方便の門」として、無碍の世界に導き入れられる。

煩悩悪業に障られず、決して破られることがない佛である故、「無碍光佛」であり、「不可思議光佛」であるという。

この根源と言えば「一如」であり、また法性とも、如来とも称すべきである。

この「一如」から法蔵菩薩は形を現され、阿弥陀佛と名告《なの》りたまい、無碍の誓いを発したもうたのである。

実は阿弥陀とは光明である。光明のかたちは智慧である。この限りなき光明の佛を仰いで、天親菩薩は「尽十方無碍光如来」と名づけられた。

このように大涅槃から現実生活の凡夫までのプロセスを一気に説かれ、まさに「直説」される「諸佛」の本質を、ここで聖人は明かされているのです。

また「現生護念の利益をおしへたまふには」（聖典六〇四頁）との善導大師の『観念法門』の釈文では、現生で諸佛が守ってくださるとはどういう意味か、と問われます。

それに対し「ひとすぢに弥陀佛を信じたてまつると申すみこと（言葉）なり」とあり、衆生が、疑いなく、一筋に阿弥陀佛を信ずることであると答えておられます。つまり諸佛が証誠するということは、衆生の無碍の信心を引き出すということに他なりません。

さらに佛の心光を「無碍光佛の御こゝろと申すなり」とあることも、深く銘記すべき一句でありましょう。

諸佛についての意義は、「釈迦・弥陀・十方の諸佛、みなおなじ御心にて、本願念佛の衆生には、影の形に添へる如くして離れたまはず」（『末燈鈔』　聖典六三一頁）と、明かされています。

その上、この五濁の中にあって、釈尊御一佛のお言葉を信ずることは難しいであろうから、十方に在します諸佛が証人となってくださるという、善導大師の釈を合わせ述べておられます（同右　聖典六三一頁）。

そして、真実信心を得ることは、まさに、「釈迦・弥陀・十方の諸佛の御方便によってたまわることを知るべき」であることを確認しておられます（同右　聖典六三一頁）。

斯くして「諸佛出世の直説、如来成道の素懐は、凡夫は弥陀の本願を念ぜしめて、即生するを旨とすべしとなり」（聖典六一二頁）の一節に帰結しております。

先に「三朝浄土の大師等」の「大師等」については、浄土正依の知識方、すなわち七高僧と、太子に限ると香月院師は述べています。

ただし、三河の了祥師は、聖覚、隆寛も加えるべきだとの意見を出しており、これも傾聴すべき知見と思われます。

なぜなら、「正像末和讃」は、晩年の聖人にとって、信仰生活によって積み重ねられた、諸の業の渦中にあって書かれた讃詠だからです。

これは単に正統な浄土教の伝承を明かすためだけでなく、むしろ眼前の異義や、教団の問題を共有している具体的な人との根元的出遇いこそが重要であります。「諸佛」の中にお二人の信友が加えられるべきことは、むしろ自然でありましょう。

これより第五十七首に入ります。和讃を改めて挙げます。

三　世尊哀愍

(57)他力の信心うるひとを
うやまひおほきによろこべば
すなはちわが親友ぞと
教主世尊はほめたまふ

御左訓
「わが親友《しんぬ》」
したしき、ともと、よろこびたまふな　［某本（堺真宗寺蔵室町時代写本）］

意訳　他力信心の人は法を聞いて、忘れず、心に法を敬い慶ぶので、この信心のひとを則ちわが善き親友であると、釈尊は称讃したもう。

「わが親友よ」の発覚

この一首は、『大経』下巻「東方偈」の文意を和讃にされたものです。経文では、

聞キテレ法ヲ能ク不レ忘レ、
見テ敬ヒ得テ大イニ慶ババ、則チ我ガ善キ親友《しんぬ》ナリ、
是ノ故ニ当ニ発レスベシ意《こころ》ヲ。　（「東方偈」聖典七一頁）

とあります。

聖人はここを非常な感激をもって鑽仰しておられます。如来の悲化の切々たる響きが、背後に聞こえてくるからでありましょう。

それは、等正覚、証大涅槃、無上覚、弥勒等同という、晩年の聖人が聞かれた、深い境地へと導く響きです。その響きは「わが親友よ」という、如来のみ声となって聞こえてきます。

そのみ声は連続する以下の『大経』の文へと連なっています。

設ひ世界に満てらん火をも、必ず過ぎて、要《もと》めて法を聞かば、会《かなら》ず当《まさ》に佛道を成じ、広く生死の流を度すべし。（同七一頁）

（意訳）たとえこの世が、火炎によって満たされようとも、その中を過ぎ、法を求めて聞くならば、必ず佛となって、広く生死の流れを度すことができる。

と、思いもよらない強願力が湧いてくることが示されています。

「我が善き親友」という要《かなめ》の一節は、『教行信証』「信巻」本の信心の核心である「至心信楽」の願を証明する経文として引用（聖典三二二頁）されています。

また「信巻」末の「真の佛弟子」の証文としても引用（聖典三五八頁）されていることは、見逃せません。

先に引用しました『末燈鈔』には、「この信心の人を釈迦如来は、〈わが親しき友なり〉とよろこびまします。この信心の人を〈真の佛弟子〉といへり。この人を〈正念に住する人〉とす。この人は摂取して捨てたまはざれば、〈金剛心を獲たる人〉と申すなり」（聖典六三一頁）と記して、門弟に宛てられました。

真の佛弟子とは、佛の教えに対しても、佛のおこころに対しても、また願いに対しても、随順する人であると、善導大師は述べておられます。

金剛心の行人とは、浄土願生の想いに揺るぎがなく、一切の外道や知解の人に全く迷わされることのない人です。

聖人はさらに、「我が善き親友よ」をさらに「如来と等し」という表現にまで進められます。

関東の門弟が不審を立てて、特に問い合わせが多かった「如来と等し」という表現は、『華厳経』の最末尾に「信心疑い無き者は、速やかに無上道を成じ、諸の如来と等し」（佛駄跋陀羅《ぶつだばだら》訳『華厳経』六十巻「大正蔵」九巻七八八頁b）とある経説が根拠となっています。

如来から「我が親友」と呼びかけられたことが、どうして「如来に等し」になるのか。聖人八十五歳の折、真佛房に宛てられた御消息（『末燈鈔』四）には以下のように示されています。

「信心を獲て殊によろこぶ人を、釈尊のみことには〈見敬得大慶　則我善親友〉と説きたまへり。（乃至）（第十七願）願成就の文には〈よろづの佛にほめられ、よろこびたまふ〉と見えたり。少しも疑ふべきにあらず。これは〈如来と等し〉といふ文どもをあらはし記すなり」（聖典六三三頁）と。

但し、第十七願成就文は「十方世界の無量・無辺・不可思議の諸佛如来、称歎せざること莫し」（『大経』下「諸佛讃勧」聖典六六頁）とあります。ここでは、阿弥陀佛は、諸佛に我が名を称えて欲しいと願われているのですから、成就文の「称歎」も、阿弥陀佛への「称歎」と解されるべきです。それが何故、諸佛は衆生を称《ほ》め、喜ばれることになったのでしょうか。

十七願は悲願のこころ

これは第十七願という願意を、聖人は法然上人からいただかれた「加減の文」のように、第十八願と一体に領解せずに分けて見られ、諸佛の意味を重くあつかわれたことを、注意して見ねばなりません。

特に第十七願を強調されたことについては、聖人は「衆生の疑いをとどめるため」（『御消息集』聖典六六四頁）と仰せになっていました。

阿弥陀佛が、衆生に名号を伝え、衆生がそれを受け取るという了解であるならば、どうしても、念佛は衆生が修する行となる余地を残します。すると、やれ一念だとか、多念だとかという自力の行の問題が、必然してきます。

端的に申せば、如来の用きと私ども衆生が、いかに出遇い、受け止められたのかという突き詰めた問題です。それ故、衆生の難信の問題を超える重要なポイントが「諸佛称名の願」となるのです。

「諸佛称名の願」は、確かに如来の廻向をたまわる、重要な方便の梃《てこ》であり、いわば衆生と如来をつなぐ欠くべからざる本願です。

『一念多念文意』では第十七願を示された後、この願のことを「この悲願の意」と表されています。しかし「ほめる」の意である「咨嗟《ししゃ》」について、「よろづの佛にほめられたてまつると申す御《み》ことなり」（『一念多念文意』聖典六〇七頁）とありますので、諸佛が称《ほ》められるのは、阿弥陀佛なのか、衆生なのか、はっきりわかりかねるようですが、この本願の意は、他の諸佛の名号と同次元ではなく、「南無」と「阿弥陀佛」は離れないという意味です。

この第五十七首は、他力の信心の人が敬い、そして慶ぶので教主世尊が「我が親友」と称められるとあります。これは、諸佛が衆生を称めるという意になり、敢えて言えば諸佛が衆生を拝む心持ちです。「真の佛弟子」釈では、「〈弟子〉とは釈迦・諸佛の弟子なり」（「信巻」　聖典三五七頁）とありますから、そう見ても差しつかえないとも言えます。

しかし、考慮しなければならないのは、自力善行の衆生の盲点は、衆生が直接、阿弥陀佛に働きかけて救いを求めようとすることです。聖人は、阿弥陀佛が諸佛を通して衆生に向かわれる相を、衆生の側から予測するのではなく、一切をまかせ切ることこそ如来のおこころに叶っているとおっしゃるのでしょう。

そこでは阿弥陀佛のお用きは、大悲の方便という形となって、私ども凡愚に近づいてくださるということになります。

衆生の仕事は専ら聞信にあり、そこに信心獲得という、一大事が成就するのです。

諸佛が佛の名を称揚するということは、本願が現在興される現場に立ち会うこと、換言すれば如来の僧伽の誕生を見ることです。

「我が親友よ」という響きから、釈尊教団誕生の原点が連想されます。

釈尊が出家を決意された時、父・浄飯《じょうぼん》王は大変落胆されますが、親心から釈尊の修行の行く末を案じて、五人の従者をつけて送り出されました。

厳しい修行を六年間経験された結果、苦行は正しい覚りへの道ではないと反省された釈尊は、尼連禅河《にれんぜんが》で沐浴され、牧女スジャータより乳粥《ちちがゆ》の供養を受けられました。しかる後、健康を回復され、改めて菩提樹下に坐られ、遂に大覚を得られたのでした。

しかし共に修行した五人の仲間の修行者たちは、ゴータマ（釈尊の姓）は、修行を止めて堕落したと、釈尊の正覚を認めず、仙人たちが集まる鹿野苑《ろくやおん》に退きました。

釈尊は後を追うように五人の処に赴かれますが、五人の修行者は遙か彼方より近づいて来られる釈尊に対して「ゴータマがあそこにやってくる。精励を捨てた者に挨拶すべきでない。起《た》って迎えてはならない」と、無視を決め込む約束を結び合いました。

しかし、釈尊に接した五人は、自分らの互いの約束を守ることができずに、ある者は自ら衣鉢を受け取り、ある者は座を設け、ある者は洗足のための水を用意しました。釈尊が安らかな威厳をもって体験を語り出されます。

「皆、私の教えた通りに行うならば、清浄行の究極を体現するであろう」と。

かつて共に修行した彼らは、釈尊が覚られたことを知らないので、なお「友よ」という言い方で語りかけます。すると釈尊は、「友よ、という言い方で話しかけてはならない。わたしは如来であり、正覚者である」と告げられました。

五人の筆頭である憍陳如《きょうちんにょ》は、釈尊の説法が終わる前に、心の垢を去って法眼《ほうげん》浄を得たと伝えられます。これをお知りになった釈尊は「アンニャータ・コンダンニャ（憍陳如）、汝は知了した」と述べられました。今日ではこの比丘を経典は、阿若《あにゃ》憍陳如、もしくは了本際と呼びます。

経典では、「五比丘は一切の漏《ろ》が尽き、阿羅漢の道（さとり）を得たり。その時に六阿羅漢あり」と表されています。つまり釈尊と五比丘は、同格平等に表現されているのです。

「佛伝」は僧伽誕生の原点をこのように示しますが、この光景は、後世の我々に限りない示唆を与えます。

今、和讃で詠われている「親友」は、佛の覚りを知らずに、釈尊に呼びかける修行者の「友よ」でもなく、一人超絶して悟った覚者＝佛からの招引でもないはずです。

久遠劫来の佛の正覚を鑽仰する釈尊始覚の相を、眼のあたりに見出した弟子に対しての釈尊（＝諸佛）の呼びかけこそ「我が親友」であります。つまり真実の僧伽の出現を喜ばれる、如来のみ声でありましょう。

本願念佛の衆生は、衆生が念佛するのではなく、影の形に添う如く、離れたまわない諸佛が「我が親友よ」と呼びかけたもうことと不離一体であります。

したがって「うやまひおほきによろこぶ」姿に、他力廻向の念佛が躍如とするのです。

第三章　報恩謝徳の結勧

一　報恩謝徳

(58)如来大悲の恩徳は
身を粉にしても報ずべし
師主知識の恩徳も
ほねをくだきても謝すべし

御左訓　なし

意訳　弥陀大悲の往還二廻向の恩徳と、釈尊をはじめ三国七祖等の善知識が、弥陀の本願を伝承し、我らを導いてくださった恩徳は、身を粉にし、骨を摧いても、報謝せずにはおれない（今日なお明かされ続けてきた、佛祖の恩徳に対する報謝を勧めて結ぶ）。

「諸佛称名の願」は重要な梃《てこ》

これより「正像末和讃」の結び、いわゆる「恩徳讃」に入りますが、「諸佛称名の願」と「わが親友」との関係について、大切なことを、もう一点つけ加えておきます。

「わが親友」という感懐は、『大経』「東方偈」の中の「見て敬ひ得て大に慶ばゞ、則ち我が善き親友なり、是の故に当《まさ》に意《こころ》を発す」を拠《よりどこ》ろとされています。

前述のように聖人は『末燈鈔』四に、『華厳経』の結文の「信心を歓喜して、疑い無き者は、速やかに無上道を成じ、諸の如来と等し」を典拠に「如来と等し」を挙げられました（聖典六三三頁）。

『末燈鈔』においては、『大経』下巻の「我が善き親友」の文を引用された後に、続いて十七願成就の文を掲げて、信心の人は諸佛にほめられ、よろこばれることが示されています（『末燈鈔』四　聖典六三三頁）。

諸佛が弥陀の名を称揚讃嘆する文が同時に、諸佛が衆生を「我が親友よ」と喜ばれていることを証する一節となっています。これすなわち、誓願成就の相に他なりません。

『華厳経』には、有名な「信もて道の元、功徳の母と為す。一切諸《もろもろ》の善法を長養す、疑網を断除して、愛流を出《い》で、涅槃無上道を開示せしむ」（「賢首菩薩品」　聖典三四一頁）という一節があります。

釈尊の悟りの原点は「信」であると、『華厳経』は説いていると窺えます。

「信」は佛道の初門であり、右の『華厳経』の結尾の文である「如来と等し」の一句と合わせてみると、「信」はまた佛道の全体を覆う根元であると示されていることになります。

聖人は佛道の体系をこの「信」の一点に集約し、成佛の道をひとえに「唯信」の道として一貫されました。

また「信巻」の『華厳経』の引文には、衆生が信を以て決定《けつじょう》をするならば、すなわち諸佛によって護念せられるであろうと表されています（聖典三四一頁）。

さらに、「我が親友」と呼びかけた諸佛のみ心に、すでに如来の三徳が用いていることが思われます。

「三徳」とは、

一つに智慧をもって、あるがままに衆生を見ること。

二つに煩悩を断ずること。

三つに衆生のために恩を施すこと、です。

いわゆる、佛果において具わる、「智」「断」「恩」の三徳です。

智徳と断徳は、如来の自利を表す徳ですが、これも衆生に恩徳を施すための、佛の利他の礎《いしずえ》とみることができます。

この如来の三徳が衆生に伝えられる経緯《いきさつ》が『華厳経』に表現されています。同経に何度か登場する「四無量心」です。「四無量心」とは、禅定によって現される四つの量り知れない利他の心です。
一、衆生に楽を与えることが限りない慈無量。
二、衆生の苦を抜くこと計りない悲無量。
三、衆生の喜びを喜びとすること限りない喜無量。
四、慈・悲・喜を超えた平等無差別の捨無量、です。
『華厳経』は先述の如く、佛陀の正覚の内容そのものを示した経典といわれますが、「経」のはじめは「信」であるとし、その結末は「如来と等し」です。結末において「如来と等し」といえることは、ひとえに「信」が拠ろとなっているからです。

その「信」が、佛より衆生に伝えられること、すなわち廻向(本願力廻向)されるについて、菩薩道においては、慈・悲・喜の三無量から、菩薩が衆生に真実そのものを伝えるためには、「捨無量」の転換点を経なければなりません。

佛の三徳で言えば、智断の二徳、すなわち我々衆生の佛道が、如来の「智徳」と「断徳」によって転じて、初めて恩徳が衆生の上に成就します。「信」が諸仏によって伝承され、それが衆生に伝わる時、「断」つまり自力の障りを断じられた時、「諸仏」と衆生の間に佛々想念と等しい直説が成就するのでありましょう。

この転回があって初めて「諸佛称名の願」の成就文が、佛の喜びの呼びかけである「我が親友よ」となって衆生の上に「聞成就」されてきます。

顧みれば、天親菩薩は、願を起こし、「信」を生ぜしむる五念門の「行」（礼拝・讃嘆・作願・観察・廻向）の中心を「作願」とされたのに対して、龍樹菩薩の「信方便」易行の道を体現された曇鸞大師は、その核心を「作願」から「讃嘆」（念佛）へと転じられました。衆生はこころから、「信佛の因縁」によって、「如来本願力廻向」を賜り、往生の大利を得ることを身をもって感受できるようになったのです。

恩師・法然上人は、ただ「南無阿弥陀佛」の称名が、余他の雑行と異なる第一に「親近」を挙げておられます。

「（称名は）心つねに（阿弥陀佛に）親近して、憶念断えず」とされ、「〈親〉といふは、正助二行を修するものは、阿弥陀佛において、以て親昵《しんじつ》と為す」（『選択集』二行章　『真宗聖教全書』一　九三六―九三七頁）とも表しておられます。

上人の「親昵《しんじつ》となす」の感懐と、「極難信《ごくなんしん》」の信を諸佛より「我が親友よ」と今賜る聖人のお喜びとは、相感応するものがあります。

そこで、哀愍摂受したまいて、「親友」と呼びかけるのは、果たしてどなたであるかを窺わねばなりません。教主世尊は勿論、龍樹・天親をはじめとする七高僧、聖徳太子、恩師・法然上人、それに聖覚法印、隆寛律師の両信友も、その中に加えられるべき存在であると思われます。

『一念多念文意』では、善導大師の『法事讃』から引用された一句「直為弥陀弘誓重」を釈して、「諸佛の世に出でたまふ本意と申すを直説といふなり」（聖典六〇九頁）と示し、さらにその内容を詳しく字訓を用いて釈しておられます。

それによると「直為弥陀弘誓重」とは、弥陀如来が自らの「誓い」を重ねて直説するということで、如来の

「誓い」が、彼此それぞれの形を取って、互いに出会い、過去・現在・未来の三世を貫く如来の僧伽が顕現されるのです。「重」という語に、親密なる恩徳、厚き恩徳の感懐が込められています。

さらに、『大経』の出世本懐のお文を引用して「如来と申すは諸仏を申すなり」とお記しになっています。

法然上人　聖覚法印　隆寛律師

弥陀如来が具体的な形を現して、直接衆生に説かれたものを直説とするならば、その直説を賜った無上の感動が讃詠されたものが、「恩徳讃」です。

その感動の背景に、具体的な念佛の僧伽の存在が認められることは当然です。

したがってここでは、「師主知識」を釈尊と見ると同時に、恩師・法然上人への恩徳も重視されるべきです。

聖人は「源空讃」二十首のうち、冒頭から四首で、皆、「本師源空」と法然上人に呼びかけておられます。

「源空讃」の第四首目に、

曠劫多生《こうごうたしょう》のあひだにも　出離の強縁しらざりき
本師源空いまさずは　このたびむなしくすぎなまし

と讃ぜられるように、生涯を通して、法然上人に対して常に生死の一大事の問いを発し続け、師の応答をうかがい続けてこられました。

法然上人は真実なる出会いを待つ師であり、ここを第十七願の佛意を以てうかがうことができます。他方、親鸞聖人は師の前に立って、第十八願の真実の言葉をたまわる弟子であります。

聖人ご製作の多くのご聖教の中でも、御和讃と御消息と諸々の『文意』などの晩年の仮名聖教は、法然上人と聖人と門徒の三者が、共に感応道交《かんのうどうこう》しながら、僧伽の具体的問題の解決を図ってこられた軌跡であり、また証しでもあります。

法然上人の信心を確信し得た聖覚法印・隆寛律師は、如来真実の僧伽を形成した中心的存在でした。とは申しても、聖人が「正像末」の「夢告和讃」をこうむられたのは、康元二（一二五七）年の、聖人八十五歳。法然上人の示寂は、建暦二（一二一二）年ですから、すでに滅後四十五年が経過しています。

聖覚法印は嘉禎元（一二三五）年六十九歳で亡くなっていますので、没後二十二年、隆寛律師の往生は安貞元（一二二七）年（八十歳）で、三十年の歳月がすでに流れています。

聖人の年齢からいうと、四十歳で法然上人、五十五歳で隆寛律師、六十三歳で聖覚法印を失われたことになります。

したがって、恩師、信友と、現実に対話をし続けてこられたわけではありません。

『教行信証』自体も無論、恩師上人から直接のお導きを受けてお書きになったわけではなく、聖覚・隆寛両先達とも、遺された『唯信鈔』『一念多念分別事』などを通して、すでに往生された浄土なる恩師、先達との交流でありました。

しかし、現実に次々起こりくる浄土門流への災難、門弟の安危や諍論、家族の問題などを通して、それら先達の書き残されたお言葉が、在世の時にも増して、鮮やかに甦ってくる体験をなさったに違いありません。むしろ、三界を勝過した世界から「顕浄土」の願いによって書かれた文書であれば、常に浄土から呼びかける言葉の本質が、現前されてきたことでしょう。

聖覚法印の『唯信鈔』に対して、聖人は自著の『唯信鈔文意』において、「〈唯〉はただこのこと一《ひと》つといふ」

また「〈唯〉はひとりといふ意《こころ》なり」（聖典六一三頁）と先達の遺された著作の題号の本意を受け止めておられます。

さらにこの書を遺された聖覚法印のお心を推し計って、「本願他力をたのみて、自力をはなれたる、これを〈唯信〉といふ」（聖典六一三頁）と八十五歳の聖人が深く領受される、真実信心の機と本質が、端的に押さえられています。

また聖覚法印ご自身も、『唯信鈔』の一節に、晩年の聖人が心を注がれた第十七願について、すでに明確な認識を持っておられたことが記されています。

「五劫の間、深くこのことを思惟し終りて、まず第十七に、〈諸佛にわが名字を称揚せられむ〉といふ願を発したまへり。この願深くこれを意得《こころう》べし」（『唯信鈔』 聖典九三一頁）と、諸佛の称揚の重要性を指摘しておられます。

さらに諸佛が弥陀を称揚するのみに止まらないことを、「佛の御意に名誉を願ふべからず、諸佛にほめられて何の要かあらむ（佛は名誉など望まれるはずもない。諸佛にほめられる必要がどこにあろうか）」と述べておられます。

引き続き、法照《ほっしょう》禅師の『五会法事讃』を引かれます。「如来の尊号は甚だ分明なり。（乃至） 観音・勢至自ら来迎へたまふ（弥陀の名を念ずれば、観音・勢至は必ず影の形に添うように真実信心の人を守りたまう）」と。

法然上人はいうまでもなく、聖覚法印も、隆寛律師も、自力の心、「難信」といわれる究極の疑問を超え、果遂せしめる縁は諸佛に他ならないことを知っておられました。

聖人にとっての二人の信友の存在は大きく、両師が往生された浄土からの呼びかけの声が、「恩徳讃」には色濃く投影されています。

まず、「恩徳讃」の四句は、聖覚法印が、法然上人示寂直後、六・七日の中陰法要において捧げられた法要式文であり、ほぼそのまま和讃化されたものです。その言葉をもって「正像末和讃」の結びとされることは、強い実感のある浄土、つまり往還二廻向を如実に感得できる浄土であるからでしょう。

原文では、

倩《つらつら》　思ヘバ二教授ノ恩徳ヲ一　実ニ等シキ二弥陀ノ悲願ニ一者歟
粉ニシテレ骨ヲ可ベシレ報ズレ之ヲ　摧《くだ》キテモレ身ヲ可シレ謝スレ之ヲ

となっています。

ただ原文では「粉骨摧身」の語順になっているものが、和讃では「身を粉にして」、「ほねをくだきて」の順になっています。

これについて、現在中国語の通例では「粉身摧骨」と言い習わされているそうですが、その根源は善導大師の『観念法門』からでありましょう。

敬白　一切往生人等　若聞此語　即応声　悲雨涙　連劫累劫　粉身砕骨　報謝仏恩由来　称本心

（『観念法門』『真宗聖教全書』一　六四〇頁）

（書き下し）敬いて白《もう》す。一切の往生人等、もしこの語を聞かば、すなわち声に応じて、悲しみて涙を雨ふらし、劫を連ね劫を累《かさ》ね、身を粉にし骨を砕きて、佛恩の由来を報謝して、本心に称すべし。

とあります。

諸先輩の解釈を読むと、「粉身摧骨」は強要されるべきものでない。「も」はそのことを示す語で、もっと深い「思い」が込められているはずである。そこに「せめても」という意があるとの解説がありました。

しかし「正像末和讃」は、八十八歳まで推敲されたといわれており、そこには聖人が老躯《ろうく》に鞭打って、全霊を投じられるおすがたが目に浮ぶほどです。「恩徳讃」上で示される和讃のお言葉は、決して形容的言辞ではなく、むしろ聖人のありのままの相貌を表していると拝さざるを得ません。

身体的には、今時でいう通常の老人の域をはるかに超え、ただ往還二廻向の如来の大用に身を託し切った迫真のご相好であり、文字通り身を粉にしたリアルなお姿であります。有漏の肉体を九十年支え続けてきた骨格は、すでに摧かれた状態であったに違いありません。

聖人のご信心においては、骨肉の限界状態下にあっても、すでに心と身は、もはや相対するものではなく、煩悩の身のままに随順し、三昧に入られている、厳粛なお相と拝されます。

一方、隆寛律師が遺された『自力他力事』も、聖人の「恩徳讃」と、あたかも共鳴しているが如き内容です。

されば、罪の消ゆることも南無阿弥陀佛の願力なり。めでたき位を得ることも南無阿弥陀佛の弘誓の力なり。遠く三界を出でんことも阿弥陀佛の御力なりければ、一歩《ひとあゆみ》も、わが力にて極楽に参ることもなしと思ひて、余行を雑《まじ》へずして一向に念佛するを、〈他力の行〉とは申すなり。

例へば腰をれ、足なへて、わが力にて起《た》ちあがるべき方もなし、況《ま》して、遙《はるか》ならん処へ行くことは、かけても思ひよらぬ事なれども、たのみたる人の（愛《いと》し）と思ひて……。

（聖典九五三頁）

と、年老いても臨終往生をたのまぬ「平生業成」の心ぶりが窺われます。たとえ腰が折れ、足が萎《な》える惨憺たる状況下にあっても、たのむ弥陀の大悲の尊さが身心に刻み込まれている一節で、晩年の聖人のご心境を鼓舞した一文ではなかったかと思われます。「恩徳讃」は、老いゆくまま、死にゆくままに、如来二種の廻向の願力に感応する、凡夫往生の三昧の極地です。

法然上人は称名念佛をもって三昧を発得なさった大善知識に在《まし》ました。我が親鸞聖人は、本願力廻向の大悲の只中にあって、「恩徳讃」によって現生正定聚の実像を、末法五濁の凡夫に明らかに示現してくださいます。それは、聖人の常の仰せの如く、「我はこれ賀古《かこ》の教信沙弥の定なり」(『改邪鈔』本三　聖典七一九頁)と語られた、あの沙弥教信の往生の相と重なります。「正像末和讃」の始終を省みれば、「夢告讃」は、法蔵菩薩が師佛に値《もうあ》い「若不生者」の無碍の誓いを起こしたもう「種」であり、「恩徳讃」は、未来際を尽くして、更なる四十八の願が発起されてくる始原となる讃偈であります。

聖人がお立ちになる位置は、往生の善知識、善友、そして門弟によって囲繞される「顕浄土」の如来の僧伽の只中です。

「恩徳讃」が映し出す光景は、如来出世の時そのままに、限りなき誓願のエネルギーが凝縮され、噴出せんとする瞬間が現前している如くであります。ここに、「連続無窮《むぐう》にして、願はくば休止せざら使《し》めんと欲す。無辺の生死海を尽さんが為の故なり」(『教行信証』「後序」　聖典五〇九頁)という無窮の相続の義が、凡愚の身にも深く浸透されてまいります。

あとがき

締め括りの「あとがき」に取りかかろうと机に向かったとき、ふと思ってもいなかった思案が浮かんできました。

正に「正像末和讃」の核心である「夢告讃」、

弥陀の本願信ずべし　本願信ずるひとはみな
摂取不捨の利益にて　無上覚をばさとるなり

の告げ主は誰であるかという問題です。

このことは、本書執筆の間、四六時中、常に心の中で反復自問し続けてきた課題でした。先達の所説を通し、その真摯な聞法の成果も、この命題に多く注がれてきたことが伺われます。それらは先ず、聖徳太子説をはじめとして、釈尊、弥陀の直説、法然上人など、告げ主として種々取り上げられてきました。また、香月院師は、告げ主が明かされていない故、決定されていないことを諒とすべきであることを述べています。

私が辿り着いた結論を先に申し述べるならば、告げ主は、他ならぬ親鸞聖人ご自身であるということです。告げ主が聖人だと言えば、きっと奇異な感を受けられるかも知れませんが、敢えて申せば、「弥陀の本願信ず

べし　本願信ずるひとはみな……」の「本願」がそう告げるのであり、告げられた相手は、「本願信ずるひと」すなわち聖人そのお方であるということです。

わずか四行の和讃の中に二度「本願」の文字が記されています。前の「本願」は如来因位のお手元で、後者は聖人がご自身でお受けになった成就の「本願」と見えます。

夢告の告げ主と、その夢告を蒙る人が同一人であることは、いわば自問自答ですが、『阿弥陀経』の「無問自説」が示すように、それこそが本願が用《はたら》きだす相であるといえます。

師佛・世自在王佛（饒王佛）と弟子・法蔵比丘とが出会われた「一如」の値遇によって用きだしたものが本願です。

「誓い」が「一如」を根源とするなら、「本願」は「一如」を一切衆生に伝え、衆生をして「一如」へと返さしめる如来の用きに他なりません。

「一如」はその用きを必ず内に蔵している原点です。そこには客観的真理などとは異なって、常に動き出すもの、つまり「無常」「無我」の魂が躍動しています。

あらゆる宗教の本質は、人類一人ひとりがこの「一如」へ帰ることを所詮とするといっても過言ではないでしょう。

佛教者はこの一道を、誠実に歩みつづける求道者たるべき人というべきですが、誠実に歩もうと思えば思うほど、そこに立ちはだかるのが、「我」であり、自我による行業の下には、ある勢力をもった障壁が存在します。

浄土真宗ではそれを「自力」といいます。

佛法の理念からいえば、ものごとの本質は「無自性」「空」でありますから、菩提心とか信心といえども、本来その根源を究明することはできないというのが基本です。

一神教を中心とした佛教以外の多くの宗教では、「我」に対し不滅で独立的な存在を認定します。しかし意識は持続的に流れていくものゆえ、佛法においては意識の始まりも終わりも確定することはせず、敢えて意識の根元を問われるならば、それ以前の意識だと言う他はありません。

「初めに真理あり」とするならば、他宗教の了解、もしくは真宗異解の「十劫たのみ」の類となります。

実は主体的意識は、「身」と「心」に依って成立しています。

このことについて、胸に思い当たることがあります。私が得度をさせていただいた砌《みぎり》、恩師・恵契法尼は、「未生以前の父母に遇ったようだ」と喜びを露わにされました。

その真意については、今回本書の稿に一区切りつける直前までは、杳として不明でした。

当今の少子化の時代においても、昔も変わりなく、人は両親から誕生すれば、祝福され、自立することを期待され、やがて大人へとなっていきます。

自立とは親からの分離だといえますが、その分離に際して最も重大な点は、「身」と「心」が分離するという事実です。

「自力」は、「身」と「心」の分離（＝自立）によって起こってきます。我々の日々の念佛生活は、「自力」の問題点に直面しては、行きつ戻りつの繰り返しというのが実情です。この難関の克服は不可抗力にして、越えることは到底できません。

信心の正因とされる第十八願を支えている大悲は、第十七「諸佛称名の願」ですが、その第十七願と第十八願が一如となる本願成就文（意訳）には、

「十方の世界の数限りない諸佛方は、みな無量寿佛の計り知れないすぐれた功徳を誉め讃えられる。その無量寿佛の名を聞いて、信じ喜び、たとえ一回でも佛を念じて、その功徳によって無量寿佛の国に生れたいと心から願う人々は、真実なる御廻向によって、みな往生することを得て、不退転の位に至る」（『大経』下　聖典六三頁）とあります。諸佛は無量寿佛を讃嘆し、衆生はそれを見聞しえた一念に、自利々他円満の受生の本懐

と、浄土往生の真因を成就します。

諸佛とは阿弥陀佛を讃嘆する存在であり、具体的には僧伽における身近な善知識、お同行のことに他なりません。

聖人はここを、「この信心の人を釈迦如来は、〈わが親しき友なり〉とお喜びになり、この信心の人を〈真の佛弟子〉と称され、またこの人を正念に住する人とされる」(『末燈鈔』二　聖典六三一頁意訳)と示されました。さらにこの信心を得ることは、釈迦・弥陀・諸佛が一味となっての用きであることが明かされています。

これは三宝帰依、つまり佛法僧が具わった僧伽の諸佛が阿弥陀佛を讃嘆する姿を「見て、敬い、慶ぶ」ときに、それを動機として、私どもの意識は純化され、その清浄なる発心によって本願が現実に引き起こされてくることを意味します。

これはいわば如来の功徳をこうむるに先立って用く、大悲をたのむ相です。感恩の言葉「南無阿弥陀佛」を、功徳をこうむる前に称する報恩の念佛の心です。報恩とは聖人の時代は単に感謝の心を示すことではありませんでした。実際は、恩に報いる働きのことでした。

この心情を、あの『歎異抄』第一章の一節「念佛申さんと思ひたつ心の発るとき、すなはち摂取不捨の利益にあづけしめ給ふなり」とのご述懐によってよく示されています。

また、この肝所の内実を蓮如上人は『御文』を以て、平易に説き示されます。

「かゝるあさましき機を救ひまします弥陀如来の本願なり」と信知して、ふたごころなく如来をたのむこゝろの、寝ても覚めても憶念の心つねにして忘れざるを、「本願たのむ決定心をえたる信心の行人」とはいふなり。(『御文』一の二　聖典七八七頁)とあります。

功徳を受ける前と申しましたが、実は大いなる功徳を一念同時にたまわっていることに対して、私どもの眼は開かれていません。それが自力の自力たる所以《ゆえん》であります。

すでに私の自覚以前にたまわっている大利、それは専念している心、深い信、何かを決定する時継続されてゆく心、憶念、揺るぎなき心、人を救いたいという心、総てが「たのむ一念」の中に込められていて、現に活動しています（「信巻」末　聖典三五三頁参照）。

如来の「誓い」の真実が、正定業の念佛として成就するには、たまわれる諸佛讃嘆の「場」があって、初めて本願の力用が発揮されます。

香月院師が、念佛を未だ称えぬ前の「信」によって往生は叶うかという問いを立て、その味わいを興味深い言葉で述べています。その趣旨は、「称我名号」の誓いは、称える者を往生させようという本願ゆえ、称えぬ先に往生する道理がないという非難がある。なるほど弥陀の本願は称える者を助ける本願に違いはないが、行者の方に受ける時は、称える者を助けるぞ、とそれを信ずる時には、口には称えなくても、称える行は早や具足し、業は定まる。行者が受けたところでは、信ずる場がなければならぬ、とあります（『正信偈講義』）。

「智慧の念佛」とは、称える、称えないの意識の、はるか涯底から支えている、如来の大用であります。我々が念佛を称える前に、萬行萬徳を具えた念佛の事実（如来の行体）があり、大悲に感動して、懺悔の念佛が成り立つのは、すでに懺悔を受ける如来が在《おわしま》す故に違いありません。

この「正像末和讃」の夢告讃の前半二句において、「弥陀の本願信ずべし　本願信ずるひとはみな」とありますが、これは師佛の「まこと（誠）」に応えた法蔵菩薩の「非我境界」のこころであり、また聖人においては、確信の「信」ではなく、「極難信」の感受によって貫かれてくるいのち、そこにこそ「本願」は用いています。依って、夢告の主は、本願の当体となって受け止められた、聖人ご自身であり、本願領受の告知がそのまま、無窮の本願の用きとなって発動されます。

ここに改めて「正像末和讃」を振り返ってみますと、「夢告讃」は、本願成就の当体と成られた聖人ご自身が、身を挙げて本願の動向を表現し続けられた、文字通り生死を懸け、精魂を傾けられ、「身」と「心」に刻まれた未曾有の述懐であるといただかれます。

その極致は「恩徳讃」であり、正像末三時を体現された聖人ご自身、身心一如の本願の当体となり給うた御身証の御相と拝されます。

師と弟子の間には、真実の三宝が存在し、そこに佛々相念の根元的出会いである念佛が興ると同時に、本願が念々に発起されます。

「夢告讃」は、師佛・世自在王佛と弟子・法蔵菩薩との間に通う「本誓」と呼応し、「恩徳讃」は真実の三宝の中にあって、「誓い」より発起せられた「本願」に相応しています。

永きに亘って共に研鑽させていただき、ここに奇しくもたまわった喜びを糧として、今後とも本願相応の歩みを進め続けてまいりたいと切に念じます。

本稿を結ぶに当たって、八年に亘って毎週輪読の会座を共にしてくださった、福岡お同行、求道心旺盛な青年僧、法中方、多屋にお住まいのお同行の弛まぬ研鑽、最後に集中的に校正に取り組んでくださった、篠原孝順師、數藤吉彦氏、佐藤尚氏、紺矢通朗氏、衣川行子姉弟、成松芳子氏等々、諸佛、諸菩薩衆に厚く感謝申しあげます。

刊行に当たり、種々アドバイスくださいました海鳥社社長・西俊明氏の積極的ご協力に対しても深くお礼申し上げます。

平成二十四年十一月十一日

聖人七百五十回御遠忌

大悲院恵契法尼様十三回忌　御宝前

竹原智明

参考文献

『大正新脩大蔵経』（本文中「大正蔵」と略す）　大蔵出版
『国訳一切経』　大東出版社
『真宗七祖聖教』　破塵閣書房
『真宗聖教全書』　興教書院
柏原祐義『真宗聖典』（本文中「聖典」と略す）　法蔵館
浄土真宗本願寺派『浄土真宗聖典』　本願寺出版社
香月院深励『三帖和讃講義』「正像末和讃」文化十二年夏安居講録
柏原祐義『三帖和讃講義』　平楽寺書店
高木俊一『三帖和讃通釈』　興教書院
吉谷覚寿『正像末和讃略述』　西村九郎右衛門
石田瑞磨『親鸞全集』　春秋社
名畑応順校注『親鸞和讃集』　岩波書店
石井教道編『法然上人全集』　平楽寺書店
大橋俊雄校注『法然上人絵伝』　岩波書店
田上太秀『ブッダ臨終の説法』　大蔵出版
金子大榮『正像末和讃聞思録』　法蔵館
金子大榮『正像末和讃講話』上・下　弥生書房
加藤智学『正像末和讃講解』　国書刊行会
権藤正行『正像末和讃諷誦録』　全人社
松原祐善『正像末和讃講讃』　東本願寺安居事務局
木越　康『正像末和讃を読む』　真宗大谷派大阪教務所
早島鏡正『正像末和讃』親鸞の宗教詩　春秋社
梯　實圓『一念多念文意講讃』　永田文昌堂
中村　元『仏弟子の生涯』　春秋社
中村　元『ブッダ最後の旅』　岩波書店
中村　元『中村元選集』　春秋社
梅原隆嗣『観音菩薩の研究』　専長寺文章伝導部道発行所
和辻哲郎校訂『正法眼蔵随聞記』　岩波書店
松本文三郎『弥勒浄土論・極楽浄土論』　平凡社
竹原嶺音『遇斯光』第一巻　遇斯光社

竹原智明（たけはら・ちみょう）
1939（昭和 14）年 10 月 11 日生まれ。中学生時代より福岡県筑紫野市二日市の浄土真宗正行寺において聞法。慶應義塾大学四年生の春、祖父の死去を機縁に出家。大谷大学大学院真宗学科修了。1967 年、正行寺住職襲職、現在に至る。
著書に『創造の真宗』『信のいしずえ』『正信偈会座』（いずれも正行寺刊）などがある。

正像末《しょうぞうまつ》和《わ》讃《さん》会《え》座《ざ》

■

2012年 11 月 12 日　第 1 刷発行

■

著　者　竹原智明

発行者　西　俊明

発行所　有限会社海鳥社

〒810-0072 福岡市中央区長浜 3 丁目 1 番16号

電話 092(771)0132　FAX 092(771)2546

http://www.kaichosha-f.co.jp

印刷・製本　モリモト印刷株式会社

ISBN978-4-87415-864-7

［定価は表紙カバーに表示］